촘스키,
세상의
물음에
답하다

촘스키, 세상의 물음에 답하다 3

— 민중이 권력에 저항하는 방식에 관하여

초판 1쇄 2005년 12월 12일 펴냄
초판 11쇄 2012년 6월 15일 펴냄
 2판 1쇄 2013년 12월 20일 펴냄
 3판 1쇄 2021년 2월 10일 펴냄
지은이 노엄 촘스키
엮은이 피터 R. 미첼 & 존 쇼펠
옮긴이 이종인
삽화가 장봉군
펴낸이 김성실
제작 한영문화사

펴낸곳 시대의창   **등록** 제10−1756호(1999. 5. 11)
주소 03985 서울시 마포구 연희로 19−1 4층
전화 02)335−6125   **팩스** 02)325−5607
전자우편 sidaebooks@daum.net
페이스북 www.facebook.com/sidaebooks
트위터 @sidaebooks

ISBN 978−89−5940−755−2 (04300)
ISBN 978−89−5940−752−1 (전3권)

책값은 뒤표지에 있습니다.
잘못된 책은 구입하신 곳에서 바꾸어드립니다.

UNDERSTANDING POWER
The Indispensable Chomsky

촘스키,
세상의
물음에
답하다

민중이 권력에 저항하는 방식에 관하여

시대의창

편집자 일러두기

1. 이 책은 *UNDERSTANDING POWER: The Indispensable Chomsky*(Edited by Peter R. Mitchell and John Schoeffel, The New Press, New York, 2002)를 번역한 것이다.
2. 〈편집자의 말〉에 밝혔듯이, 영어판은 본문에 주석 번호만 달렸고, 주석 내용은 웹사이트(www.www. understandingpower.com)에서 찾아보도록 구성되었다. 웹사이트에서는 출처뿐만 아니라 이 책 내용에 대한 논평, 정부 문서의 발췌본, 신문 기사와 연구서의 인용문, 기타 중요한 정보 등 다양한 자료를 제공한다. 한국어판에는 원서와 같이 주석 번호는 모두 달되, 본문을 이해하는 데 도움이 될 만한 내용만 선별하여 발췌 번역했다. 책에 실리지 않은 주석을 더 참조하고 싶다면 웹사이트를 참고하기 바란다.
3. 본문에서 대괄호(〔 〕) 안의 설명은 촘스키 본인 혹은 원서 편집자 피터 R. 미첼과 존 쇼펠이 단 주석이다.

인류의 고통에 대한 참을 수 없는 연민

간절히 질문하고 가까운 사례를 가지고
깊이 생각해 나간다면, 인(仁)이 그 안에 있느니라.

이 책은 촘스키가 10년 동안의 간담회, 연설회, 세미나 등을 통해 '세상'의 물음에 답한 내용을 망라하여, 그 가운데서 촘스키 사상의 고갱이와 세상을 읽는 통찰의 큰 줄기를 보여주는 내용을 치밀하게 가려 뽑아 엮은 책이다.

이전에 시대의창에서 펴낸 《촘스키, 누가 무엇으로 세상을 지배하는가》(2002년 초판, 2013년 개정판)와 〈촘스키, 세상의 권력을 말하다〉 시리즈(2004년 초판, 2013년 개정판)가 주로 특정 주제를 놓고 전문 인터뷰어와 나눈 대담이었다면, 이 책은 불특정 다수의 청중을 앞에 두고 그들과 함께 광범위한 주제에 관해 이야기를 나눈 것이어서 마치 대화를 나누듯이 생동감 있고 그 내용이 훨씬 논쟁적이며 고백적이다.

그러다 보니 촘스키를 부르는 호칭부터 다양한데, 저마다 뉘앙스가 다르다. 가령 촘스키 씨, 노엄 또는 당신이라고 호칭한 경우에는 '내(청중)가 뭔가를 잘 모르니 한 수 배우고 싶다'는 의도로 던진 질문이 많고, 촘스키 박사라고 호칭한 경우에는 '학술적 내용으로 당신과 논쟁하고자 한다'는 의도로 읽힌다.

바로 이런 사실은, '저명인사'의 말을 청중이 일방적으로 듣기만 하고 끝나는 게 아니라 청중도 대화에 적극 참여하여 치열한 논쟁을 펼쳐 나간다는 것을 보여준다. 가령 촘스키가 미국 언론의 편파성을 통렬하게 비판하면 질문에 나선 청중이 반박하고 그렇게 하여 치열한 대화가 진행된다. 두 사람의 대화 가운데 군더더기는 빼버리고 핵심만 편집해서 그렇지, 아마도 대화의 현장에서 두 사람은 얼굴을 붉히기도 했을 것이다.

또 어떤 청중이 '당신이 세계적 지명도가 있는 학자이므로 당신의 말을 들어주는 것이지, 안 그렇다면 몇 명이나 당신의 연설회에 나왔겠느냐'고 묻자 촘스키는 "어떤 연설이 의미를 갖는 것은 그 연설의 '내용'이지, 연설자의 이름 뒤에 나오는 직함이 아니다. 상식적인 사안에 대해서 논평하는 데에도 특별한 자격을 갖춰야 한다는 생각은 또 다른 속임수일 뿐이다. 그것은 민중을 주변화하려는(소외시키려는) 술수이므로 그런 속임수에 넘어가서는 안 된다"고 답변한다.

그런가 하면 시민운동의 고단함에 대해서 얘기가 오가는 가운데, 어떤 청중이 '시민운동을 하다가 너무나 요원한 전망에 혹시 절망에 빠진 적은 없느냐'고 묻자, 촘스키는 '매일 저녁 절망을 느낀다'고 고백하면서도 '하지만 절망에 빠져서 허우적거리며 아무것도 안 한다면 그게 무슨 의미가 있겠는가. 그런 예측은 아무런 의미도 없으며, 당신의 분위기 또는 당신의 성품을 그대로 반영했을 가능성이 높다. 만약 그런 전제조건 위에서 행동한다면 사태는 결국 당신이 예측한 대로 벌어지고 말 것이다. 하지만 얼마든지 현재의 상태를 바꿀 수 있다는 전제조건을 믿고 적극적으로 활동한다면 정말 그 상태가 바뀔 것'이라고 통박한다.

　이런 식으로 진행되는 대화는 시종 팽팽한 긴장을 유지하는데, 강처럼 흐를수록 넓어지고 깊어진다. 촘스키는 추상과 관념을 철저하게 배제한 채 구체적 사실과 증거를 가지고 세상의 물음에 답해 나간다. 또 모르는 것은 추호도 짐작해 말하는 법 없이 솔직하게 모른다고 한다.

　촘스키는 (소련 체제를 비판한 사하로프를 예로 들면서) '나는 미국 사람이기 때문에 미국의 잔학 행위를 얘기할 수밖에 없다'고 말한다. 그의 이러한 '윤리적' 발언은 아리스토텔레스의 《니코마코스 윤리학_Nicomachean Ethics_》에 나오는 다음의 말을 연상시킨다. "철학자에게는 친구도 진리도 다 소중하지만 친구보다는 진리를 더 중시하는 것이 철학자의 의무다."

　촘스키는 '대중이 갖고 있는 중대한 환상 가운데 하나는 '정부'가 곧 권력 그 자체라는 생각이다. 그러나 정부는 권력 그 자체가 아니며 권력의 한 부분만을 담당할 뿐이다. 진정한 권력은 사회를 소유한 사람들의 손에 있고, 국가 관리자들은 공무원에 지나지 않는다'는 말로 세인의 그릇된 인식을 깨우친다.

　그러면서 그는 개인(기업, 언론) 권력의 무한 확장과 허울뿐인 주권재민主權在民의 현실에 경종을 울린다. 나는 이 책을 처음 읽었을 때, 혹시 이런 개인 권력에 대한 분노가 촘스키를 움직이는 힘이 아니었을까 궁금해하면서 셰익스피어의 《코리올라누스_Coriolanus_》에 나오는 다음의 대사를 많이 생각했다. "분노는 나의 힘_Anger is my meat_. 나는 분노를 나의 식사로 삼았으나 그것은 먹으면 먹을수록 더 나를 배고프게 한다."

　그러나 이 책을 거듭 읽으면서 분노보다는 '민중에 대한 사랑'이 그를 움직이는 힘이라고 확신하게 되었다. 실제로 촘스키는 매사추세츠 공과대학교(이하 MIT) 연구실에 그가 존경하는 버트런드 러셀의 사진을 걸어두고 그 밑에 러셀의 좌우명을 붙여놓았다고 한다. "세 가지 열정이 내 인생을 지배해왔는데 하나는 사랑에 대한 열망이고, 둘은 지식에 대한 탐구이며, 셋은 인류의 고통에 대한 참을 수 없는 연민이다."

《논어論語》〈자장子張 편〉에는 "간절히 질문하고 가까운 사례(자기 나라의 사례)를 가지고 깊이 생각해 나간다면, 인仁이 그 안에 있느니라"라는 말이 나오는데, 인은 곧 사랑의 동양적 표현이므로, 세상의 물음에 답하는 촘스키의 말은 일언이폐지一言以蔽之하여 사랑의 말일 터이다.

이종인

한 권에 담은 촘스키의 정치사상

우리의 목표는 촘스키의 정치사상을
일목요연하게 개관할 수 있도록 녹취록을 단행본 형태로 편집하되,
촘스키 학술서의 엄정함과 인터뷰 형식의 친근함을 종합적으로
살릴 수 있는 그런 책을 만드는 것이었다.

이 책에 실은 토론의 주제는 다양한 범위에 걸쳐 있으며, 이 세상을 이해하는 혁명적인 관점을 제시하면서 권력의 내면을 들여다보는 촘스키의 통찰을 다루고 있다. 촘스키의 독보성은, 사실 관계를 밝히는 정보를 풍성하게 제시하면서 전 세계 권력기관들의 만행과 기만을 완벽하게 폭로해버린다는 데 있다.

인터넷 덕분에 우리는 이 책의 웹사이트에 방대한 증빙 기록을 올려놓을 수 있게 되었다. 이 온라인 주석들은 인용 책자의 열거가 아니라, 이 책의 본문에 대한 논평, 정부 문서의 발췌본, 신문 기사와 연구서의 중요한 인용문, 기타 중요한 정보 등 다양한 자료를 제공하고 있다.

우리의 목표는 사실에 근거한 촘스키의 주장을 뒷받침할 수 있는 가능한 한 많은 증빙 자료를 제시하는 것이었다. 이 책의 온라인 주석은 이 책(영어판)의 웹사이트 www.understandingpower.com에서 다운로드받거나 프린트할 수 있다.

우리는 수십 회에 걸쳐 진행한 간담회의 녹음 테이프들을 먼저 녹취한 다음 읽기 좋게 편집했다. 이어 불필요하게 반복된 부분은 제거하고 다시 취합하여 주제와 아이디어의 일관된 순서를 따라가며 재편집했다. 우리의 목표는 촘스키의 정치사상을 일목요연하게 개관할 수 있도록 녹취록을 단행본 형태로 편집하되, 촘스키 학술서의 엄정함과 인터뷰 형식의 친근함을 조화롭게 살릴 수 있는 그런 책을 만드는 것이었다.

우리는 촘스키의 말을 있는 그대로 충실하게 살리려고 애썼다. 실제로 촘스키는 이 책의 본문을 모두 읽어보았다. 하지만 단행본의 구조와 스타일을 살리기 위해 약간의 수정을 가할 필요가 있었음을 밝힌다.

이 책에서, 질문하는 사람들은 'Man'(한국어판에서는 '청중 1' - 편집자) 또는 'Woman'(한국어판에서는 '청중 2' - 편집자)으로 표시했는데, 이렇게 하는 것이 같은 사람의 연이은 질문을 쉽게 알아보게 하고 또 다른 질문자가 끼어들었을 때도 금방 구분할 수 있다는 판단에서였다.

우리는 주석에서 인용된 자료들을 (몇몇 외국어로 된 것들을 제외하고는) 모두 찾아보고 확인했다. 대부분의 자료들은 본문 내용을 뒷받침하기 위해 인용한 것이었지만 그렇지 않은 것도 일부 있다.

우리는 주석에 관련된 아주 흔한 오해를 다루고 있는 1장의 주석 67번을 참조할 것을 권한다. 주류 언론의 기사를 빈번하게 언급한 것은 언론의 '프로파간다 모델'을 정면에서 폭로하기 위한 것이다. 촘스키는 이 모델에 대하여 1장에서 자세히 설명하고 있다.

이 책이 인쇄에 붙여진 동안, 9·11사태가 터져 커다란 파장을 일으켰다. 미국 언론들은 '테러'에 대해서는 엄청나게 다루었지만 놀랍게도 이런 사태가 발생한 맥락에 대한 논의는 일체 생략해버렸다.

부시 대통령과 정부는 "미국은 세계의 자유와 기회의 횃불이기 때문에 테러 공격의 목표물이 되었다"고 발표했는데, 미국의 주류 언론은 이 성명을 앵무새처럼 되풀이했을 뿐이다.

걸프전(1992) 동안 자행된 이라크 민간인에 대한 무차별 살상, 미국이 주도한 경제제재로 이라크 국민들이 겪은 참상, 민중을 탄압한 서남아시아 독재 권력들에 미국이 보낸 지지 등에 대해서는 전혀 언급하지 않았다. 그저 '테러에 따른 분노'를 증폭시키는 데에만 열을 올렸을 뿐이다.

이 책은 9·11사태 이전에 편집되었지만, 이 테러 공격의 중요한 배경과 온갖 의문에 대한 답이 이 책 속에 이미 제시되어 있다. 왜 미국 언론은 그처럼 제한적이고 무비판적이고 부정확한 분석만 내놓고 있는가? 미국 외교정책의 근간은 무엇이며 왜 그것이 전 세계적으로 광범위한 증오를 불러일으키고 있는가? 이런 상황을 바꾸기 위해 보통 사람 또는 시민 들은 무엇을 할 수 있는가?

촘스키는 테러 공격 직후 이렇게 말했다. "선진국 국민은 이제 선택 앞에 서 있다. 그저 놀라움을 표시하며 공포에 떠느냐, 아니면 이런 범죄를 일으킨 원인을 파악하려고 애쓰느냐……."

겁먹고 놀란 현재의 관점에서 볼 때, 이 책에서 다룬 여러 논의 사항은 전보다 더 긴급해 보인다.

피터 R. 미첼 & 존 쇼펠

차 례

⑧ 민중의 투쟁, 그 방식과 의미를 말하다

촘스키, 세상의 물음에 답하다 1

촘스키, 세상의 물음에 답하다 2

8

민중의 투쟁, 그 방식과 의미를 말하다

※ 1989년, 1993년과 1996년 사이 매사추세츠, 메릴랜드, 온타리오, 캘리포니아, 와이오밍에서 있었던 토론회를 바탕으로 엮었다.

1

새로운 형태의 억압과
'적극적 자유'를 말하다

의미 있는 수준까지 언론 자유의 범위를 확장한 것은
민중운동이었습니다. 만약 이런 민중운동이 일어나지 않았다면
우리는 여전히 과거, 말하자면 1920년대에 머물러 있을 것입니다.
당시는 언론의 자유에 대한 이론적 권리조차 없었습니다.

새로운 형태의 억압을 찾아내다

^{청효1} 촘스키 박사님, 당신은 여러 가지 예를 들어 권력이 얼마나 일반 여론과 동떨어져 있는지 다시 한 번 강조했는데요, 만약 권력이 언젠가 민중의 손으로 되돌아온다면 어떤 일이 벌어질 거라고 생각합니까?

— 권력은 '되돌아오지' 않을 것입니다. 왜냐하면 민중은 손에 권력을 잡아본 적이 한 번도 없으니까요. 하지만 내 생각에 우리가 원하는 것은 가능한 한 많은 분야에서 민중의 힘을 확장하는 것입니다. 사실 민중의 힘의 범위를 확장하면서 집중된 권력의 중심을 무너뜨리려는 투쟁이 인류사의 대부분을 차지합니다.

　미국의 독립전쟁을 예로 들어봅시다. 독립전쟁에는 약간의 이념적 구조가 배후에 있었고, 그 이념적 구조는 부분적으로 리버테리언^{libertarian}이었습니다(리버테리언은 철학 용어로서 결정론^{Determinism}과 반대되는 개념인데 인간의 행동이 주변 상황에 의해 결정되는 것이 아니라 인간의 자유의지에서 나온다고 본다. 촘스키는 리버테리언을 무정부주의적 노동조합주의^{anarcho-syndicalism}와 같은 말이라고 정의하고 있는데, 이것은 일종의 비레닌주의적 사회주의 또는 자유의지론적^{libertarian} 사회주의이다.─옮긴이). 따라서 이 용어를 진지하게 받아들인다는 것은 ─18세기 제퍼슨주의자들이 받아들였던 정도로 받아들인다면, 그건 하찮은 정도가 아니었습니다 —권력의 집중을 막고 만인 평등의 사회를 건설하기를 원한다는 뜻이었습니다. 당시는 물론 '만인 평등'이 오직 소수의 국민, 백인 지주 계급에만 해당하는 용어였습니다. 오늘날 같으면 나치즘으로의 복귀라고 매도당할 그런 '평등'이었습니다. 가령 제3세계의 어떤 나라가 등장하여 이렇게 말하는 것을 한번 상상해보십시오. '인구 중 일부는 온전한 인간이 못되고 겨우 5분의 3 정도만 사람 꼴을 갖추었다.' 바로 이것이 초창기의 미국 헌법이 주장한 바였습니다.' 오늘날의 기준으로 보면 도저히 용납될 수 없는 것이었습니다.

따라서 미국 헌법은 근본적으로 백인 지주 계급을 위한 것인데, 그들만이 진정한 인간이라고 보았기 때문입니다. 하지만 그들끼리는 인간이 어느 정도 평등하다고 생각했고, 따라서 자신들(백인 지주들)을 억누르는 권력의 집중을 무너뜨리고 싶어 했습니다. 당시 권력의 중심은 교회, 국가, 봉건제도 등이었습니다. 그리고 헌법이 의도한 것은 '민중' —보다 정확히 백인 지주 계급 —을 위한 평등 사회를 구현하자는 것이었습니다.

그런데 그것마저도 예상대로 되지 않았습니다. 바로 이 점이 우리가 감안해야 할 배후의 그림입니다. 하지만 어느 정도 목표가 달성된 측면도 있습니다. 일부 집중된 권력은 실제로 해체되었습니다. 미국 역사는 그것을 하나의 출발점으로 삼아 계속 앞으로 나아갔습니다. 그러다가 19세기부터 권력은 기업에 집중되기 시작했습니다. 이제 기업의 권력은 해체되어야 마땅한 또 다른 핵심 권력으로 자리 잡았습니다. 만약 당신이 18세기 스타일의 리버테리언이라면 당신은 주로 기업을 비판할 것입니다.

하지만 내게는 이것이 영원히 계속되는 과정으로 보입니다. 언젠가 완전

어떤 승리를 쟁취하면 우리가 이전에 목격하지 못했던
또 다른 형태의 권위와 억압을 발견하고 되고,
계속하여 그것을 해체하기 위해 싸워야 한다는 것입니다.

히 끝장내버릴 그런 문제는 아닌 듯합니다. 내 말은, 어떤 승리를 쟁취하면 우리가 이전에 목격하지 못했던 또 다른 형태의 권위와 억압을 발견하게 되고, 계속하여 그것을 해체하기 위해 싸워야 한다는 것입니다.

물론 우리가 꼽을 만한 참된 발전이 확실히 있었습니다. 18세기 제퍼슨주의 리버테리언의 관점에서 보자면, 권리는 백인 지주 계급에만 국한되어 있었고 그 계급 내에서만 민주주의와 자유가 가능했습니다. 그런데 오늘날은 어떻습니까? 원시인이 아니라면 누구도 이런 견해를 받아들이지 않을 것입니다. 이건 분명 문화적·사회적 발전입니다. 그리고 이 발전은 사람들의 투쟁을 통해 성취되었습니다. 결코 탁상공론으로 얻은 것이 아닙니다. 노예제도 폐지 운동가, 여성운동가, 노동운동가 등이 피땀으로 쟁취한 것입니다.

언론의 자유

철훈1 하지만 역사 속에서 점점 뒤처지는 듯한 혁명의 흐름을 만회하려면 뭔가 행동을 취해야 하지 않겠습니까? 인간의 심리를 먼저 바꿔야만 그 뒤에 진정으로 리버테리언 혁명이 성공하지 않겠습니까?

― 글쎄요, 우리는 아마도 사람들의 심리를 바꾸지 못할 것입니다. 그거야말로 혁명의 과제인데, 그런 일은 결코 벌어지지 않을 겁니다. 하지만 나는 혁명의 실패가 인간의 심리보다는 권력의 실체를 반영한다고 생각합니다. 일반적으로 말해서, 민중 혁명이 거듭 실패했고 그 직후 이런저런 엘리트

조직이 권력을 잡은 것은 사실입니다. 하지만 민중 혁명은 실패한 만큼 성공도 했습니다. 그 덕분에 우리는 더 이상 중세에 살고 있지 않습니다.

언론의 자유를 예로 들어봅시다. 아주 중요하지만 최근에야 얻은 권리이지요. 언론의 자유는 실제로 흥미로운 사례입니다. 사람들은 몇백 년 동안 그것을 위해 투쟁했고 결국은 상당한 수준까지 자유의 범위를 확장할 수 있었습니다. 미국은 세계 최고의 자유를 누리고 있습니다만 그건 저절로 얻은 게 아닙니다. 노동운동, 민권운동, 여성운동, 기타 등등의 투쟁을 통해 얻은 것입니다. 의미 있는 수준까지 언론 자유의 범위를 확장한 것은 민중운동이었습니다. 만약 이런 민중운동이 일어나지 않았다면 우리는 여전히 과거, 말하자면 1920년대에 머물러 있을 것입니다. 당시는 언론의 자유에 대한 이론적 권리조차 없었습니다. 이런 역사는 주목할 만한 것인데도 불구하고 잘 알려져 있지 않습니다.

연방대법원을 한번 살펴봅시다. 대법원 설립 이래 1959년까지 진행된 언론 자유에 관한 재판 건수와 맞먹을 정도로 많은 재판이 1959년부터 1974년 사이에 쏟아져 들어왔습니다. 바로 이 시기에 이르러서야 비로소 언론의 자유가 획득되었습니다.[2] 내 말은, 그 이전에도 노동운동의 치열한 투쟁을 통해 피켓 시위를 하고 노동자를 조직할 권리를 얻었지만 1950년대 말이 되어서야 비로소 진정한 언론 자유의 권리를 주장하기 시작했다는 것입니다. 그 덕분에 언론의 자유라는 개념이 법원에 퍼져 나가게 되었고 법원은 그에 걸맞은 판결을 내리기 시작했습니다. 연방대법원은 겨우 1964년

---

2 "수정헌법 1조는 1791년부터 미국 헌법의 한 부분이었다. 하지만 언론의 자유를 사법 심사에 의해 규정하기 시작한 것은 제1차 세계대전 중의 일이었다. …… 1974년 현재 수정조항 제1조의 사건들 가운데 50퍼센트 이상이 워런 법원에서 다루어졌다." Harry Kalven, *A Worthy Tradition: Freedom of Speech in America*, Harper & Row, 1999, p. xv.

이 되어서야 1798년의 보안법^{Sedition Act} 〔정부, 의회, 대통령을 구두 또는 서면으로 비난하는 것을 금지하는 법〕을 폐지했는데 이건 매우 최근의 역사입니다.

하지만 과거에 보안법에 따른 기소가 정말로 있었습니까?

— 아, 물론 있었습니다. 아주 많았지요.[3] 이를테면 세계 제1차 세계대전이 끝난 뒤, 유진 데브스〔사회당 당수 겸 노동운동 지도자〕는 전쟁 중에 반전 연설을 했다는 죄목으로 10년 동안 감옥에 갇혀 있었습니다. 그는 또 다른 치안법인 1917년의 방첩법^{Epionage Act}에 따라 기소되었습니다. 그는 대통령 후보로 나섰던 인물이었는데 연설 한 번 잘못한 탓에 10년 동안 투옥된 것입니다.[4]

혹은 1940년의 스미스법^{Smith Act}을 예로 들어봅시다. 사람들은 스미스법에 걸려 구속되기도 했습니다. 이 법에 따르면, 사회질서를 바꾸어야 한다고 생각하는 — 어떤 구체적 행동은 하지 않고 머릿속으로 생각만 하는 — 조직에 참여하는 것도 불법이었습니다.[5] 연방대법원은 이 모든 기소 사건들에 대하여 유죄판결을 내렸습니다. 그런 사람들을 기소하여 처벌하는 것이 헌법과 일치된다고 생각했던 것입니다.[6]

만약 언론의 자유에 대해 이른바 승리를 거두었다고 하는 사건들을 살펴본다면 당신은 그게 전혀 승리가 아님을 발견하게 될 것입니다. 언론 탄압을 정당화하는 저 유명한 '분명하고도 현존하는 위험^{clear and present danger}'의 기준을 한번 살펴봅시다. 그것은 1919년 홈스〔연방대법원 대법관〕가 내린 판결에서 나온 것인데, 홈스의 첫 번째 중요한 언론 관계 판결 가운데 하나였습니다. 바로 '셴크 대 국가^{Schenck vs. United States}' 재판으로 오랫동안 시민의 자유를 옹호한 대승리라고 생각되었습니다. 사건의 개요는 이렇습니다.

센크는 유대계 사회주의 운동권이었고, 징병을 불법이라고 비판한 팸플릿을 돌렸습니다. 그는 헌법상의 근거를 내세웠고 합법적 수단에 입각하여 징병을 반대하자고 역설했습니다. 다시 말해 법정 다툼을 통해 징병에 반대하려 했는데, 팸플릿의 내용도 바로 그것이었습니다. 팸플릿은 20여 명의 사람들에게 배포되었습니다. 그는 기소되었고 선동죄로 유죄선고를 받았습니다. 즉, 말^{words}로 국가를 공격했다는 것이지요. 이 사건은 연방대법원까지 올라갔는데, 당시는 홈스와 브랜다이스가 권위주의적 전통에 약간의 틈을 만들었던 바로 그 시점이었습니다. 홈스는 전원 일치의 법원 판결문을 작성했고, 거기에서 유죄판결을 지지했습니다.

이 사실을 사람들이 잘 망각하는데, 홈스는 센크의 유죄를 확정했고, 그러면서 '분명하고도 현존하는 위험'의 기준을 제시했습니다. 만약 어떤 사람이 혼잡한 극장에서 근거 없이 '불이야!'라고 외친다면 그는 벌을 받을 수 있다는 겁니다. 홈스는 이렇게 판단했습니다. '분명하고도 현존하는 위험이 있다면 국가는 언론의 자유를 통제할 수 있는바, 센크가 법적 수단을 통해 징병을 반대해야 한다는 내용의 문서를 작성했다면 그것은 분명하고도 현존하는 위험이다.' 이게 무슨 언론의 자유입니까? 그런데도 이런 것이 당시로서는 시민권을 옹호하는 대승리로 치부되었습니다.[7]

이런 경우는 비일비재합니다. 1964년이 지나서야 비로소 선동적 비방을 처벌하는 법이 폐지되었습니다. 이 건은 흥미롭고 교훈적인 사건인데, 민권운동이 그것을 이루어냈습니다. 바로 뉴욕타임스 대 설리번^{New York Times vs. Sullivan} 재판이었습니다. 사건 개요는 이렇습니다. 앨라배마 주는 《뉴욕타임스^{The New York Times}》가 마틴 루서 킹과 시민권 운동을 지지하는 광고를 게재했다고 고소했는데, 광고 내용은 몽고메리 보안관이 민권운동을 억압하기 위해 갖가지 부패 행위를 저질렀다고 비난하는 것이었습니다.

청중1 그것이 유명한 명예훼손법 사건입니까?

— 그래요, 하지만 선동죄였습니다. 공무원을 비판했기 때문에 벌을 받아야 한다는 것이었으니까요. 알다시피, 선동죄는 자유 사회냐 아니냐를 가르는 핵심 사항입니다. 만약 당신이 정부를 비판할 수 없다면, 다시 말해 말로 정부를 공격하는 것이 유죄가 된다면, 그 사회가 어떤 배경을 가지고 있더라도 진정으로 자유로운 사회라고 할 수 없습니다. 여기서 진실이 이런 종류의 명예훼손 혐의를 막아주는 보루가 아니라는 것을 명심해야 합니다(몽고메리 보안관이 부패 행위를 저질렀다는 사실의 진실 여부보다는 정부 공무원을 비판했다는 사실을 더 엄중하게 다루는 것-옮긴이). 사실, 전통적으로 볼 때 진실은 기소된 범죄의 죄질을 더욱 악화시킬 뿐입니다. 만약 당신이 얘기하는 게 진실이라면, 국가 권위의 훼손은 한결 더 심해지기 때문입니다.

아무튼 앨라배마의 이 선출직 보안관은 《뉴욕타임스》를 고소했고 신문사가 자신의 명예를 훼손했다고 주장했습니다. 그런 광고를 게재함으로써 《뉴욕타임스》가 공무원인 자신의 권위를 해쳤다는 것이었습니다. 이 사건은 연방대법원으로 올라갔고, 연방대법원은 —내 생각에 판결문을 쓴 사람은 브레넌인데 —처음으로 선동죄를 받아들일 수 없다고 선언했습니다. 연방대법원은 그동안 결코 폐기되지 않았던 1798년의 선동법^{Seditious Act}을 언급하면서 이것은 수정헌법 1조와 불일치한다고 적시했습니다.[8] 그것은 법원이 선동죄를 기각한 첫 번째 사건이었습니다.

만약 당신이 기성 체제가 법을 구실로 언론의 자유를 탄압한 역사를 좀 더 자세히 알고 싶다면 해리 칼벤이 쓴 《가치 있는 전통*A Worthy Tradition*》을 권합니다. 제목만 제외한다면 훌륭한 저서인데, 그가 설명하고 있는 전통은 실제로 가치가 없는 전통입니다. 나는 근본적으로 그의 글을 인용하고 있는데, 그는 미국이 민주사회를 위한 최소한의 조건을 충족시킨 첫 번째 시기가 1964년이라고 말했습니다. 즉, 이때에 이르러서야 비로소 사람들은 말로 국가를 공격할 수 있게 되었다는 것입니다.'

1969년이 지나서야 비로소 연방대법원은 저 끔찍한 '분명하고도 현존하는 위험'의 기준을 거부했습니다. '분명하고도 현존하는 위험'이 언론을 벌하는 기준이 되어서는 안 된다는 것이었습니다. 만약 어떤 기준이 있다면 적절한 기준은 범죄에 대한 기여 여부가 되어야 합니다. 실제 범죄 행위를 명령하거나 자극하는 따위 말입니다. 그건 타당한 기준입니다. 1969년, 연방대법원은 겨우 1969년에 가서야[브란덴부르크 대 오하이오 사건에서] 그 기준에 도달했습니다.[10] 다 알다시피, 언론의 자유는 미국에서도 최근에 있었던 개혁이었고 이것은 미국에만 있습니다. 이러한 언론의 자유는 세계 어느 곳에서도 존재하지 않습니다.

예를 들어 캐나다에서는 살만 루시디의 소설 《악마의 시*The Satanic Verses*》의 국내 반입을 2주 동안 금지한 상태에서 이 책이 법에 저촉되는지를 알아보려고 했습니다. 그사이에 책을 읽으려고 하면 '반反증오*anti-hate*'법인가 뭔가에 걸리게 됩니다. 이 법에 따르면 다음 두 가지 사항이 범죄를 구성합니다.

---

10 '범죄 행위를 자극하는' 기준에 대해서는 '브란덴부르크 대 오하이오 사건 395 U.S. 444' (1969) 참조. 촘스키는 《민주주의를 단념시키기*Deterring Democracy*》(p. 400)에서 이렇게 말했다. "언론의 자유를 위한 승리는 가장 끔찍한 견해들을 옹호하는 과정에서 수립되었음을 상기할 필요가 있다. 가령 쿠클럭스클랜은 두건을 뒤집어쓴 채 '유대인을 이스라엘로 보내자', '검둥이를 매장해버리자' 등의 구호를 외쳐댔지만 대법원은 언론 자유를 인정했다. 언론의 자유에 대해서는 기본적으로 다음 두 입장이 있다. 하나는 당신이 증오하는 견해라도 적극 옹호하는 것이고, 다른 하나는 스탈린-파시스트 기준을 옹호하며 그 견해를 거부하는 것이다."

첫째, '허위 보도'를 퍼뜨리는 것이 범죄에 해당합니다. 내가 찾아본 바에 따르면 이것은 1275년까지 거슬러 올라갑니다. 1275년, 최초의 '허위 보도'법은 영국에서 제정되었고, '허위 보도'를 알리는 것 자체가 범죄였습니다. 이 법에 따르면 국가가 진위를 판단하는데 어떤 사람이 국가의 발표가 진실이 아니라고 얘기한다면 그것은 '허위 보도'이고, 따라서 그 사람은 감옥에 가게 됩니다. 이런 법이 캐나다에 있습니다. 이 법이 금지하는 두 번째 범죄는 '공익에 해로운' 진술입니다. 이 조항은, 가스실 따위는 없다고 주장하면서 홀로코스트를 부인하는 사람들을 막기 위한 것입니다. 공익에 해롭기 때문입니다. 따라서 국가는 그들을 억압할 수 있습니다. 캐나다 공무원이 루시디의 저서 반입을 금지한 것은 바로 이 조항에 따른 것입니다. 캐나다 공무원들은 이 책이 이슬람 신자들이나 그 비슷한 사람들의 증오를 불러일으키는 게 아닌지 알아보아야만 했습니다.

그런데 말이지요, 캐나다 사람들은 누구나 루시디 사건 당시 그 문제에 대해 떠들어댔습니다. 하지만 몇 년 전, 이 법을 실제로 적용하여 어떤 사람을 15개월 동안 감옥에 보냈을 때는, 그 어떤 사람의 입에서도 불평 한 마디 나오지 않았습니다.

청중1 캐나다에서요?

— 바로 토론토에서 발생한 일입니다. 바로 에른스트 쥔델 같은 사람을 겨냥한 것이었습니다. 쥔델은 일종의 신나치주의자인데 팸플릿을 작성하여 개인적으로 배포했습니다. 팸플릿에 따르면 가스실도 없었고, 홀로코스트도 없었고, 다른 끔찍한 일도 없었다는 겁니다. 그는 루시디 책의 반입을 금지

한 바로 그 법에 따라 기소되었습니다. 법원에서 유죄가 입증되었고, 15개월 복역 외에도 3년 동안 공사公私에서 홀로코스트와 직·간접적으로 관련된 일에 대해 얘기할 수 없다는 판결을 받았습니다. 그러니까 그는 친구들과 함께 제2차 세계대전 이야기를 할 수 없다는 뜻이었습니다. 국외로 추방하려는 움직임도 있었는데, 특히 캐나다의 자유당이 이를 지지했습니다.[11]

그런데 이 사건이 미국 언론에 보도되었습니다. 《보스턴글로브The Boston Globe》는 사설에서 재판관이 용기를 내어 황당한 자들의 입을 다물게 했다고 칭찬했습니다. 진위 판단을 국가에게 맡기고 탈선을 단죄한 것 말입니다.[12] 《보스턴글로브》가 루시디 사건을 떠들기 시작했을 때 나는 쮠델 관련 사설의 복사물을 편집자들에게 보내 재고할 의향이 있는지 물었습니다. 하지만 아직까지 그 어떤 대답도 그들로부터 듣지 못했습니다. …… 쮠델의 경우는, 수전 손태그〔저명한 미국 작가〕가 공공장소에서 '나는 에른스트 쮠델입니다' 하고 말해주지 않습니다.(손태그는 살만 루시디를 지지하여 '나는 살만 루시디입니다' 라고 말했다.-옮긴이) 요점은, 언론 자유를 옹호하느냐 아니냐는 사람에 따라 달라진다는 것입니다. 가령 사람들은 자신이 좋아하는 종류의 발언일 경우에만, 또 아야톨라 호메이니〔1989년, 루시디의 목에 600만 달러의 현상금을 건 이란 지도자〕를 반대하는 5억 명의 서구인이 있어 그를 반대한다고 용기 있게 말할 수 있는 경우에만 언론의 자유를 옹호합니다. 하지만 쮠델의 경우처럼 사람들이 좋아할 만한 내용이 아니라면 아무도 옹호하려 들지 않습니다.

아무튼 미국에는 이 법이 이제 없지만 캐나다에는 아직 있습니다. 미국 지식인들은 근본적으로 그 법을 지지합니다. 예를 들어 자유로운 논조의 《보스턴글로브》, 《뉴욕타임스》, P. E. N. 작가들〔작가의 표현의 자유를 촉진하는 조직] 등이 지지하고 있습니다. 하지만 우리는 우리가 좋아하는 견해가 공격당할 때만 발끈하여 언론의 자유를 옹호하고 나서는 편파적 행동을 하고 있습니다.

다른 나라도 캐나다와 마찬가지입니다. 영국은 언론의 자유에 관한 법이 없습니다. 영국 경찰은 BBC[영국 국영방송] 사무실에 들어가 서류철을 샅샅이 뒤지고 마음대로 꺼내갔습니다. 또 영국 정부는 사람들이 어떤 사건에 대하여 출판하는 것을 막을 수 있습니다.[13] 사실, 알렉스 콕번[영국·미국 저널리스트]이 지적한 대로, 영국에서 '반反테러리즘'법이 신설되었는데, 이 법에 따르면 국가가 테러분자라고 지목한 사람들의 진술을 보도하는 것을 불법으로 처리할 수 있습니다. 국가가 지목한 사람 중에는 신페인당Sinn Féin[북아일랜드 정당]의 대표자들도 있습니다. 국민투표로 선출되어 버젓이 영국 의회에 진출해 있는데도 이들의 발언을 보도할 수 없는 겁니다. 콕번이 지적한 바에 따르면, 이 법은 최근에 한 다큐멘터리의 방영을 막았습니다. 다큐멘터리는 두 명의 80세 아일랜드 노파와 인터뷰하여 1930년대의 상황을 파헤친 것이었습니다. 텔레비전 방송국은 기소될 것이 두려워 이 프로그램을 방영하지 않았습니다. 따라서 영국에서는 두 명의 아일랜드 노파가 1930년대에 있었던 일에 대해 얘기하는 장면을 볼 수 없는데, 국가가 그것을 허가하지 않기 때문입니다.

프랑스는 언론 자유의 희미한 전통조차 없고, 지난해 프랑스 정부는 국내의 알제리 반체제 인사들의 신문 발행 허가를 취소했습니다. 이 신문이 프랑스와 알제리의 외교 관계를 해친다는 단 하나의 이유 때문이었습니다. 프랑스 지식인 어느 누구도 불평 한마디 하지 않았습니다. 그들 모두가 살만 루시디 사건에 대해서는 열심히 떠들어댔지만 이 사건에 대해서는 잠잠

했습니다.[14]

어딜 가나 마찬가지입니다. 미국은 예외이고 어쩌면 세계 유일의 나라일 것입니다. 이 점에서 미국은 실질적으로 언론의 자유를 보호하고 있습니다. 하지만 이 권리는 오랫동안 치열하게 싸운 끝에 얻은 것이었습니다. 그러니까 사람들이 몇백 년 동안 싸운 덕분에 실현된 것입니다. 언론의 자유 이외에도 모든 권리는 다 이런 식으로 획득된 것입니다.

소극적 자유와 적극적 자유

청중2 하지만 당신이 언론의 자유에 대해 조금 지나치게 옹호하는 데 불편한 느낌이 듭니다. 더욱 공정하게 언론의 자유가 분배된다면 모를까, 그것이 적극적인 경우보다 파괴적인 쪽으로 악용된 때가 더 많은 것 같습니다. 이것은 내 마음을 불편하게 하고, 그래서 나는 당신 주장에 선뜻 동의하기 어렵습니다.

— 그 질문에 대해서 내가 말씀드릴 수 있는 건 이런 것입니다. 자유는 으레 '소극적'인 것과 '적극적'인 것으로 구분됩니다. '소극적 자유'는 어떤 일을 하지 못하도록 막는 힘이 없다는 뜻입니다. '적극적 자유'는 실제로 그어떤 일을 할 수 있게 해주는 자유입니다. 이 두 자유는 사뭇 다를 수 있습니다.

오늘날, 미국의 언론 자유는 주로 소극적 자유로서 기능하며, 아무도 당신 말을 가로막지 않습니다. 하지만 그것은 적극적 자유와는 별로 상관이 없는데, 그 이유는 당신이 지적했듯이 우리 사회에서 의사소통 채널에 접근하는 권리가 몹시 왜곡되어 있고, 그 권리가 불평등한 권력 구조에 따라 분배되어 있기 때문입니다. 그럼, 이런 불평등을 극복하는 방법은 무엇인가요? 한 가지 방법 — 구체적으로 말해서, 캐서린 매키넌[페미니스트 법학자]의 방법 — 은 권력층에게 훨씬 더 많은 권력을 부여하는 것입니다. 즉, 권력층이 한층 더 불공평하게 언론 자유를 누리도록 그들에게 과도한 권력을 주자는 것입니다. 달리 말하면, 권력 구조를 바꾸지 말고, 언론의 자유를 금지하는 법을 따르면서 권력 구조를 통해 법을 집행하게 만들자는 거죠. 그것은 권력을 가진 사람들에게 더 많은 권력을 준다는 뜻이고, 맘대로 권력을 사용하도록 맡긴다는 뜻입니다. 이렇게 되면 권력층은 마음 내키는 대로 언론을 가로막을 것입니다. 그래요, 그것도 한 가지 방법입니다. 또 다른 방법은 사회 안에서 권력의 분배 구조를 바꾸는 것으로, 이것은 언론의 자유를 공격하는 게 아닙니다.

내 견해는, 먼저 소극적 자유를 적극 보호해야 하지만 거기서 그치지 말고 적극적 자유로 옮겨가도록 노력해야 한다는 것입니다. 만약 목표가 적극적 자유를 얻는 것이라면, 소극적 자유를 파괴하는 것은 도움이 안 됩니다. 마찬가지로, 발언을 허용하고 금지할 권리를 국가에게 맡기는 것은 지금 권력이 없는 사람들의 처지를 개선하지 못합니다. 이상이 우리가 현재 확보한 유일한 선택입니다.

그래도 소극적 자유나마 획득한 것은 큰 성과입니다. 연방대법원이 선동법을 폐기했을 때 그것이 사람들에게 적극적 자유를 주지 않은 것은 사실입니다. 하지만 민중운동에게는 대단히 중요한 승리였습니다. 그동안 이 법으로 시위와 반체제의 핵심을 때려잡았기 때문입니다. 내가 볼 때, 국가

오늘날 미국의 언론 자유가 주로 소극적 자유로서만 기능한 것은,
의사소통 채널에 접근하는 권리가 몹시 왜곡되어 있고,
권리가 불평등한 권력 구조에 따라 분배되어 있기 때문입니다.

당국에게 언론을 규제할 더 많은 권력을 부여하는 것은 민중운동의 승리에 도움이 되지 않습니다. 국가가 언론을 통제하는 방법은 다른 게 없습니다. 결국 국가경찰이 동원될 것입니다.

청중 2 그 사실을 인정하더라도 내게는 여전히 두 가지 관심사가 있습니다. 하나는, 언론 자유의 희생자에 대한 의무가 있지 않습니까?

— 물론이죠.

청중 2 두 번째는, 사람들이 자신의 주장이 틀렸다는 것을 알면서도 자신들의 이익을 추구하기 위해 '언론의 자유'를 구실로 거짓말을 계속 일삼을 때에는 어떻게 해야 합니까?

— 그건 국가가 언론의 자유를 주장하는 사람들에게 뒤집어씌울 때 하는 얘기이기도 합니다. 자, 결국 질문은, 누가 언론 자유의 범위를 결정하고 실행하는가 하는 것입니다. 이것을 할 수 있는 유일한 독립 조직은 바로 국가권력, 정부 권력, 경찰 권력이고 행동 주체는 다 알다시피 미국연방수사국[FBI]입니다. 그들은 결정을 내릴 수 있는 반면 다른 사람들에게는 결정권이 없습니다. 따라서 질문은, 당신은 발언이 수용할 만한지 그들(국가와 경찰)이 결정하도록 둘 것인지 하는 겁니다. 이 문제는 본질적으로 이렇게 귀착됩니다. 나는 그래서는 안 된다고 말할 것입니다. 언론의 자유에 대한 결정권을 그들에게 주어서는 안 됩니다. 물론, 헛소리라고 생각되는 말을 마구 지껄여대는 다른 많은 사람을 막지 못한다는 우려가 있기는 합니다.

희생자에 대한 의무에 관해서는, 결국 적극적 자유를 구축하고 확장하는 문제로 귀결됩니다. 사실, 좌파가 하찮은 문제로 지나치게 화를 내는 사례가 여기 하나 있습니다. 포르노 문제를 예로 들어봅시다. 여성이 포르노 문제로 괴로워하는 것은 틀림없이 사실이지만 언론의 자유 때문에 고통을 겪는 세계 각국의 사람들의 관점에서 보면, 포르노는 '새 발의 피' 정도밖에 안 되는 문제입니다. 사람들은 대학교의 자유무역 경제 강의에서 더 많은 고통을 받습니다. 제3세계의 수많은 사람들은 미국의 경제학과에서 가르치는 내용 탓에 죽어가고 있습니다. 세계에는 지금 굶주리고 있는 사람이 수천만 명에 이릅니다. 분명 해로운 일입니다. 경제학과에서 뭘 가르칠지 정부가 정해야 한다는 법을 통과시켜야 할까요? 절대 아닙니다. 사태가 더욱더 악화될 뿐입니다. 법은 오히려 모든 사람에게 그것(지금 미국의 경제학과에서 가르치는, 현실과 동떨어진 내용)을 가르치도록 강요할 것입니다.

청중1 영화관에서 '불이야!' 하고 외치는 경우나 사람들에게 누군가를 공격하도록 명령하는 경우는 어떻습니까? 제재를 가해야 한다고 생각하지 않습니까?

— 언론 자유의 권리를 공격하는 사람들은 으레 이렇게 말합니다. "보세요, 말도 행동입니다." 사실입니다. 그렇기 때문에 말 또한 다른 행동과 똑같이 다루어져야 합니다. 그러니까 말이 행동이라는 말에 일단 동의한다면 말은 다른 행동과 똑같이 다루어져야 합니다. 예를 들어, 만약 당신이 혼잡한 영화관에 폭탄을 던진다면, 그래요, 그건 범죄이고, 누군가 당신을 제지해야 합니다. 또 만약 당신이 폭탄을 던지는 다른 사람의 행동을 거들어준다

면 비록 당신의 참여가 말로 그친다고 해도, 역시 당신의 행동은 제지받아야 마땅합니다. 가령 당신과 내가 식료품을 강탈할 목적으로 식료품점 안에 들어간다 칩시다. 당신이 총을 들고 있고 내가 두목이어서 '발사!' 하고 명령하고 당신이 주인을 죽인다면 나의 말은 행동과 다름없습니다. 하지만 내 생각에 그건 보호받아야 할 말은 아닙니다. 왜냐하면 그런 말은 범죄 행위이기 때문입니다.

청중1 성희롱 같은 것은 어떻습니까?

— 그건 별개의 이야기입니다. 알다시피, 모순적인 권리가 존재합니다. 권리는 자명한(모순이 없는) 이치가 아닙니다. 만약 당신이 권리를 깊이 살펴본다면 쉽게 모순을 발견할 것입니다. 따라서 갖가지 상황에서 판단해야만 합니다. 언론의 자유처럼, 사람들은 괴롭힘을 당하지 않고 일할 수 있는 권리를 가지고 있습니다. 내 생각에, 직장 성희롱 금지법은 더할 나위 없이 합리적입니다. 왜냐하면 합리적인 원칙을 따르기 때문입니다. 말하자면 종업원은 반복적으로 괴롭힘을 당하는 일 없이 근무할 수 있어야 합니다. 성희롱이나 다른 괴롭힘이 없어야 합니다. 한편, 거리에서의 성희롱은 별개의 이야기이므로 내 생각엔 다르게 취급해야 합니다.

자, 현실적인 언론 자유의 논의와 관련하여, 언론의 자유를 절대적으로 주장하는 사람은 아무도 없습니다. 사람들은 언론의 자유를 절대적으로 지지하는 척하지만 사실은 다릅니다. 마찬가지로 나는 누군가가 내 집에 들어와 나치 포스터를 벽에 붙일 권리가 있다고 말하는 사람을 만나본 적이 없습니다. 그래요, 그런 행동을 막는 것은 언론의 자유를 침해하는 것이지만 동시에 사생활의 권리를 보호하는 것이기도 합니다. 이처럼 권리들은 서로 대립하며 상충합니다. 따라서 우리는 그 사이에서 판단해야만 하는데 때때로 그 판단을 내리기가 쉽지 않습니다. 그렇지만 일반적으로 그 결정을 당국에 맡기고자 할 때에는 무척 신중해야 합니다. 당국은 사회의 권력 분배 양상에 따라 언론의 자유를 집행할 것이기 때문입니다.

청중1   우리 대학교의 건축학과 교수는 강의할 때 대학생들에게 이렇게 얘기합니다. "만약 자네들이 카메라를 사고 싶다면 유대인 한 명을 데리고 가라." 이런 인종차별적인 이야기를 대놓고 합니다. 학생들은 교수의 얘기에 제동을 걸어야 할지 말아야 할지 의아해했습니다.

─ 예, 그건 어려운 질문입니다. 이를테면, 나는 제2차 세계대전이 끝난 직후 대학생이었는데 우연히도 나치로부터 독일어 수업을 받은 적이 있습니다. 강사는 자신의 본색을 숨기려고도 하지 않았습니다. 주위에는 참전 용사가 많았는데, 사람들은 저 따위 강사는 죽어야 마땅하다면서 그를 죽여 박제로 만들 음모를 꾸몄습니다. 당시는 이런 잔인한 생각이 사람들의 마음속에서 생생하던 때였습니다. 대학 당국은 그를 해고해야 할까요? 나는 그렇게 생각하지 않았습니다. 내 생각에, 사람들의 발언을 제약하는 것은 위험합니다. 적절한 다른 방법들이 분명 있을 겁니다.

청중1   하지만 강의실에 앉아 있는 대학생에게 청강을 거부할 권리도 있는 게 아니겠습니까.

— 그렇습니다. 어떤 대학생이 자리에서 일어나 그 교수를 비난한다면 그 학생은 그럴 권리가 분명 있습니다. 그다음에 그 일로 학생이 벌을 받는다면, 그것 또한 정당한 처사입니다. 왜냐하면 권력자가 보기에는 문제 학생에게는 가만히 앉아 청강할 권리 말고는 없기 때문입니다. 하지만 교수에게 그런 얘기를 하지 말라고 막아야 하는 걸까요? 나는 까다로운 문제라고 생각합니다.

설사 교수의 강의권을 인정하더라도 여전히 까다로운 문제가 남습니다. 가령 당신이 강의실에 들어갈 때는 계약적 합의가 이루어진 것입니다. 말하자면 당신은 건축이든 화학이든 배우고 싶기 때문에 강의에 들어간 것입니다. 만약 화학 교수가 화학은 안 가르치고 근본주의 종교 따위를 말한다면 당신은 이렇게 말할 권리가 있습니다. '그에게 봉급을 주지 말고 물러나게 하자. 나는 화학을 공부하러 대학에 입학했고 그것이 우리의 공통적인 합의였는데 그가 합의를 위반했다. 그를 내쫓아버리자.' 한편, 만약 교수가 화학도 어느 정도 가르치면서 당신이 좋아하지 않는 화제를 얘기했다면 그건 또 다른 이야기가 됩니다.

다시 한 번 말하지만 권리는 자명한 이치가 아닙니다. 따라서 권리들 사이에는 모순이 있고 사람들은 스스로 판단을 내려야 합니다. 나는 그럴 때 더 큰 자유가 허용되는 쪽으로 기울어집니다. 판단을 내리기 아주 어려운 문제들도 있습니다. 도덕 규범이 갖가지 사항에 해답을 줄 수 있을 만큼 자세하지 않아서, 사람들의 생각도 제각각이기 때문입니다.

청중1 그렇다면 당신 생각에 성희롱에도 애매모호한 점이 있습니까?

― 아, 예, 상당히 애매모호한 점이 있습니다. 이를테면 거리에서 말로 던지는 성희롱 ― 만약 누군가가 어떤 여성의 옷에 대해 저열한 농담을 던지는 경우 ― 을 가지고 그들을 감옥에 보내야 한다고는 생각하지 않습니다.

청중2 텔레비전의 폭력 장면은 어떻게 생각합니까? 그것도 또 다른 권리와 상충하지 않습니까?

― 텔레비전의 폭력 장면은 상당히 어려운 문제를 제기합니다. 하지만 나는 잘 모르겠습니다. 만약 당신이 연구 보고서에서 텔레비전의 폭력성이나 포르노가 명백한 해를 끼치는지 ― 과연 그것들이 현실 세계에서 폭력을 유발했는지 ― 살펴본다면, 그것을 증명하는 설득력 있는 자료가 없음을 알게 될 것입니다. 따라서 이런 문제는 너무 어려워서 정말 연구하기가 힘듭니다. 하지만 내가 이런저런 방법을 통해 파악한 바로는 결정적 증거가 없습니다. 입증할 수 있는 사실이 없습니다. 분명 심리적 유해성은 있지만, 폭력이 구체적으로 유발되었는지에 대해서는 평가할 길이 없습니다. 오히려 스포츠 행사 후에 폭력 행위가 증가된 것처럼 보입니다. 비록 엄청나게 증가한 것은 아니어도, 슈퍼볼(프로 미식축구 챔피언 결정전―옮긴이) 같은 행사가 끝난 뒤에 국내 폭력은 분명히 증가했습니다.[15]

2 사이버공간과 자유무역협정을 말하다

이 모든 국제 협정은 민주주의와 자유시장에 대한 총공격입니다.
거대한 공격의 일환인 겁니다. 은행, 투자회사, 다국적기업이 민중의 감시를
벗어나서 자신들의 권력을 확장하는 새로운 방법을 발전시키고 있고,
우리는 현재 그것을 목격하고 있습니다.

사이버공간과 시민운동

촘스키 씨, 논제를 바꾸어, 나는 최근의 컴퓨터 기술, 이를테면 인터넷, 이메일, 월드와이드웹 등에 대해 좀 얘기하고 싶습니다. 이 기술이 미래의 정치적 행동주의와 시민 단체에 얼마나 큰 영향을 끼칠 것이라고 생각합니까? 인터넷이 민주주의에 더 많은 힘을 보태줄까요? 아니면 사람들의 정치적 관심을 딴 곳으로 돌려놓을까요? 어떻게 예측하십니까?

— 음, 내 생각에, 인터넷은 예전에 라디오와 텔레비전과 비슷한 현상을 거치거나, 그 점에 대해서라면, 자동화의 과정과 무척 비슷한 길을 걸어갈 것으로 보입니다. 자, 대부분의 경우 기술은 사람들에게 해를 입히거나 사람들을 돕는 성향을 가지고 있지 않습니다. 어느 한쪽으로 판정나버리는 속성이 내재하는 경우는 거의 없습니다. 단지 그것을 관리하는 사람의 손에 달려 있습니다.

구체적으로 라디오를 예로 들어봅시다. 미국의 민중운동이 왜 자신들의 관심사, 요구 사항, 목표를 알리는 프로그램을 방송하기 위해 소규모 공동체가 관리하는 지역 방송국을 찾아갈까요? 왜 대형 방송국은 그런 프로그램을 방송하지 않을까요? 그 까닭은, 되돌아보면 미국이 라디오가 처음 등장한 1920년대 후반과 1930년대 초반부터 세계의 다른 지역과는 다른 방향으로 나아갔기 때문입니다.

알다시피, 라디오는 주파수 대역이 한정되어 있어서 반드시 대역을 배정받아야 합니다. 따라서 문제는 어떻게 대역이 배정되는가 하는 것입니다. 세계 대부분의 주요 국가 ─ 어쩌면 미국을 제외한 모든 국가 ─ 에서 라디오는 어느 정도 공공의 장으로 바뀌었는데, 이것은 라디오가 그 나라가 민주적인 만큼만 민주적이 된다는 뜻입니다. 가령 러시아에서 라디오는 민주적이 아니고, 대영제국에서 라디오는 잉글랜드가 민주적인 만큼 민주적입니다. 그래도 라디오는 여전히 공공 분야에 속합니다. 미국은 다른 길을 걸었습니다. 미국의 라디오 방송국은 사유화되었고, 개인의 손에 넘어갔습니다. 게다가 그것이 미국 민주주의의 승리라고 칭송되었습니다.[16] 따라서 이제 미국 기업의 통제를 받지 않는 라디오 방송을 원한다면, 지역의 소규모 방송국을 찾아가야만 합니다. 그런 방송국은 아주 중요하지만 물론 변두리에 위치하고 재정적·인적 자원이 무척 빈약합니다.

그럼 텔레비전을 봅시다. 1940년대에 텔레비전이 출현했을 때도 미국에서는 똑같은 상황이 벌어졌습니다. 사실, 텔레비전의 경우, 그것을 차지하기 위한 투쟁조차 없었습니다. 단숨에 개인의 권력으로 송두리째 넘어갔던 것입니다.[17]

내 생각에, 인터넷도 기본적으로 똑같을 것입니다. 만약 인터넷이 TV와 라디오처럼 개인 권력의 손아귀에 넘어간다면 우리는 인터넷의 운명을 정확히 예측할 수 있을 것입니다. 사실, 사람들이 줄기차게 그 운명을 우리에게 들려주고 있습니다. 이와 관련하여 《월스트리트저널Wall Street Journal》의 기사가 떠오르는군요. 모든 신기술의 경이를 다룬 기사에서 이 신문은 그 기술이 '쌍방향'이기 때문에 이루어질 수 있는 신나는 일들을 설명했습니다. 우리가 더 이상 수동적이지 않아도 되고, 컴퓨터 앞에 앉아서 뭔가 진정으로 할 수 있다고 말했습니다. 이 신문은 인터넷이 어떻게 작동하는지 설명했고, 남녀를 위한 두 가지 대표적 사례를 들었습니다.

먼저 여성에게는 인터넷이 굉장한 홈쇼핑 도구가 될 것입니다. 여성 소비자가 컴퓨터 앞에 앉아서 어떤 모델을 지켜보고 있으면, 홈쇼핑 사회자가 신기한 물건을 보여줄 텐데 소비자는 이렇게 생각할 것입니다. '음, 내 아이가 잘 크도록 저걸 사줘야겠어.' 이것이 이른바 쌍방향 소통이라는 겁니다. 여성 소비자가 그저 자판을 두드리기만 하면 제조업체에서 곧장 그 물건을 소비자의 집으로 보내줍니다. 이것이 여성을 위한 쌍방향 소통입니다.

인터넷이 남성에게 제시하는 쌍방향의 사례는 슈퍼볼 게임을 시청하는 것입니다. 혈기 왕성한 남성들이 좋아하잖아요. 지금까지 슈퍼볼 게임 시청은 쌍방향이 아니라 일방적·수동적이었습니다. 남성 시청자들은 화면 앞에 앉아, 근육질 선수들이 경기하는 장면을 봅니다. 하지만 신기술의 발달로, 앞으로는 쌍방향 시청이 될 것입니다. 따라서 《월스트리트저널》 기사에 따르면, 팀 선수들이 둥그렇게 모여 코치로부터 다음 작전을 지시받는 동안, 모든 시청자 — 알다시피, 살아 있는 모든 남자들 — 도 나름대로 작전을 짜도록 요청받습니다. 패스, 런^{run}, 킥^{kick}, 정면 돌파, 측면 돌파 등등. 그리고 실제 경기가 진행되면(물론 실제 작전은 시청자의 작전과는 완전 독립되어 있는데) 시청자들은 코치의 작전 지시가 자신들의 작전과 어떻게 다른지 화면으로 지켜보게 됩니다. 이것이 남성 시청자들의 쌍방향 소통입니다.

전반적으로 아마 인터넷 기술은 이런 식으로 활용될 것입니다. 통제와 조작의 또 다른 기술로 이용될 것이고, 사람들을 원하지도 않는 물건을 구입하는 영혼 없는 소비자의 역할에 가두어두기 위한 기술로 이용될 것입니다. 정말 이렇게 되고 말 겁니다. 이런 사회는 지배층이 민중을 우민화하는 것 외에 다른 일을 하리라고 보기 어렵습니다.

하지만 물론, 이런 기술은 그런 용도로 사용되어서는 안 됩니다. 거듭 말하지만 그것은 기술을 관리하는 사람들의 손에 달려 있습니다. 무슨 말이냐 하면, 만약 민중이 언젠가 기술을 관리하게 된다면 기술이 사뭇 다르게 사용될 수 있다는 것입니다. 이를테면 정보처리 시스템은, 노동자들이 경영자나 상급자들을 배제하고 직장을 직접 통제하는 방법으로 활용될 수 있습니다. 그렇게 된다면 공장의 모든 노동자들은 어떤 문제가 발생했을 때 직접 결정하는 데 필요한 정보를 실시간으로 확보할 수 있습니다. 이 상황에서 기술은 고도로 민주화된 도구가 될 것입니다. 사실, 그것은 권위와 지배 시스템의 핵심을 제거하도록 도와줄 것입니다. 하지만 상황이 저절로 그렇게 좋아지지는 않을 것입니다. 언젠가 그렇게 되도록 열심히 조직하면서 투쟁해야 하고, 목표를 위해서 불굴의 투쟁을 벌여야 합니다.

나는 이 모든 기술이 시민운동에 끼치는 영향은 복잡하기 짝이 없다고 생각합니다. 내 생각에, 권력자들은 인터넷 같은 것을 그냥 내버려두어도 될지 안 될지 많이 생각할 것입니다. 왜냐하면 권력의 관점에서 보면 인터넷은 너무 민주적이기 때문입니다. 그 안에 무엇이 들어 있는지, 누가 접속할 수 있는지 같은 것들을 통제하기가 무척 어렵습니다. 이를테면 내 딸은 니카라과에 살고 있는데, 1980년대에 미국이 콘트라(니카라과의 게릴라 세력 –옮긴이)를 지원해 전쟁을 하는 동안, 나는 딸과 통화하거나 딸에게 편지를 보낼 수 없었습니다. 딸과 접촉할 수 있는 유일한 방법은 아르파넷^{ARPAnet} 뿐이었습니다. 아르파넷은 내가 MIT를 통해 접속할 수 있었던 펜타곤 컴퓨터 시스템인데, 그것 덕분에 우리 부녀는 소식을 주고받을 수 있었습니다. 아무튼 이런 일이 인터넷에서 벌어지고 있으니 많은 권력자들은 분명 인터넷의 이런 측면을 좋아하지 않을 겁니다.

또 권력자들은 사람들이 관세 및 무역에 관한 일반협정(이하 GATT)의 본문, 또는 미국 언론에 실리지 않는 GATT 관련 최신 뉴스 따위를 입수할 수 있다는 사실을 좋아하지 않습니다. 사실, 인터넷을 뒤지면 여러분은 각종 이슈에 관한 내 견해를 모두 찾아볼 수 있습니다. 가령 동티모르 같이 어떤 쟁점을 알고 싶다면, 인터넷은 무척 소중한 정치조직 도구가 될 것입니다. 미국의 언론은 동티모르 사태에 관한 대부분의 정보를 몇 년씩이나 숨기며 침묵해왔습니다. 그런 감추고 싶은 정보를 민중이 알게 된 것은 개인 권력의 관점에서 보면 마땅찮은 일이고, 그들은 인터넷의 그런 측면을 분명 가로막고 싶어 할 것입니다.

한편, 인터넷은 권력자에게 유리한 점도 많습니다. 사례를 하나 들면, 인터넷은 사람들의 주의를 딴 곳으로 돌리고, 사람들을 모래알처럼 분리·소외시킵니다. 누구나 컴퓨터 앞에 앉아 있으면 혼자가 됩니다. 내 말은, 사람들이 직접 얼굴을 맞대고 접촉하는 것에는 컴퓨터 자판 두들기는 시끄러운 소리만 되돌아오는 것과 사뭇 다른 인간적인 측면이 있다는 겁니다. 인터넷은 대단히 몰개성적이고 또 인간관계를 파괴합니다. 이것은 권력층의 관점에서 보면 분명히 좋은 결과입니다. 사람들을 수동적이고 순종적인 존재로 만들어 통제하고 싶다면 그들에게서 인간적인 감수성을 제거하는 것이 무엇보다 중요하니까요. 따라서 인터넷 덕분에 면대면 의사소통과 직접적인 상호작용 등을 없앨 수 있다면 그리고 사람들을 MIT 너드[nerd]—머리 위로 안테나가 나와 자신의 컴퓨터와 늘 연결되어 있는 사람—로 바꿀 수 있다면 더욱 통제하기가 좋겠지요. 왜냐하면 사람들이 더욱더 비인간적이 될수록 그만큼 더 통제하기가 쉬워지기 때문입니다.

한편 나는 이메일 메시지에 사람의 품위를 저하시키는 특징이 있다는 것을 발견했습니다. 사람들은 이메일을 아무렇게나 보냅니다. 생각나는 대로 다듬지도 않은 설익은 글을 날려 보냅니다. 그 결과, 답장은커녕 눈에 띄는 모든 글을 읽어내는 것만도 벅찬 부담이 됩니다. 그래서 그걸 읽다가 세월이 다 가고 맙니다. 사람들은 엄청난 시간을 이메일에 투자합니다. 사실 내 친구들 중에는 연구의 질이 심하게 퇴보한 친구들이 있는데, 이메일에 너무 많은 시간을 빼앗기기 때문입니다. 컴퓨터 앞에 앉아 하루 종일 자판을 두들기는 일은 무척 유혹적이고 또 중독성이 강합니다.

게다가 내 생각에, 인터넷은 여전히 민중운동을 크게 위협하는 또 다른 측면도 갖고 있습니다. 예를 들어, 나는 최근에 운동권 사람들의 좌파 잡지 구독률이 감소한 사실을 목격했습니다. 왜 그럴까요? 인터넷으로 손쉽게 정보를 얻을 수 있기 때문입니다. 자, 그러니 만약 내가 미국중앙정보국(이하 CIA) 같은 조직에 속한 사람이라면 지금 당장 이렇게 말하겠습니다.

'자, 이것을 부추기자. 인터넷은 사람들에게 더 많은 정보를 제공하는 부정적 효과가 있기는 하지만 대안 기관^{alternative institutions}을 파괴하는 긍정적 효과도 있다. 그러니 인터넷을 존속시키자. 이 모든 사람들이 《Z 매거진^{Z Magazine}》 같은 잡지를 정기 구독하지 않으면 좌파 기관들이 붕괴될 것이고, 결과적으로 좌파가 뿔뿔이 흩어져 어쩌면 존재 자체가 파괴될지도 몰라.'

물론 CIA 사람들이 이 정도 머리가 있는지조차 의심스럽지만 만약 그들에게 충분한 머리가 있다면 모든 것을 그냥 내버려둘 것입니다. 인터넷이 반체제 기관들을 파괴할지도 모르니까요. 만약 우리가 너무나 반^反사회적

이 되어 민중 기관들을 지원하지 않는 지경에 이른다면 결국 반체제 기관들은 파괴될 수밖에 없습니다. 기억하십시오. 당신이 좌파 운동가라도 당신이 어린 시절부터 한결같이 배워온 것, 당신 머릿속에 깊이 배어 있는 생각은 이런 것입니다. '내 앞가림만 잘하면 되는 거야. 내가 거저 정보를 얻을 수 있는데 굳이 민중 기관을 존속시키는 데 도움을 줄 필요가 뭐야?' 이건 분명히 반사회적 태도입니다. 하지만 당신은 그런 사고방식과 태도에서 벗어나기가 무척 힘들다는 것을 발견할 것입니다. 그래서 내가 보기에, 인터넷이라는 신기술에는 위험한 측면이 많습니다. 나는 사람들이 곧 이런 측면을 알아보고 그에 대하여 저항해 나가기를 희망합니다.

'자유무역'협정

청중1 권력층이 인터넷에 GATT 조약 전문이 실리는 것을 좋아하지 않는다고 말씀하셨습니다. 그렇다면 이런 국제무역협정이 우리 일반 대중에게 일방적으로 강요되고 있다는 뜻인데, 아무도 그게 무슨 내용인지 알지 못합니다. 선생님은 이 조약을 어떻게 생각하시는지 궁금합니다.

— 많은 사람들이 그 내용을 알고 있습니다. 이를테면 GATT의 내용을 알고 있는 대기업 직원들은 많습니다. 하지만 당신 말이 맞습니다. 미국의 일반 대중은 GATT에 대하여 조금도 알지 못합니다. 엄청 많은 사람들이 GATT 이야기를 들어본 적도 없고, 그 파급효과가 어떨지 잘 모릅니다〔GATT는 1947년에 처음 제정되었지만 그것을 수정하기 위한 '우루과이라운드'가 1993

년에 결론이 났기 때문에 1994년 4월에 체결되었다).

GATT에 대해 어떻게 생각하느냐고요? 내 생각에, GATT는 우스꽝스러운 것, 아니 괴기한 것입니다. 보십시오. GATT 사태는 정말 의미심장합니다. 공개 토론도 없이 단숨에 의회에서 조약을 밀어붙일 수 있을 거라고 생각한 것은 미국의 민주주의가 완전 붕괴되었음을 보여줍니다. GATT는, 적어도 일반 대중이 그 내용을 알고, 조사하고, 따지고, 신중하게 생각하는 그런 화제가 되어야 마땅합니다. 여기까지는 쉽게 할 수 있습니다.

그런 공론의 장에서 ─ 정말 이런 장이 열린다면 ─ 어떤 일이 벌어져야 하는지 내게 묻는다면, 기꺼이 내 생각을 얘기할 것입니다. 사실 내 생각도 뒤섞여 있습니다. GATT는 북미자유무역협정(이하 NAFTA)와 비슷합니다. 나는 NAFTA가 통과될 때 원칙적으로 반대한 사람이 있다는 얘기는 들어보지 못했습니다. 어떤 조약이지 하는 의문 정도만 표시했을 뿐입니다.[18] 하지만 NAFTA가 1993년 통과되기 이전부터, 의회기술평가국the Congressional Office of Technology Assessment과 같은 주류 조직 ─ 그들보다 더 중도파는 없을 텐데 ─ 은 NAFTA의 집행위원회 초안을 예리하게 지적하고 비판했습니다. 또 그들은 사실 NAFTA가 투자가의 권리를 보장하는 조약이지, '자유무역' 조약이 아니라고 지적한 바 있고, 나아가 참여 3개국(미국, 캐나다, 멕시코)의 경제를 일종의 저임금·저성장 체제로 전환시킬 것이라고 우려했습니다. 물론 그들은 NAFTA가 부자들에게만 유리한 조약이라는 말은 하지 않았지만, 비판 후에 아주 건설적인 대안을 제시하기도 했습니다.[19]

---

18 NAFTA는 투자자의 권리를 높여주는 대신 정부의 규제 능력을 크게 떨어뜨린다. 이는 다음 세 가지 방식을 통하여 이루어졌다. 1. 투자자의 권익 보호를 위해 무역 장벽을 낮추면서 정부의 개입 소지가 줄었다. 2. 투자자의 손실을 정부가 보상해주는 방식이어서 정부는 노동이나 환경 등의 규제 문턱을 낮출 수밖에 없게 되었다. 3. 외국 기업을 규제하면 국내 기업도 동시에 규제해야 하는데, 이로 인해 외국 기업이 국내 정치에 행사하는 영향력이 자연스럽게 커졌다.

그런데 말이지요. 미국 주류 사회가 NAFTA에 관해 논의할 때 이런 건설적인 비판은 거론되지 않았습니다. 당신이 지금까지 언론에서 들은 얘기는 '미친 듯한 맹목적 애국주의자들은 멕시코 노동자를 좋아하지 않는다'는 것뿐이었습니다.

미국 노동계도 마찬가지입니다. 노동계의 제안은 언론이 한결같이 맹비난을 퍼부은 것과는 전혀 내용이 다릅니다.[20] 이를테면 노동자문위원회 Labor Advisory Committee — 이런 일에 대해 의견을 제시하는 것이 이 위원회의 법적 의무인데도 토론에서 불법적으로 제외되었습니다 — 는 NAFTA에 대해 상당히 건설적인 보고서를 내놓았습니다. 이 보고서는 불특정 조약에 반대하는 것이 아니라 특정 조약에 반대합니다. 사실, 노동자문위원회의 보고서를 들여다보면, NAFTA가 미국 의회에서 통과된 방식과 미국의 민주주의에 대해 많은 것을 알게 될 것입니다.

20년 전, 미 의회는 미국통상법 Trade Act 을 제정했습니다. 이 법에 따르면, 무역과 관련된 제정법이나 조약이 의회를 통과하기 전에 '노동자문위원회'와 협의해야 합니다. 위원회는 의회가 별 힘이 없는 노동조합을 중심으로 구성한 기구였습니다. 따라서 법에 따라, 노동자문위원회는 미국의 무역 관련 쟁점을 분석하고 비판해야만 합니다. 당연히 NAFTA도 의제가 됩니다.[21] 클린턴 행정부는 노동자문위원회에게 보고서를 9월 9일에 제출하라고 통지했습니다. 하지만 위원회는 9월 8일이 될 때까지 조약의 내용을 전혀 몰랐습니다. 따라서 검토는커녕 모임을 제대로 가질 수도 없었습니다. 그뿐 아니라 위원회는 조약 전문을 얻지도 못했습니다. 내용이 방대해서 조약 본문만 수백 페이지에 달할 정도로 두툼했는데도 말입니다.

위원회는 가까스로 그 조약에 대한 회신을 썼는데 무척 화가 난 회신이었습니다. 그처럼 무례한 검토 요구는 분명 민주주의를 경멸한 것이었지만 그래도 위원회는 두어 시간 동안 훑어보고서 그 내용이 노동계에게 큰 피해를 주리라는 것을 파악했습니다. 미국 노동계는 물론이고 어쩌면 멕시코 노동계에게도 재난이 되리라는 것을 한눈에 알아보았던 것입니다. 반면에 미국과 멕시코의 투자가에게는 큰 혜택을 안겨줄 것으로 보였습니다.[22] 게다가 그것은 연방법과 주법을 대신하기 때문에 환경에 몹시 파괴적인 영향을 끼칠 게 불을 보듯 뻔했습니다. 분명 NAFTA에는 정말로 중대하고도 중요한 쟁점이 있었고, 민주주의가 살아 있다면 민중의 집약적인 검토와 논쟁이 선행되어야 마땅했습니다. 하지만 그런 과정은 없었습니다.

실제로 누구나 이 조약을 깊이 들여다본다면, 설사 이 조약을 옹호하는 사람일지라도 그것이 3개국의 민중 대다수를 해칠 것이라고 인정하게 될 것입니다. 예를 들어, 미국의 조약 옹호자들은 이렇게 말합니다. '이 조약은 정말 좋다. 다만 반‡숙련 노동자를 해칠 뿐.'[23] NAFTA가 의회에서 안전하게 통과된 뒤, 《뉴욕타임스》는 처음으로 NAFTA가 뉴욕 지역에 미칠 영향을 분석하고 아주 낙관적인 기사를 실었습니다. 그러면서 기업 변호사, 광고 회사 등에게 큰 혜택이 돌아갈 것이라고 보도했습니다. 그런데 거기에도 역시 각주가 달려 있었는데 내용인즉 모든 사람이 승리하지는 못하고, 패배하는 사람도 있을 수 있다는 것이었습니다. 여기서 말하는 패배자는 '여성, 흑인, 라틴아메리카계 사람, 반숙련 노동자'였습니다. 이게 무슨 소리입니까. 다른 말로, 뉴욕 사람들 대부분이라는 이야기입니다.[24] 하지만 모든 것을 다 가질 수 없다는 게 조약 옹호자의 주장이었습니다.

---

23 반숙련 노동자의 비율은 전체 노동력의 70퍼센트를 차지한다.

사실, NAFTA가 의회에서 통과되고 며칠 뒤, 상원이 미국 역사상 가장 흉악한 범죄〔하원에서 통과된 '폭력 범죄 단속 및 집행법'〕를 승인한 것은 좀 놀라운 일이었습니다. 하원은 이 법안을 개악했습니다. 우연의 일치인지는 잘 몰라도 아무튼 이 조약과 연결해서 생각해보면 앞뒤가 들어맞는 것 같습니다. 내 말은, 이 협정으로 말미암아 미국인 4분의 3의 임금이 줄어들게 될 것이고, 실제로는 통계 예상치보다도 훨씬 더 많은 사람들을 실업자로 만들 것이라는 뜻입니다. 그러니 어떻게 하겠습니까. 범죄 단속법을 개악하여 실업자들을 투옥해 관리하겠다, 뭐 이런 얘기가 되는 거지요.

그래요, 이것이 NAFTA의 본질입니다. 그럼 GATT는 어떤가요? 가령 인도 같은 데서는 말입니다, 수십만 명의 인도인들이 거리로 뛰쳐나와 이 협정을 반대하는 시위를 벌였습니다. 뭐냐 하면 그들은 협정 내용을 제대로 알고 있다는 겁니다. 내 말은, 미국인들은 내용을 잘 모르지만 제3세계 사람들은 잘 알고 있다는 겁니다. 미국인들은 신경 쓰지 않아서 잘 모를지 몰라도, 인도 농민들은 자신들에게 무슨 일이 생길지 정확하게 알고 있었습니다. 그렇기 때문에 이 협정은 인도 같은 나라에서는 사실상 총구銃口의 위협 아래 통과되었습니다.[25]

그런데 그들은 무엇 때문에 그렇게 화가 난 걸까요? 구체적인 사례를 한 가지 들어보겠습니다. NAFTA도 마찬가지이지만 현재의 GATT에서 명문화된 보호 조항 중에는 이른바 '지적재산권'〔등록 상표, 특허 기술 그리고 음악을 비롯하여 유전자에 이르기까지 귀중한 '정보' 제품의 저작권〕이라는 게 있습니다. 지적재산권은 보호주의자의 수단이지, 자유무역과는 전혀 상관이 없습니다. 자유무역과는 정반대 개념입니다. 이 권리는 많은 파급효과를 미치겠지만 그중에서도 다음 두 가지가 특히 중요합니다.

GATT는 기술 혁신을 후퇴시키고
경제 효율성을 저하시킬 것입니다.
하지만 특정 세력의 이윤은 증가시킬 것입니다.

첫째, 이 협정은 특허의 존속 기간을 늘려줄 것입니다. 예컨대 미국 대학교가 공적 보조금을 얻어 연구한 덕분에 머크^{Merck} 제약사가 어떤 약의 특허를 받았다면, 이제 GATT에 따라 머크 사는 특허권을 훨씬 더 오래 확보할 수 있다는 뜻입니다. 말이 나온 김에 덧붙이면, 그것은 부유한 나라들이 개발되던 때보다 훨씬 더 깁니다. 사실, 부자 나라들조차도 비교적 최근에 들어서야 특허권을 존중하기 시작했습니다. 이를테면 미국은 개발도상국이었을 때, 특허권 따위는 결코 존중하지 않았습니다. 어쨌든 첫 번째 요점은 특허권의 존속 기간이 크게 연장되었다는 것입니다.

둘째, 특허의 본질이 바뀌고 있습니다. 알다시피, 최근까지 특허는 이른바 '공정 특허$^{process patents}$'였습니다. 달리 말해, 만약 머크 사가 신약 제조 방법을 알아냈다면, 제약 공정에 특허를 낼 수는 있지만 약 자체는 특허 대상이 아니었습니다. NAFTA처럼 GATT는 그것을 바꾸었습니다. 이제는 제품이 특허 대상입니다. 이것은 무슨 뜻일까요? 인도나 아르헨티나는 비싸게 약을 생산하게 된 겁니다. 소득이 낮은 자국민의 경제력에 맞게, 똑같은 약을 절반 값으로 생산하는 멋진 방법을 더 이상 연구할 수 없게 되었습니다. 이것은 고도의 보호 수단일 뿐 아니라 경제의 효율성과 기술 발전에 치명타를 줍니다. 이걸 보면, 이 모든 게 '자유무역'과 얼마나 무관한지 잘 알게 될 것입니다.

실제로, 제품 특허는 의미심장한 역사적 전례가 있고, GATT 입안자들도 그 전례를 잘 알고 있으리라고 생각합니다. 예컨대, 프랑스는 일찍이 화학 강국이었지만 그 지위를 잃고 말았습니다. 대부분의 프랑스 화학 산업은 스위스로 이전했고 그 결과 스위스가 오늘날 거대 화학 산업을 거느리고 있습니다. 이렇게 된 이유는 무엇일까요? 프랑스가 제품 특허를 가지고 있었는데, 이것이 기술 혁신과 발전에 장애물이 되었기 때문에 프랑스 기업들이 다른 나라로 이동한 것입니다.[26] 그런데도 불구하고 GATT는 이 비효율성을 전 세계에 도입하려 하고 있습니다. 사실, 인도는 이 협정을 받아들이라고 강요받았습니다. 얼마 전, 인도는 이른바 제약 산업의 '자유화' 조치를 취했는데, 이는 자국 산업을 외국 침투 세력에게 개방했다는 뜻이었습니다. 따라서 앞으로 인도에서는 약값이 천정부지로 치솟고, 더 많은 아이들이 죽어가고, 사람들은 필요한 의약 치료를 받을 여유가 없어지는 등의 사태가 벌어지게 될 것입니다.[27]

이러한 특허 대상의 변화는 GATT 내용의 일부에 지나지 않습니다. 이것은 어떤 책임도 지지 않는 다국적기업들이 미래 기술을 독점하기 위해 벌이는 거대한 음모의 단편일 뿐입니다. 내가 보기에 이건 정말 괴기한 일입니다. 이 정도로까지 협정을 밀어붙이는 이유를 모르겠습니다. 자유무역을 찬성하는 사람들은 이 정책에 반대할 게 확실합니다. 이것은 고도의 보호주의이고, 시카고 대학교의 경제학과[자유무역 이론을 옹호하는 유명 학자들의 본거지]에서 가르치는 좁은 의미의 경제 효율성 개념과도 모순됩니다. GATT는 기술 혁신을 후퇴시키고 경제 효율성을 저하시킬 것입니다. 하지만 특정 세력의 이윤은 증가시킬 것입니다. 사정이 이런데도 그 누구도 이런 모순들을 지적하지 않고 있습니다.

사실상, 이른바 '자유무역'협정이 과연 무역을 증가시킬 것인지 명확하지도 않습니다. 요즈음 신문에는 국제무역의 증가와 관련된 대담이 많이

---

26 "많은 개도국에서는 공정 특허만 인정된다. 특히 개도국에서 생명을 구할 의약품들과 관계될 때에 그러하다. 브라질과 아르헨티나에서는 생명을 구하는 의약품은 아예 특허 대상에서 제외된다. …… 만약 제약회사들이 특허 제도를 통해 의약품의 독점권을 갖게 된다면 약값은 올라갈 것이고 가난한 나라들의 주민은 치료를 받지 못할 것이다. …… 가령 파키스탄에서는 특허가 시행되어 약값이 무려 10배나 올랐다." *Economist*, London, January 22, 1994, p. 72.

나옵니다. 그 기사들은 시장이 정말로 좋아질 거라는 걸 모든 사람들에게 보여주려고 애씁니다. 하지만 그 국제무역을 자세히 살펴보면 그게 아주 이상한 성장이라는 걸 알게 됩니다. 현재 미국 무역의 약 50퍼센트는 기업의 내부 거래입니다. 비유적으로 말해서, 식품점의 한 선반에서 다른 선반으로 물건을 옮겨놓는 것과 비슷한데, 어떤 회사의 물건이 국경만 넘어가면 '무역'이 되고, '무역'으로 기록됩니다. 다른 주요 국가들의 무역 수치도 이와 비슷할 겁니다.[28]

예를 들어, 포드 자동차 회사가 부품을 멕시코로 보내, 환경 규제를 피하면서 최저임금의 노동으로 자동차를 조립하여, 부가가치를 얻고 미국으로 되돌아오는 것이 '무역'이 된다는 겁니다. 하지만 그것은 무역이 전혀 아닙니다. 그 자동차는 수출품도 아니고 멕시코 시장에 들어가지도 않습니다. 그것은 대기업이 아랫돌 빼서 윗돌 괴는 식의 중앙 집중형 상호작용에 지나지 않습니다. 분명하게 '보이는 손'이 배후에서 사태를 주무르고 온갖 시장 왜곡을 부추기고 있습니다. 정말 심각한 시장 왜곡인데도 아무도 그걸 깊이 연구하려 들지 않습니다. 50퍼센트는 적은 숫자가 아닙니다, 큰 숫자입니다. NAFTA가 의회에서 통과된 당시 언론은 미국과 멕시코 무역이 급증할 거라고 많이들 예측했지만, 미국의 멕시코 수출 중 절반이 기업의 내부 거래라는 사실을 지적하는 기사는 없었습니다. 따라서 사실을 있는 그대로 말해보자면 NAFTA와 GATT는 오히려 무역 규모를 감소시킬지 모릅니다. 더 많은 것들이 국경을 통과하겠지만 그것이 진정한 무역은 아닙니다. 그러한 이동은 시장의 상호작용이 아닙니다.

정말 복잡한 문제입니다. 그래서 아무도 이것을 쟁점으로 삼으려고 하지 않습니다. 하지만 내 생각에 이 모든 국제 협정은 민주주의와 자유시장에 대한 총공격입니다. 거대한 공격의 일환인 겁니다. 은행, 투자회사, 다국적 기업이 민중의 감시를 벗어나서 자신들의 권력을 확장하는 새로운 방법을 발전시키고 있고, 우리는 현재 그것을 목격하고 있습니다. 그런 맥락에서, 그들 모두가 현재처럼 신속하고 은밀하게 일을 밀어붙이는 것은 전혀 놀랍지 않습니다. 당신이 이렇게 비준된 협약들에 대하여 어떤 생각을 갖고 있는지 몰라도, 그것들이 세계 대부분의 사람들에게 광범위한 파급효과를 주리라는 것은 의심할 여지가 없습니다.

사실, 이런 협약은 최근 들어 세계의 주요한 2대 계급(부자와 빈자)의 이해를 뚜렷하게, 그것도 예전보다 훨씬 더 차별화하고 나아가 그 차별화의 과정을 촉진시키고 있습니다. 따라서 빈부 격차가 심한 제3세계의 분배 모델이 세계 어느 곳에나 널리 퍼지고 있습니다. 미국과 같은 부자 나라의 소득 분배는 예컨대 몇백 년 동안 서방 세력에 짓밟혀 가난에 찌든 나라(가령 브라질)의 분배 비율과는 사뭇 다릅니다. 하지만 미국에서조차도 최근에 이런 파급효과로 인해 빈부 양극화가 점점 뚜렷해지는 것을 볼 수 있습니다. 물론 미국에서는, 인구의 80퍼센트가 중앙아프리카처럼 가난해지고 10퍼센트가 믿을 수 없을 정도의 부자가 되는 그런 상황은 발생하지 않을 것입니다. 하지만 미국도 빈자 50퍼센트, 부자 30퍼센트에 나머지 사람들은 그 중간에 위치하는 그런 상태가 될지 모릅니다. 중간 인구는 서구 사회에서 늘 필요로 하는 직종인 과학 연구, 숙련 노동, 광고 서비스 제공, 관리자 등이 차지하게 될 겁니다. 아무튼 빈자가 늘어나는 이런 변화가 틀림없이 찾아올 것이고, 이 협약이 실시될수록 변화 속도는 빨라질 것입니다.

국방부의 연구 자금 지원과 '깨끗한 돈'

참조2 노엄, 생각의 자유로 잠시 되돌아가겠습니다. 나는 당신이 오늘날 국방부가 수많은 과학자들에게 지원하는 연구 자금을 어떻게 생각하는지 궁금합니다. 당신은 그것을 연구 및 조사의 자유와 관련된 문제라고 봅니까? MIT에서 연구하는 것이 개인적으로 어떤 불편함을 주고 있지는 않습니까?

— 솔직히 말하자면, 나는 늘 그것이 이차적인 문제에 지나지 않는다고 생각해왔습니다. 이를테면 1960년대 말, MIT는 연구 자금의 약 80퍼센트를 국방부로부터 제공받았습니다. 현재는 당시보다 그 양이 적은데, 암 연구 자금 같은 것이 있기 때문입니다. 하지만 그게 무슨 의미가 있습니까? MIT가 국방부로부터 자금을 별로 지원받지 않는 대학들, 가령 하버드와 뭐가 다릅니까? 주요한 차이라면 MIT가 급진적인 사상에 좀 더 개방적이고, 정치 운동권이 더 많고, 이데올로기 통제가 적다는 것뿐입니다. 내가 아는 한, 그게 전부입니다.

자, 한때 나도 공군으로부터 자금 지원을 받은 적이 있습니다. 내가 지금 하고 있는 학문 연구와 같은 종류의 연구를 하기 위해서였습니다. 현재는 전혀 지원받지 않습니다. 그래서 만약 누가 내게 국방부 자금을 받고 있는지 묻는다면, 나는 좁은 의미에서 볼 때 아니라고 대답할 수 있습니다. 하지만 내가 국방부와 계약을 맺었든 안 맺었든, 실제로는 그들에게 자금을 지원받고 있습니다. MIT가 필요로 하는 전기공학과에 국방부가 자금을 지원하지 않으면 대학 당국이 우리 학과에 예산을 배정할 수 없으니까요. 내 말은, 만약 당신이 MIT에서 음악을 가르친다 해도 간접적으로는 국방부의 자금을 받고 있다는 뜻입니다. 국방부에서 깊은 관심을 기울이는 대학 교수들 가운데 누군가가 국방부로부터 예산을 따내지 못한다면 음악 교수의 봉급을 확보하지 못할 것이기 때문입니다. 이렇게 볼 때 예산이라는 것은 회계장부 상에서는 구분이 되지 않습니다.

대학에 대한 국방부의 간섭은 거의 없습니다. 그들은 교수들이 연구 시간에 무슨 일을 하든 상관하지 않습니다. 국방부는 더 큰 관료제 또는 뭐 그 비슷한 것을 확보하고 싶어 하기 때문에 자금을 지원한 것입니다. 따라서 과학자들이 연구를 보고하는 경우는 드물고, 국방부는 교수들의 연구에 별로 신경 쓰지 않고, 교수들이 연구한다고 제출한 분야를 실제로 연구하는지도 확인하지 않습니다. 사실, 1960년대를 돌이켜보면 나의 연구실에는 훔볼트〔독일 철학자〕를 번역하는 사람도 있었습니다. 그는 해군 연구소로부터 자금 지원을 받았는데 해군은 훔볼트를 번역하든 플라톤을 번역하든 상관하지 않았습니다.

도덕적 문제와 관련해서는, 대학의 연구 자금 가운데 완벽하게 깨끗한 돈은 아마 없지 않겠나 싶습니다. 당신이 대학에 재직하고 있다면 불가피하게 더러운 돈과 관련하게 됩니다. 이 돈은 어딘가에서 일하고 있는 사람들로부터 지원받는 것이고, 그 돈이 있어야 대학이나 기타 기관을 지원할 수 있습니다. 그런데 노동자로부터 돈을 가로채어 대학교를 먹여 살리는 갖가지 방법이 있습니다. 한 가지 방법은 세금과 정부 관료제를 통해 돈의 흐름을 바꾸는 것입니다. 또 다른 방법은 이윤을 통해 대학을 지원하는 것입니다. 또한 부유한 기부자가 연구 자금을 대학에 내놓는 경우도 있는데, 그 돈 역시 따지고 보면 노동자에게서 훔친 것에 지나지 않습니다. 아무튼 할 수 있는 온갖 방법이 있는데 모든 것은 이런 결론으로 이어집니다. 만약 당신이 대학에 재직하고 있다면, 마르크스주의자의 용어를 빌려 말한다면 그건 '잉여 산물surplus product'의 일부를 대학에 앉아 있는 사람에게 지원하는 사회구조 덕분입니다. 이런 지원이 있기 때문에 대학에 눌러앉은 사람들이 연구를 할 수 있는 겁니다.

대학 지원금이 국방부를 통해 나오든 또 다른 메커니즘을 통해 나오든 크게 다를 것은 없다고 생각합니다. 그렇기 때문에 나는 이 문제를 결코 야단스럽게 떠들어낸 적이 없습니다. 만약 국방부의 지원금이 과학자의 연구에 막강한 영향력을 끼치게 된다면 그건 문제이겠지요. 하지만 명문 대학교는 대체로 그런 것을 허용하지 않습니다. 그들 내부의 이유 때문이기도 한데, 만약 대학이 이것을 허용하기 시작하면 과학을 할 능력을 잃게 될 것입니다. 과학은 결코 그런 종류의 이데올로기적 제약 아래 수행될 수 없기 때문입니다.

이것을 암 연구소의 상황에 빗대어 한번 설명해보겠습니다. 의회는 세포생물학에 많은 자금을 제공하고 있는데, 누군가가 암 치료법을 발견하기를 기대하기 때문입니다. 하지만 과학자들은 자신들이 할 줄 아는 것만 연구합니다. 그들이 할 줄 아는 것은 암 연구와 아무 상관이 없는 큰 분자를 연구하는 것입니다. 암 치료법이 언젠가는 나올 테지만 그것은 연구의 부산물로 얻어지는 것입니다. 과학 분야에서 일어나는 일은 거의 언제나 이렇습니다. 과학자는 자신이 이해하는 바탕 위에서만 연구할 수 있고, 사람들이 그에게 풀라고 얘기하는 연구에 매달릴 수는 없습니다. 그건 술주정뱅이와 가로등에 관한 농담과 같습니다. 어떤 술주정뱅이가 가로등 아래에서 뭔가 열심히 찾고 있는데, 당신이 그에게 다가가 이렇게 묻습니다. '뭘 찾습니까?' 그의 대답. '열쇠를 잃어버렸어요.' 당신의 질문. '어디에서 잃어버렸어요?' 그의 대답. '길 건너편에서요.' 당신의 질문. '그럼 왜 여기에서 찾습니까?' '음, 여기에 불이 켜져 있으니까요.' 이것이 과학자들이 연구하는 방식입니다. 당신은 불이 켜진 곳에서 일합니다. 그게 당신이 할 수 있는 전부이기 때문입니다.

과학자는 사물의 아주 작은 부분만 알고 있고 그래서 알고 있는 것들의 주변만 연구할 수 있을 따름입니다. 누군가가 자금을 제공하면서 '당신이 이 문제를 풀었으면 해요'라고 말한다면 과학자는 일단 '기꺼이 돈을 받겠습니다' 하고 대답합니다. 그런 뒤 자신의 분야에서 계속 연구합니다. 근본적으로 과학자는 그 외에는 달리 방법이 없습니다. 만약 자금을 투입하여 문제를 단칼에 해결하려고 든다면, 결국 아무것도 얻지 못할 것입니다. 왜냐하면 우리는 그 문제를 어떻게 해결해야 할지 모르기 때문입니다. 자금 제공자와 수령자 사이에는 이런 상황을 못 본 체한다는 암묵적 계약이 있습니다.

우호국과 적성국

^{청중 2} 노엄, 정치 평론가로서 당신이 미국의 행위만 집중적으로 비판하고, 구소련, 베트남, 쿠바 등 공식 적성국들은 비판하지 않는다고 사람들이 공격할 때가 많습니다. 나는 당신이 그런 종류의 비판을 어떻게 생각하는지 알고 싶습니다.

― 음, 그건 내가 평소에 듣는 이야기가 맞습니다. 자 보세요, 만약 그런 비

판이 정직하다면(대부분의 경우 그렇지 않지만), 그 비판은 정말로 중요한 사항을 놓치고 있다고 봅니다. 알다시피, 나는 두 가지 주요한 이유 때문에 미국의 테러와 폭력을 집중적으로 반대했습니다. 첫째, 내가 볼 때 미국의 행위는 국제적 폭력 사태의 중요한 요인을 제공하고 있습니다. 둘째, 그보다 더 중요한 사실로, 미국의 행위에 대해서는 내가 대응하여 뭔가 할 수 있다는 겁니다.

따라서 미국이 세계적으로 억압과 폭력 사태를 조금만 일으켜도 — 실제로는 대규모의 폭력 사태를 일으키고 있지만 — 그 작은 부분은 여전히 내가 책임져야 할 부분이고, 내가 노력하여 반대해야 하는 사항인 겁니다. 또 그것은 아주 단순한 윤리적 원칙에 바탕을 둔 것입니다. 말하자면, 행위의 윤리적 가치는 그 행위가 인간에게 어떤 예측 가능한 결과를 가져올 것이냐에 달려 있다는 겁니다. 내 생각에 이게 윤리적 이치의 기본입니다.

따라서 이를테면, 1980년대에 미국인들이 아프가니스탄을 점령한 소련의 잔학 행위를 비난하는 것은 아주 쉬운 일이었습니다. 하지만 그런 비난은 현지인을 돕지 못했습니다. 윤리적 가치로 보면, 그것은 나폴레옹의 잔학 행위나 중세에 벌어졌던 일을 비난하는 것과 다를 바가 전혀 없습니다. 의미 있고 유익한 행위는 인간에게 영향을 미치는 것이고, 당신이 통제할 수 있는 일과 관련된 것일 것입니다. 미국인들에게는 주로 미국의 행위를 뜻하지, 다른 나라의 행위를 의미하지 않습니다.

실제로, 우리가 따라야 할 원칙은, 소련의 반체제 인사들이 따를 듯한 원칙입니다. 그래서 이런 질문을 던져야 마땅합니다. '사하로프〔소련을 비판하여 처벌받은 소련 과학자〕는 어떤 원칙을 따르는가? 왜 미국인들은 사하로프를 도덕적 인간이라고 생각하는가?' 나는 그가 도덕적인 사람이라고 생각합니다. 사하로프는 모든 잔학 행위를 똑같이 취급하지 않았습니다. 그는 미국의 잔학 행위에 대해서는 아무 말도 하지 않았습니다. 그에 대해 질문을 받으면 그는 이렇게 대답했습니다. "나는 그에 대해 아무것도 모르고, 그에 대해 신경 쓰지 않습니다. 내가 말하는 것은 소련의 잔학 행위에 관한 것입니다." 이 말이 옳습니다. 그런 것들이 사하로프에게 책임이 있는 일이고, 그가 영향을 미칠 수도 있었던 일입니다. 다시 한 번, 그것은 아주 단순한 윤리적 사항입니다. 당신은 자신의 행위가 미치는 예측 가능한 결과에 책임이 있지, 다른 사람의 행동에 대해서는 책임이 없습니다.

우리는 구소련이나 다른 적성국의 반체제 인물을 얘기할 때는 이것을 완벽하게 이해하지만 우리 자신에 대해 얘기할 때면 잘 이해하지 못합니다. 여기에는 분명한 이유가 있습니다. 내 말은, 구소련의 코미사르(정치적 세뇌를 담당하는 소련의 정치위원) 역시 자국의 반체제 인물들을 이해하지 못했다는 뜻입니다. 반체제 인사들이 미국의 범죄를 비난하지 않았기 때문입니다. 50년 전에는 이런 농담이 있었습니다. 만약 당신이 스탈린주의자를 만나 소련의 강제수용소를 비판하면 스탈린주의자는 엉뚱하게도 이렇게 대답한다는 겁니다. '그래요? 그렇다면 미국 남부의 흑인 린치는 어떻게 생각하오?' 자, 이렇게 남의 경우를 빗대어 자기의 경우를 방어하려는 것은 부정직한 겁니다. 왜 그런지 여러분은 금방 이해할 겁니다. 비판을 하려면 자신이 어떤 영향력을 행사할 수 있는 곳에서 비판을 해야지, 자기와 상관없는 나라의 일을 비판하는 것은 부정직한 것입니다.

자, 개인적인 얘기를 좀 더 해본다면, 나는 미국의 행위를 비판한 것 말고도 공식적인 적의 범죄를 알리는 데에도 많은 시간을 쏟아부었습니다. 사실 지금 많은 사람들이 구소련과 동구를 탈출하여 미국에 살고 있는데, 나의 개인적 활동 덕분이기도 합니다. 하지만 내 역할을 크게 자랑스러워하지는 않습니다. 단지 관심이 있어서 그렇게 행동한 것뿐입니다. 당신과 내게 가장 중요한 일은, 비판의 결과를 생각하는 것입니다. 그것이 바로 당신이 가장 큰 영향을 줄 수 있는 일인 겁니다. 특히 미국처럼 반체제 인물들에게 많은 자유를 허용하는 개방된 사회라면, 미국의 범죄 행위를 비난하는 것은 특히 많은 영향을 끼칠 수 있습니다.

나는 바로 이것이 핵심이라고 생각합니다. 하지만 또 다른 중요한 고려 사항도 있습니다. 내 생각에 이것은 절대 무시할 수 없는 사항이고, 정직한 사람들은 가능하다면 언제나 그것을 직시해야 합니다. 뭔가 하면, 권력층은 자신들의 폭력적 목적에 도움이 되는 어떤 행위도 이용하려 한다는 겁니다. 따라서 미국의 반체제 인물들이 쿠바, 베트남 등 적성국의 잔학 행위를 비판할 때, 그 비판이 어떤 영향을 줄지는 너무나 뻔합니다. 쿠바 체제에 영향을 주지는 못하겠지만 워싱턴과 마이애미 고문자들이 쿠바 난민에게 고통을 가하는 캠페인에 불을 붙일 것은 확실합니다(가령 미국이 주도하는 입국 금지 따위를 통해). 이렇게 보면 그것은 도덕적 인간이라면 하고 싶지 않은 일입니다.

만약 러시아 지식인이 소련의 아프가니스탄 침공 때 아프간 저항 세력이 저지른 잔학 행위를 비난하는 기사를 발표했다면, 그는 자신의 정확한 비판이 크렘린 당국에게 영향을 주리라는 것을 알 것입니다. 그 영향이란 무엇이겠습니까. 소련 당국이 국민의 지지까지 얻어가며 아프간에서 추가 잔학 행위를 하는 것이겠지요. 나는 러시아 지식인의 그런 행위가 도덕적으로 책임 있는 행위라고 생각하지 않습니다. 물론 이것은 종종 어려운 딜레마를 낳습니다. 하지만 정직한 사람들은 자기 행동의 예측 가능한 결과를 늘 의식하면서 그것에 책임을 져야만 합니다.

따라서 어느 미국 지식인이 쿠바 체제를 철저히 비판한다면, 미국의 이념 주의자와 정치가들은 당연히 그 기회를 이용하여 쿠바에 대한 야만적인 억압을 확대할 것입니다. 당신의 비판이 전적으로 옳을 수도 있습니다. 하지만 오늘날 우리가 듣는 것의 대부분은 실제로는 틀린 얘기였습니다. 따라서 정직한 사람은 늘 이런 질문을 던져야 합니다. '이것이 다른 사람들에게 어떤 영향을 미칠까?' 대체로 그 결과는 명확합니다. 이런 상황에서 의사결정은 어려울 수 있습니다. 하지만 이것은 인간이 살아가면서 직면해야 하는 딜레마이고, 당신은 최선을 다해 해결하려고 노력하면 되는 겁니다.

3 캐나다와 중국을 말하다

19세기 내내 미국이 캐나다를 정복하지 못했던 것은
오로지 캐나다 주둔 영국군이 침공군을 물리쳤기 때문이었습니다.
그때부터 미국은 경제적으로 캐나다를 통합하려고 했습니다.
그리하여 1989년의 이른바 자유무역협정은 큰 진전을 이루었고,
NAFTA는 더욱 박차를 가하여, 신속하게 자리를 잡았습니다.

캐나다의 미디어

청중 2 촘스키 교수님, 캐나다에서 미국으로 건너와 텔레비전을 켰을 때 나는 모든 광고가 너무 노골적이라는 생각이 들었습니다. 나는 낙태가 죄라고 말하는 흑인 여성을 보았는데 그녀는 이렇게 말합니다. "내가 사회복지 기금을 타먹는 것은 게으른 탓입니다." 텔레비전 화면에는 이런 이미지가 계속 나타나고 은근함이 전혀 없이 노골적이고 원색적인 얘기뿐이었습니다. 캐나다 텔레비전은 좀 은근합니다. CBC〔캐나다 방송공사〕는 "나는 게으르고, 그래서 사회복지기금을 타먹고 있습니다"라고 말하는 흑인 여성을 출연시키지 않습니다. 캐나다 방송은 같은 얘기를 해도 도표 따위를 보여 주며 은근하게 설명합니다.

— 그 말은 맞습니다.

청중 2 《글로브 앤드 메일 _Globe and Mail_》〔이른바 '캐나다의 전국지'라고 하는 신문〕도 미국 신문보다 더 은근합니다. 물론 그 은근함이 그리 명확하게 드러나지는 않습니다. 선생님은 이러한 언론 시스템의 차이를 어떻게 설명하시겠습니까? 내 말은, 선생님과 에드워드 허먼이 《여론조작 _Manufacturing Consent_》에서 주장하는 '프로파간다 모델'을 캐나다 언론에 적용할 수 없다는 것인데, 선생님의 생각은 어떠신지요?

— 당신이 잘못 생각하고 있다고 봅니다. 캐나다 언론에도 역시 프로파간다 모델을 적용할 수 있습니다. 당신에게 몇 가지 사례를 들어 보이지요. 나의 저서 《환상을 만드는 언론*Necessary Illusions*》의 첫 부분은 언론에 관한 대담으로 이루어져 있는데, 캐나다의 CBC 전국 공영 라디오('민주주의 사회에서의 사상 통제'라는 이름의 프로그램)에 초청되어 대담한 것을 옮겨놓은 것입니다. 미국에서라면 분명 있을 수 없는 일이었습니다.[29] 따라서 그건 차이점이라 할 수 있습니다.

그런데 나는 그 강의를 준비하면서 캐나다의 주요 신문인 《글로브 앤드 메일》을 《뉴욕타임스》와 비교하면 흥미로울 것이라고 생각했고, 어쩌면 그 결과를 대담에서 얘기할 수 있으리라고 생각했습니다. 그래서 1년 동안 《글로브 앤드 메일》을 구독했는데 미국에서 신문을 받아보는 데 연간 약 1,500달러를 지불했습니다. 분명 이 신문의 미국 구독자들은 부유한 투자가들이었습니다. 왜냐하면 격주마다 캐나다의 투자 기회를 담은, 두툼하고도 번지르르한 책을 받았기 때문입니다. 아무튼 나는 약 1년 동안 《글로브 앤드 메일》과 《뉴욕타임스》와 다른 허섭쓰레기 신문들을 매일 읽었는데, 처음에는 흥미진진한 비교가 될 거라고 생각했습니다. 그런데 결과적으로 그리 흥미롭지 못했습니다. 《글로브 앤드 메일》을 읽는 것은 꼭 《보스턴글로브》를 읽는 것 같았습니다. 이 캐나다 신문은 미국의 질 높은 지역 신문

---

29 촘스키의 책 《환상을 만드는 언론》은 캐나다에서 논픽션 부분 베스트셀러에 올랐다. 그러나 미국의 공중파 방송에서 이 책이 소개된 적은 전혀 없었다.

과 마찬가지였습니다. 국제 문제를 다룬 취재 기사는 범위가 작았고 경제 기사는 엄청 많았으며, 주로 미국의 소식통에서 나온 이야기들이었습니다.

그 한 해 동안, 미국 신문에 나오지 않았던 기사 또는 신문의 외진 구석에 났던 기사가 《글로브 앤드 메일》에 실려 있는 것을 발견했습니다. 또 캐나다 언론계에 종사하는 내 친구들이 캐나다 언론 기사를 정기적으로 스크랩하여 보내주었는데, 종종 미국 내의 그 어떤 신문에도 실리지 않은 기사를 발견하여 보내주기도 했습니다. 그래서 당신이 말한 대로 약간의 차이는 있었습니다. 하지만 《글로브 앤드 메일》을 종합적으로 살펴보면, 나는 《보스턴글로브》나 《LA타임스$^{L.A.\ Times}$》 또는 미국의 질 높은 지역 신문 등과 완전히 다른 세계관을 발견하지 못했습니다. 《글로브 앤드 메일》은 《뉴욕타임스》보다 국내 기사가 더 많고 국제 부문이 더 적었지만 질적으로 다르다고 생각되지는 않았습니다. 그 신문은 다른 모든 신문들과 마찬가지로 주로 경제 기사를 다루었습니다.

캐나다에 갈 때면 나는 이제 주류 언론인 국립 라디오 방송과 텔레비전에서 대담할 기회를 얻었습니다. 미국과 사뭇 다르게 그 기회가 아주 많지요. 하지만 알다시피 그건 내가 미국을 비판했기 때문이고, 캐나다에서는 출연 인사가 미국을 깎아내리는 것을 특히 좋아했습니다. 미국은 항상 캐나다를 차별 대우했으니까요. 그러니까 누군가가 방송에 나와 미국이 얼마나 부패했는지 얘기해주면 정말 좋아했습니다. 그런데 나는 그처럼 미국 비판을 하다가 두 번 정도 그 일에 싫증이 나서 캐나다 얘기를 한 적이 있었습니다. 그런데 그들은 내가 그 말을 꺼내자마자 방송을 꺼버려서 시청자나 청취자가 내 말을 들을 기회를 아예 봉쇄해버렸습니다. 첫 번째는 캐나다의 대형 라디오 오전 방송에서였는데, 사회자 이름은 기억이 나질 않는군요……

청중1 피터 그조스키입니다.

— 그조스키, 그래요. 캐나다의 전국적인 라디오 방송의 토크쇼〔CBC의 '모닝사이드'〕는 많은 사람들이 오전이면 몇 시간 동안 듣는다고 하던데, 내가 토론토에 갈 때마다 방송국에서 나를 초대하여 그 프로그램에 출연시켰습니다. 우리는 주제를 가리지 않고 약 15분 동안 대담을 나눴고 이 사회자는 내게 몇 가지 유도 질문을 던졌습니다. 나는 미국이 얼마나 부패했는지에 대해 말했고 그때마다 그의 얼굴에 미소가 듬뿍 번졌습니다.

그런데 말이지요, 자꾸 같은 말을 되풀이하다 보니 나는 그만 지겨워졌습니다. 그래서 한번은 캐나다에 대해 말하기 시작했습니다. 사회자가 내 말에 끼어들었습니다. "방금 도착했다고 들었는데요." "예, 전범戰犯 공항을 통해 도착했습니다." 그러자 사회자는 깜짝 놀라며 묻더군요. "도대체 무슨 말씀이시지요?" 내가 대답했습니다. "음, 당신도 알다시피, 레스터 B. 피어슨 공항 말입니다." 그가 다시 물었습니다. "그게 무슨 뜻이죠, '전범'이라니요?" 레스터 B. 피어슨〔유명한 외교관으로 1963~1968년에 총리를 지냄〕은 캐나다의 거물입니다. 따라서 나는 피어슨이 전쟁 범죄에 개입한 사실을 간략히 얘기하기 시작했습니다. 그는 주요 전범, 그것도 정말 극단적인 전범이었습니다. 만약 그에게 미국 대통령과 맞먹는 권력이 있었다면 충분히 휘두르고도 남을 인물이었습니다. 알다시피, 그는 자신의 권력을 이용하여 전쟁에 개입하려 했습니다. 나는 이런 얘기를 대충 요약하여 말했습니다.[30] 그러자 사회자가 격분했습니다.

이어 나는 캐나다와 베트남전쟁에 관해 얘기했습니다. 캐나다는 겉으로는 베트남전쟁 내내 미국의 범죄 행위를 비난했지만, 실제로는 1인당 무기 수출국으로 세계 1위였고, 그래서 인도차이나의 폐허를 딛고 부유한 나라가 되었던 것입니다.[31] 나는 대충 그런 내용을 지적했습니다. 사회자는 발끈 화를 냈습니다. 나는 그런 반응이 좀 우습다고 생각했는데, 청취자는 그렇게 생각하지 않았습니다. 약 10분에 걸친 내 비난이 끝난 뒤 그 자리를 떠나려 하자 제작자가 사시나무 떨듯 몸을 부들부들 떨면서 나를 제지하며 말했습니다. "이거 야단났군, 빨간불 투성이네. 캐나다 전국에서 수천 통의 전화가 쏟아져 들어오고 있어요."

전화는 대체로 사회자 그조스키가 무례하다는 사실을 지적하는 것 같았습니다. 청취자들이 내 발언에 동의했는지는 잘 모르지만 많은 청취자들은 사회자의 불손한 태도에 화를 냈습니다. 좀 아까 말했지만 나는 그 태도가 웃기다고 생각했을 뿐 별로 신경 쓰지 않았습니다.

청춘2 말씀을 제대로 알아듣지 못했습니다. 청취자들이 사회자에게 화를 냈다고요?

— 예, 청취자들은 그에게 몹시 화를 냈습니다. 그 때문에 전화가 그처럼 많이 걸려왔던 겁니다. 방송 제작자가 내게 물었습니다. "좋습니다. 당신, 대담 다시 할 수 있습니까?" 나는 대답했습니다. "아니요, 그만두겠습니다. 일정이 아주 촉박합니다. 지금 귀국해야 해서 그럴 시간이 없습니다." 그러자 그가 말했습니다. "그럼, 보스턴의 선생님 댁으로 전화를 걸어 오늘 못 다 들은 얘기를 들을 수 있겠습니까?" 그래서 내가 말했습니다. "그래요, 전

화를 걸어오면 하겠습니다." 아무튼 그들은 온갖 노력을 다 기울여, 보스턴에 있는 나에게 전화하고, 또 다른 토크쇼에도 내보냈습니다. 이때 그조스키는 뉘우치는 빛이 역력했지만 침묵을 지켰고, 청취자들에게 잘 보이려고 애썼습니다. 하지만 그것이 마지막이었습니다. 나는 그와 함께하는 토크쇼에 두 번 다시 초대받지 못했습니다.

캐나다의 다른 곳에서도 그런 일이 일어났습니다. 한번은 한 대학교에 초대받아서 갔는데, 강연 도중 캐나다를 비난하자 그들은 아예 내 귀국 비행기 표 값을 내주지 않겠다고 했습니다. 캐나다는 누가 미국을 비판하면 아주 재미있게 받아들이지만, 그 반대로 캐나다를 비판하고 나서면 이처럼 국수주의적 태도를 보였습니다.

아무튼 요점은, 내 생각에 두 나라의 언론 시스템은 똑같은 방식으로 작용한다는 것입니다. 나는 그 시스템의 세세한 점까지 똑같다고 보지는 않습니다. 또 캐나다에는 노동운동이 엄연히 존재하고, 언론의 취재 범위에 영향을 미치는 또 다른 요소들도 분명 있습니다. 하지만 나는 양국 신문 방송에서 표현의 차이가 그리 크다고 생각하지 않습니다. 만약 당신이 이 문제를 세세하게 조사한다면, 결국 내 말에 동의할 것이라고 확신합니다.

퀘벡, 캐나다에서의 분리 문제

청중1 캐나다에는 퀘벡이 영어 사용권으로부터 분리·독립해야 한다는 강력한 주장이 있습니다. 당신은 그것이 퀘벡의 이기주의라고 생각합니까? 그리고 캐나다의 이런 불안정한 상황이 미국 기업에 유리할 것이라고 생각하는지요, 아니면 캐나다의 안정이 미국의 강력한 이익 단체들에게 더 좋을 것이라고 생각하는지요?

— 글쎄요, 나는 전체적인 상황을 아주 자세히 알지는 못합니다. 하지만 내 생각에, 캐나다의 일부로 남는 것은 퀘벡에게 이익입니다. 왜냐하면 독립할 경우 미국의 일부가 되는 수밖에 없으니까요. 퀘벡은 독립 상태를 계속 유지하지는 못할 것입니다. 결국 미국의 일부나 캐나다의 일부가 될 수밖에 없습니다. 그 결과를 감안한다면 캐나다의 일부로 남는 것이 더 낫습니다. 그렇다고 퀘벡이 반드시 미국의 일부로 불릴 거라고 말하는 것은 아닙니다. 가령 지도에서 미국과 같은 색으로 칠해지지는 않을 것입니다. 하지만 미국의 경제권으로 흡수되어 실질적으로 식민지나 다름없게 될 것입니다. 이런 결과는 퀘벡 주민들에게 도움이 되지 않을 것입니다. 그러니 캐나다의 일부로 남는 게 더 낫다고 생각합니다.

내가 보기에 미국의 이익 단체들은 퀘벡이 현재 상태를 유지하기를 희망할 겁니다. 퀘벡의 독립은 너무 파괴적이기 때문입니다. 우선 독립 후의 결과가 어떨지 알 수 없습니다. 미국과 캐나다의 관계는 현재 그런대로 괜찮습니다. 결국 캐나다는 NAFTA 같은 장치를 통해 미국의 식민지 비슷하게 되고 말겠지요. 어차피 그렇게 될 거, 왜 캐나다의 일부를 따로 떼어내어 파괴적인 효과를 일으키겠습니까?

이 점을 기억하세요. 미국은 일찍이 1770년대부터 캐나다를 점령하려고 시도했습니다. 이건 뭐 그리 새로운 아이디어도 아닙니다. 두 나라의 역사를 돌이켜본다면, 이미 1775년에 —미국이 독립전쟁을 시작하기도 전에 —미국 식민지 주민들은 캐나다 정복을 시도하다가 영국군에게 격퇴당했습니다(대륙회의가 영국으로부터 독립을 선포하기 전에 처음 취한 행동은 원정군을 캐나다로 보내는 것이었는데, 그것이 실패로 끝난 '퀘벡 캠페인'이었다). 19세기 내내 미국이 캐나다를 정복하지 못했던 것은 오로지 캐나다 주둔 영국군이 침공군을 물리쳤기 때문이었습니다(미국 원정군은 1812년 전쟁에서 여러 차례나 영국과 캐나다 병사들에게 격퇴당했다). 그때부터 미국은 경제적으로 캐나다를 통합하려고 했습니다. 그리하여 1989년의 이른바 자유무역협정^{FTA}은 큰 진전을 이루었고, NAFTA는 더욱 박차를 가하여, 신속하게 자리를 잡았습니다.

'중국' 이해하기

_{청중1} 노엄, 중국은 특히 지적재산권을 지키지 않는 문제, 또 극심한 환경 파괴와 인권 유린 문제에 온 세계가 관심을 기울이기 때문에 최근 뉴스에서 크게 주목받고 있습니다. 내가 궁금한 건, 지금 미국과 중국의 관계를 개선할 수 있는 외교적 수단이 있는가 하는 겁니다. 있다면 그게 무엇이라고 생각하는지요?

— 글쎄요, 잘 모르겠습니다. 미국은 과연 중국과의 관계를 개선하고 싶어 할까요? 중국 사회와 중국 정부는 대단히 야만적입니다. 나는 그들과의 관계 개선에 특별한 관심이 없습니다.

자, 보세요. 미국 언론과 주류 문화가 중국과의 쟁점들을 우리에게 설명하는 방법에는 온갖 가정과 가설이 난무하여, 뭐라고 할까, 중국을 논의하려고 할 때는 뭔가 갇힌 듯한 느낌이 듭니다. 그러니까 끼고 싶지 않은 논의에 억지로 끌려들어간 느낌이 든다는 거지요. 그러니 먼저 이런 가정과 가설들을 분석해야만 합니다.

따라서 '우리는 중국과의 관계를 어떻게 개선해야 하는가?' 하는 질문을 맨 먼저 던져야 한다고 생각하지 않습니다. 오히려 이런 질문을 던져야 합니다. '우리는 중국과 어떤 관계를 유지하려고 하는가?' 또 우리가 '중국'에 대해 얘기할 때 중국은 정확히 누구를 지칭하는가? 내가 보기에 그건 힘을 가진 중국 사람들을 지칭합니다. 중국에는 이제 부유층 — 기업가, 관료, 의사 결정을 내리는 사람 등 — 이 엄연히 존재하는데, 미국 언론이 얘기하는 '중국'이란 바로 이런 사람들입니다. 하지만 중국에는 다른 사람들도 많습니다.

예를 들어 중국 동남부 지역을 한번 살펴봅시다. 이곳은 '경제적 기적'을 이룬 고도 성장 지역이라고 여겨집니다. 물론 경제적 기적을 이룬 건 사실이지만 성장은 대부분 외국의 투자 덕분이고, 외국의 투자는 곧 값싼 노동력을 찾아 흘러들어 왔습니다. 따라서 노동조건이 엄청나게 힘겨웠다는 의미입니다. 그리하여 농촌 출신의 여성들은 공장에 갇혀 푼돈이나 다름없는 임금으로 하루 12시간씩 일합니다. 가끔 200여 명이 화재사고로 사망하기도 합니다. 공장에 화재가 발생했는데 공장 문이 잠겨 있어서 여공이 아무도 탈출하지 못했다는 것입니다.[32] 이런 '중국' 역시 중국의 일부인 것입

---

32 "1993년 11월, 중국 선전 지구에서 홍콩 사업가가 운영하는 완구 공장에 불이 났다. 공장 창문이 모두 닫혀 있었기 때문에 80명 이상의 여공이 사망했다. 한 달 뒤, 푸저우의 타이완인 소유 직물 공장에 불이 나 60명의 노동자가 사망했다. 중국 당국은 열악한 노동환경 때문에 인명 피해가 컸다고 말했다. 최근 신문들은 중국 노동자에게 가해지는 인권 침해 상황을 보도했다. 품질 좋은 제품을 만들어내지 못한다고 하여 구타를 당하는가 하면, 근무 중에 졸았다고 해고되고, 껌을 씹었다고 벌금이 부과되고, 물건을 훔쳤다고 비좁은 방에 감금당했다. 노동자들은 낮은 임금에 항의하여 시위를 벌였다. 그리하여 1993년의 첫 여덟 달 동안 1만 1,000명의 노동자가 피살되었다. …… 이런 노동자의 열악한 실상은 중국 경제의 심장부인 광둥과 푸젠에서 특히 심각하다." Sheila Tefft, "Growing Labor Unrest Roils Foreing Business in China", *Christian Science Monitor*, December 22, 1993, p.1.

니다. 다른 나라에서도 마찬가지입니다. 그러니 미국에서 말하는 중국이란 도대체 어떤 '중국'입니까?

사실, 중국에는 분명 지역 분열이 있습니다. 급성장한 동남부와 대부분의 인구가 살고 있으면서도 여전히 낙후된 중부의 지역 균열 말입니다. 이런 지역 차가 너무나 커서 어떤 중국 전문가들은 중국이 더 많은 해안 지역으로 쪼개질지 모른다고 생각합니다. 이들 해안 지역은 전체 동아시아 성장 지역의 일부이고, 일본 자본, 해외 화교 자본, 외국 투자 자본이 널리 유입되고 있습니다. 반면 수억 명의 인구가 살고 있는 나머지 지역은 점점 낙후되는 농촌 사회입니다. 농촌 사회는 성장은커녕 점점 후퇴하고 있습니다.[33] 따라서 '중국'이라는 지역적 실체 안에는 아예 다른 나라 같은 지역이 공존하고 있고, 일부 전문가들이 평가하듯이 농민전쟁 시대 그대로인 지역도 있는 겁니다. 그러므로 '중국'이라는 말을 사용할 때 구체적으로 어느 지역을 지칭하는지 분명하게 해야 합니다.

그런데 중국 사정을 깊이 살펴보면, 거대한 '경제성장' 지역도 분류하기가 그리 간단하지 않습니다. 그 지역의 경제성장은 상당 부분 외국 투자가 아니라 협동 단위(협동 공장이나 농장―옮긴이)에서 비롯되었습니다. 무슨 말이냐 하면, 중국이 폐쇄적인 사회이기 때문에 아무도 이 협동 단위를 상세하게 연구하지 않았다는 것입니다. 하지만 그것은 개인 기업이나 외국 투자와는 뭔가 다른 것입니다. 아무튼 이 협동 단위는 인기가 있고 단단한 협력 구조를 확보하고 있습니다. 또 당신은 이것을 알아내려고 '좌파' 잡지를 살펴볼 필요도 없습니다. 《이코노미스트*The Economist*》와 《아시안 월스트리트저널*Asian Wall Street Journal*》 같은 주류 문화 잡지에도 중국에 관한 기사가 실려 있습니다.[34] 이 협동 단위는 동남부 중국 성장의 큰 원동력이고, 외국 투자 자본이 이끄는 산업구조, 끔찍하게 착취하는 근로 조건과 사뭇 다른 관심사를 갖고 있습니다. 따라서 그것은 또 다른 '중국'입니다.

내가 앞에서 말했듯이, 이처럼 다양한 '중국' 안에서는 이해관계가 다른 갖가지 계층의 주민들을 발견할 수 있습니다. 가령 광둥廣東의 전자 공장과 장난감 공장의 노동자들은 쾌적한 삶을 누리지 못하고, 엄청 열악한 조건에서 살고 있습니다. 이와는 달리, 점점 성장하면서 부유해지는 엘리트 관리자 계층도 있습니다. 그리하여 '중국'과 같은 나라를 상대로 정책을 세울 때 취해야 할 첫 단계는 쟁점의 배후에서 제도권이 제시하는 온갖 가설, 가정, 편향을 일차적으로 제거하는 것입니다. 따라서 지금 언론에 대서특필되고 있는 쟁점들에 대해서는 간단한 해답이 있을 수 없다고 봅니다. 아주 복잡한 이야기니까요.

지적재산권을 예로 들어봅시다. 중국 지도층은 지적재산권을 전적으로 받아들이지 않았고, 부유하고 강력한 기업이 기술과 정보를 독점하는 것을 보장하는 이 새로운 조치를 수용하지 않았습니다. 그래서 지금 미국은 중국이 이를 준수하도록 강제하는 다양한 제재 조치를 구사하고 있습니다. 그런데 나는 이런 조치에 찬성하지 않습니다. 아울러 중국과의 관계를 개선하기를 원하지도 않습니다. 먼저 중국과 관련된, 난무하는 가정과 가설의 모든 시스템을 해체하는 것이 순서라고 봅니다.

또는 중국이 미국과 비슷한 수준으로 사람을 감옥에 가두는, 세계에서 몇 안 되는 나라라는 사실을 한번 살펴봅시다. 미국은 다른 국가들에 비해 죄수 통계를 아주 정확하게 파악하고 있습니다. 중국에는 정확한 통계가 없지만 범죄학자들의 타당한 추측을 바탕으로 할 때, 그 수치는 대략 미국과 비슷합니다.[35] 그런데 중국이 우리와 마찬가지로 엄청나게 많은 국민을 투옥하는 것이 과연 좋은 일입니까? 나는 그렇지 않다고 생각합니다. 또 그들의 감옥 시스템은 미국 못지않게 야만적일 것이고, 어쩌면 더 나쁠지도 모릅니다. 그렇지만 미국 정부와 미국 권력 시스템은 확실히 그것을 신경 쓰지 않습니다. 신경 쓰지 않기는 중국 정부도 마찬가지입니다. 미국이 세계 어떤 국가보다 더 국민을 투옥하는 비율이 높고, 지금도 그 비율이 높아지고 있는데도 이런 사실은 안중에도 없습니다. 서로 비슷한 생각을 하는 두 나라이니 관계가 그리 나빠질 것도 없으리라 생각됩니다.

얼마 전 미국 언론에서 중국의 강제 노동에 관한 대담이 있었습니다. 하지만 깊이 들여다보면 그 대담이 얼마나 형식적이었는지 잘 알 수 있습니다. 중국의 강제 노동을 반대하는 목소리라고는, 강제노동으로 만들어진 제품이 미국으로 수출되고 있다는 사실에 반대하는 것뿐이었습니다. 그건 국가 산업인데, 미국은 국가 산업이 미국 개인 회사들과 경쟁하는 것을 원하지 않습니다. 반면에 중국이 강제 노동을 계속해 제품을 수출하려는 것은 개의치 않습니다. 사실, 미국 정부와 언론이 중국의 강제 노동에 대해 야단스럽게 떠들어댄 바로 그때 미국은 강제 노동으로 생산된 제품을 아시아로 수출하고 있었습니다. 캘리포니아와 오리건의 감옥에서 생산된 제품이 '감옥 블루스Prison Blues'라는 상표를 달고 아시아에 수출되고 있었습니다. 감옥이라는 생산지를 숨기려고도 하지 않았습니다. 사실을 말해보자면, 미국의 감옥 제품은 지금 그 생산량이 증가하는 추세입니다.[36] 따라서 원칙적으로 강제 노동에 반대하지는 않겠으니, 미국에 본사를 둔 기업의 이윤을 침해하지 말아달라는 얘기였습니다. 대담의 핵심은 바로 이것이었습니다.

따라서 중국 관련 쟁점에 대해서는 이렇게 해나가야 합니다. 먼저 모든 쟁점의 토론에서 공식 문화가 제시하는 틀을 벗어나 질문을 던져야 합니다. 내 말은, 미국의 권력층은 중국 지도부가 반체제 인사들을 살해하는지에는 별로 관심이 없고, 미국인에게 돈 벌 기회를 많이 주는지에만 관심을 기울입니다. 물론 미국의 보통 사람들은 권력층의 이런 태도를 받아들이지 않을 겁니다. 중국은 아주 복잡하고 큰 사회이고, 그런 만큼 미국이 중국과의 관계에서 어떤 조치를 취해야 할지에 대한 간단한 해답은 없다고 봅니다. 다른 나라들과의 관계와 마찬가지로, 먼저 그 사회의 다양한 하부구조를 살펴보아야 합니다. 그 첫걸음은, 실제로 무슨 일이 벌어지고 있는지 살펴보는 생각의 틀을 다시 짜고, 진정한 쟁점이 무엇인지 재검토하고, 일방적으로 강요당하는 토론의 함정에 빠지지 않는 것입니다.

4

동티모르 학살의 배후와
핵 확산의 원흉을 말하다

서방 강대국들이 인도네시아의 침공을 지지한 중요한 이유는
티모르 영해의 넓은 해안에 유전이 있었기 때문입니다.
1975년 이전에 오스트레일리아와 서방의 정유 회사들은
유전 개발을 위해 포르투갈과 거래하려 했지만 실패했습니다.
그들은 포르투갈에게서 행운을 얻지 못하자, 동티모르가 독립하면
거래가 훨씬 더 어려울 거라고 예상하면서 아무래도 인도네시아가 거래하기에
더 쉬운 상대라고 생각했습니다.

인도네시아의 킬링필드: 미국은 동티모르 대학살의 공범

청중 2 노엄, 조금 전에 당신은 동티모르 대학살을 언급했습니다. 나는 캐나다에서 그에 항의하는 운동을 조직하고 있는데, 기운 날 만한 일이 일어나고 있습니다. 인도네시아 당국에 압력을 넣어 동티모르에서 철수하도록 유도하고, 앞으로 그런 무자비한 학살을 하지 못하게 하는 등의 발전이 좀 있었습니다. 당신은 이런 낙관적인 평가에 동의합니까?[인도네시아는 결국 어쩔 수 없이 동티모르 국민투표에 동의했고, 그리하여 동티모르는 1999년 9월 인도네시아의 압제에서 벗어났다. 언론, 권력, 민중의 행동주의에 관한 다음의 토론은 ─그 결과를 감안한다면 ─비판의 배경을 잘 설명하고 있다.─편집자]

─ 글쎄요, 구체적으로 수량화하기는 아주 어렵지만 당신의 평가는 타당합니다. 나 자신이 인도네시아를 아주 잘 알지는 못하지만 벤 앤더슨[미국의 교수] 같은 사람들의 말에 따르면 확실히 그곳에서는 뭔가 사태가 호전되고 있습니다. 나도 그렇기를 바라지만 당신도 알다시피, 동티모르 사태는 진정으로 우리에게 달려 있습니다. 즉 서방의 보통 사람들이 단결하여 얼마나 많은 압력을 가하고 행동을 하느냐가 관건입니다.

무엇보다도 먼저, 지금 얘기하는 상황을 모두들 알고 있나요? 내가 간단히 요약해볼까요? 그것은 아주 시사적인 사건입니다. 여러분이 진정으로 미국 사회와 가치에 관해 뭔가를 배우고 싶다면 이 사건이 아주 좋은 출발점이 될 것입니다. 이 사건은 홀로코스트 이래 최대의 학살로 결코 작은 사건이 아닙니다. 그야말로 제노사이드genocide이며 그 직접적인 책임은 미국에 있습니다.

동티모르는 오스트레일리아 북쪽의 조그만 섬입니다. 1975년 인도네시아가 불법 침공했고, 그 뒤 주민들을 계속 학살했습니다. 약 20년이 지난 지금도 학살은 계속되고 있습니다.(유엔의 통치를 받아온 동티모르는 2002년 5월 20일 마침내 완전히 분리 독립했다.─옮긴이). 학살이 지속되는 건, 미국이 적극적이고 지속적으로 결정적인 지원을 한 탓입니다. 미국의 모든 행정부가 인도네시아를 지원했고, 서방 전체의 언론이 전적으로 그 학살 건에 침묵을 지켰기 때문입니다. 최악의 동티모르 학살 사태는 1970년대 후반의 카터 행정부 시기에 일어났습니다. 당시의 사망자 수는 캄보디아의 폴 포트 대학살과 비슷했습니다. 인구 비례로 따진다면 동티모르 사람들이 훨씬 더 많이 죽었습니다. 하지만 이 사태는 한 가지 중요한 면에서 폴 포트 사태와 달랐습니다. 누구도 폴 포트 대학살을 막을 방법을 알지 못했지만, 동티모르 사태는 아주 간단히 막을 수 있었다는 것입니다. 지금도 간단하게 막을 수 있는데, 미국이 인도네시아 지원을 중단하면 됩니다.

인도네시아는 1975년에 제럴드 포드〔미국 대통령〕와 헨리 키신저〔미국 국무장관〕의 명시적 동의 아래 동티모르를 침략했습니다.[37] 키신저는 즉각 인도네시아에 미국의 무기 및 대對게릴라 장비 판매를 늘렸습니다(은밀하게 진행되었지만 나중에 정보가 유출되었습니다). 이미 미국 무기로 약 90퍼센트가량 무장했는데도 말입니다.[38] 유출된 문서를 검토해보면, 영국, 오스트레일리아,

1975년에 인도네시아는 미국의 명시적 동의 아래 동티모르를 침략했습니다.
그리고 20여 년 동안 인도네시아는
'미국이 제공한 무기를 들고' 엄청난 학살을 저질렀습니다.
서방 언론은 이에 대해 침묵으로 일관했습니다.

미국 모두가 사전에 침공 계획을 알고 있었고, 인도네시아가 학살 작전을 펼치는 과정을 모니터했습니다. 물론 그들은 잘한다고 칭찬만 했습니다.[39]

미국 언론도 이 제노사이드의 공범입니다. 인도네시아가 동티모르를 침공하기 전까지는 동티모르 취재 열기가 다소 높았습니다. 아니, 놀라울 정도로 높았습니다. 그 까닭은 동티모르는 1970년대 들어 몰락의 길을 걷던 포르투갈 제국의 일부였기 때문입니다. 돌아보면, 포르투갈 식민지가 이른바 '공산주의로 이동'할지 많은 관심이 쏠렸는데, 이는 곧 독립을 의미했으며 인도네시아가 허용할 수 없는 것이었습니다. 이 때문에 침공 전에는 동티모르에 대한 취재 열기가 높았습니다. 인도네시아의 침공 뒤 보도가 뜸해지기 시작해 곧 급격히 감소했습니다. 1978년 잔학 행위가 극에 달했을 때는 보도가 거의 없었고, 인도네시아의 동티모르 점령을 든든히 지지한 미국과 캐나다에서는 글자 그대로 아예 없었습니다.[40]

그 무렵 카터 행정부는 새로운 군수 물자를 인도네시아로 보냈습니다. 대학살 동안 무기가 부족했기 때문입니다. 그때까지 수십만 명을 죽였을 겁니다.[41] 언론은 실제로 벌어지고 있는 사태에 대해 침묵을 지킴으로써 공범의 임무를 착실히 수행했습니다. 언론은 국무부와 인도네시아 장군들의 어이없는 거짓말, 새빨간 거짓말을 그대로 실었습니다. 사실, 오늘날까지도 언론 보도는 미국의 기록을 완전히 말소하고 있습니다. 기껏 찾은 가장 심한 비판이라고 해봐야 겨우 이런 것일 겁니다. '우리는 티모르에 충분한 관심을 기울이지 않았다' 또는 '미국은 인도네시아의 잔학 행위를 막으려고 애써 노력하지 않았다.'[42] '소련이 동유럽에게 자유를 주려고 충분히 노력하지 않았다'거나 '충분한 관심을 기울이지 않았다'고 말하는 것과 뭐가 다릅니까. 그들의 문제일 뿐이라는 식의 태도이지요.

이 모든 사태에서 미국의 역할이 비밀이 아니었다는 것을 유념하세요. 사실 적나라하게 알려져 있었습니다. 예를 들어, 인도네시아가 침공할 당시의 유엔 대사 대니얼 패트릭 모이니핸의 회고록을 읽어보면 ― 그는 국제법을 옹호하는 인사로 크게 칭찬을 받았는데, 어쨌든 ― 이렇게 써 있습니다. "국무부는 유엔이 어떤 조치든 제대로 해내지 못하기를 바랐다. 이 임무는 내게 주어졌고, 나는 그 임무를 수행하여 적잖은 성공을 거두었다." 이어서 자신이 잘 알고 있는 침공의 영향을 계속 설명했습니다. 처음 두 달 만에 "약 6만 명이 살해되었는데…… 제2차 세계대전 때 소련의 사상자 비율과 대략 비슷하다." 그래요, 이건 나치의 소행과 다를 바 없습니다. 자칭 국제법을 적극 옹호한다는 모이니핸의 발언이 이러했습니다.[43] 그는 제대로 보았습니다. 정말 학살이 벌어졌습니다. 국무부는 자신들이 예상한 대로 되길 바랐고 모이니핸은 이를 감시했습니다. 적어도 모이니핸은 솔직하게 털어놓았으니 그 점만큼은 칭찬해줄 만하다고 생각합니다.

한 번도 보도된 적이 없었지만 당시 공공연했던 또 다른 비밀이 있습니다. 서방 강대국들이 인도네시아의 침공을 지지한 중요한 이유는 티모르 영해 넓은 해안에 유전이 있었기 때문입니다. 1975년 이전에 오스트레일리아와 서방의 정유 회사들은 유전 개발을 위해 포르투갈과 거래하려 했지만 실패했습니다. 포르투갈에게서 행운을 얻지 못하자, 동티모르가 독립하면 거래가 훨씬 더 어려울 거라고 예상하면서 아무래도 인도네시아가 거래하기에 더 손쉬운 상대라고 생각했습니다. 인도네시아는 아무튼 서방 편이었고, 서방은 1965년의 대학살 이래로 인도네시아와 좋은 관계를 유지해왔습니다. 1965년 당시 인도네시아는 공산당을 숙청하고 아마도 60만 명 정도를 학살했을 텐데, 서방은 이에 찬사를 보냈습니다.[44] 유출된 오스트레일리아의 외교 문서에 따르면 인도네시아의 동티모르 침공 당시, 오스트레일리아의 수뇌급 관리들은 인도네시아가 장악하면 훨씬 더 협상하기 좋을 것이므로 인도네시아를 지지해야 한다고 얘기했습니다.[45] 또다시 미국 언론은 이에 대해 아무런 언급도 하지 않았습니다.

예상대로 유전 개발은 순조롭게 진행되었습니다. 오스트레일리아와 인도네시아는 1989년 12월에 티모르 유전 개발 조약에 서명했고, 1991년 딜리 학살(인도네시아가 티모르 비무장 시위대 수백 명을 장례식에서 살해한 사건) 직후, 서방은 추가 무기를 인도네시아로 보내는 한편 15개의 대형 정유 회사들로 하여금 티모르 영해의 유전 개발에 착수하도록 했습니다. 석유 회사 셰브런Chevron에게는 다행스럽게도, 몇 군데에서의 시추는 전망이 아주 좋았습니다.

자, 다시 당신 질문으로 되돌아갑시다. 미국 언론이 대학살과 다름없는 이 살인 행위를 거의 취재하지 않았지만 극소수의 사람들이 쟁점화하기 시작했습니다. 글자 그대로 작은 조직의 운동가 열 명쯤이었을 것입니다.[46] 마침내 몇 년에 걸친 노력 끝에, 그들은 상당한 성과를 거두었습니다. 1980년대 초, 한결같은 압박과 조직적 운동을 통해 그들은 언론이 가끔씩 티모르 사태를 보도하게끔 이끌었습니다.

보도는 취재 범위가 무척이나 선택적이었고, 여전히 미국이 맡은 중요한 역할은 언급하지 않았습니다. 미국은 무기를 공급하고 외교적으로 지원함

---

44 인도네시아 학살에 대해서는 이 책의 제1권 2장 참조. 이 학살을 미국과 서방이 환영한 것에 대해서는 이 책의 제1권 1장 참조.

45 "현재의 바다 경계에 대한 이견은 …… 포르투갈이나 독립한 티모르보다는 인도네시아와 협상하는 것이 더 좋을 것입니다. 나는 원칙적 입장보다는 실용적 입장에서 이런 제안을 합니다. 그리고 그것이 국익과 외교정책이라 생각합니다." 인도네시아 주재 오스트레일리아 대사인 리처드 울코트가 본국에 보낸 비밀 전문. J. R. Walsh and G. J. Munster, eds., *Documents on Australian Defence and Foreign Policy, 1968-1975*, Hale & Iremonger, 1980, pp. 197-200.

으로써 인도네시아가 몇 년 동안 계속 동티모르를 점령하는 데 결정적 역할을 했는데도 그 얘기는 쏙 뺐습니다. 그렇지만 언론에 티모르 사태가 보도되기 시작했습니다.[47] 운동권은 하원 의원 몇 명의 관심을 끌었습니다. 주로 보수적인 하원 의원들이었지요. 민중의 폭넓은 압력이 일어나기 시작했습니다. 동티모르 행동 네트워크가 발진했고 숫자는 적지만 점점 늘어나는 운동가들 덕분에 변화가 찾아왔습니다.

1992년, 압력이 점점 증가하여 하원은 실제로 인도네시아의 '인권 유린'을 비난하며 미국이 인도네시아 장교의 군사 훈련을 담당하는 것을 금지하는 법안을 통과시킬 정도가 되었습니다. 인권유린은 동티모르 사태를 아주 완곡하고도 부드럽게 표현한 말입니다. 클린턴 행정부는 이 법안 때문에 다소 정도 곤란한 입장에 빠졌다가 금세 벗어났습니다. 미국 정부는 이 법안을 창의적으로 해석하여, 정부 예산으로는 인도네시아 장교들을 훈련시킬 수 없다는 뜻이라고 발표했습니다. 하지만 인도네시아가 훈련비를 부담한다면 — 다시 말해, 미국이 다른 호주머니로부터 인도네시아에게 비용을 대준다면 — 그건 괜찮다는 것입니다. 공교롭게도 국무부는 침공 기념일을 택하여 이것을 발표했고, 의회가 항의했는데도 인도네시아 장교들의 훈련은 계속되었습니다.[48]

그럼에도 불구하고, 법이 통과되었다는 것은 아주 중요한 발전이었고, 내 생각에 뭔가 일어날 것 같은 진정한 변화의 징표였습니다. 이 문제는 분명 민중의 충분한 압력으로 방향을 바꿀 수 있는 쟁점의 하나였습니다. 인도네시아 병사들이 곧 동티모르에서 철수할지도 모르니, 아주 가까이 다가간 것 같습니다.

사실, 우리가 행동주의에 대해서 얘기할 때, 이것은 대단히 시사적인 사건이 아닐 수 없습니다. 만약 동티모르 같은 쟁점에 대해 성공적으로 운동을 조직할 수 있다면, 어떤 문제든 성공할 수 있기 때문입니다. 여러분은 민중의 관심을 끄는 것이 상당히 어려운 문제라고 생각하겠지만 미국에서의 민중 압력은 미국 정부의 상징적인 제스처를 이끌어낼 정도로 상황을 호전시킵니다. 그런데 말이지요, 미국 쪽에서의 상징적 제스처는 아주 중요합니다. 세계의 모든 사람들이 미국을 몹시 무서워한다는 사실을 유념하세요. 미국은 엄청난 힘을 가진 냉혹한 테러리스트 국가이고, 만약 누군가가 미국을 방해한다면 그는 상당한 곤란에 처하게 될 것입니다. 누구도 미국의 심사를 쉽사리 건드릴 수 없습니다. 따라서 미국 하원이 군사훈련 금지나 소형 무기 판매 금지 같은 상징적 제스처를 취하면 인도네시아 장군들이 귀 기울일 수밖에 없습니다. 아무리 다른 나라를 통해 군사 지원을 받더라도, 심지어 클린턴 정부로부터 직접 군사 지원을 받더라도 말입니다.

집단 살인자들이 하버드 대학교에

실제로, 이와 관련하여 발생했던 또 다른 사례를 살펴봅시다. 이는 정말로 의미가 있고, 여러분이 진정으로 뭔가 할 수 있다는 것을 보여줍니다. 최근 보스턴에서 인상적인 재판이 하나 있었는데, 1991년 딜리 학살로 죽은 청년의 어머니가 한 인도네시아 장군을 상대로 건 소송입니다. 그녀의 이름은 헬렌 토드인데, 이 이름은(백인의 이름—옮긴이) 어떻게 하여 그런 재판이 진행될 수 있었는지 설명해줍니다. 만약 당신이 그 부분을 짐작할 수 있다면……

사건의 개요는 이렇습니다. 동티모르를 점령한 인도네시아 군대가 1991년 11월 미국에서 지원받은 M-16 소총을 장례식 행렬에 발포하여 약 250명을 사살했습니다. 그곳에서 이런 일은 다반사였지만 이번에는 인도네시아 군대가 잘못을 저질렀습니다. 두 명의 서방 기자가 그 모든 광경을 필름에 남았고, 파헤쳐진 무덤에 비디오테이프를 묻어두었다가 이틀 뒤에 몰래 국외로 반출했습니다. 그런데 인도네시아 병사들이 이 두 명의 미국 기자를 구타하여 죽였습니다. 그 때문에 국제 언론들이 이 사건을 무시하기가 어렵게 되었습니다.[49]

인도네시아 정부는 미국에서 고용한 대형 PR 회사[버슨-마스텔러 Burson-Marstteller]의 도움으로 이 사건을 은폐하려 했습니다. 일차로 아무도 만나지 못하도록 장군들을 숨겼는데, 그중 한 명을 하버드 대학으로 유학을 보냈습니다.[50] 그런데 보스턴 주민이 이를 알아내고 하버드 대학에 확인했습니다. 대학 측은 그 남자에 대해 들어본 적이 없다며 딱 잡아뗐습니다. 하지만 그는 대학에 있었고, 하버드의 케네디 행정대학원에서 공부하고 있었습니다. 그래서 사람들은 그가 거기 있는 것에 항의하기 시작했습니다. 저항이 커지기 시작했고, 압력이 가중되었으며, 딜리 학살 1주기 때 《보스턴글로브》는 역사상 내가 아주 좋아하는 헤드라인을 뽑았습니다. "인도네시아 장군, 소송을 당하고, 보스턴에서 도망치다." 실제로 그런 일이 벌어졌습니다. 그는 보스턴에서 도망쳤으며 그 후 다시는 모습을 보이지 않았습니다.[51]

그동안 소송은 궐석재판으로 계속되었습니다. 미국 법에 따르면 고문, 살인, 인권유린 등에 대해 민사소송을 제기할 수 있습니다.[52] 따라서 재판관은 헬렌 토드, 언론인 앨런 네언과 다른 사람들의 증언을 듣고 인용했습니다. 이제 인도네시아 장군이 미국에 재입국하려면 1,400만 달러의 벌금

을 내야 합니다.[53]

이듬해, 과테말라의 살인 두목, 그라마호 장군에게도 똑같은 일이 벌어졌습니다. 이 사람은 미국 국무부가 과테말라의 차기 대통령 후보로 밀었던 인물입니다. 그는 1980년대 초부터 대량 학살을 일삼았고, 세련된 이력을 덧붙이기 위해 하버드 대학에 유학을 왔습니다. 그런데 보스턴 사람들은 중앙아메리카 신문을 읽고 그 사실을 알아낸 다음 하버드 대학에 문의했습니다. 대학 당국은 또다시 '그런 사람에 대한 이야기를 들은 적이 없다'고 딱 잡아뗐습니다. 하지만 그는 하버드에 다니고 있었습니다. 그러자 진취적이고 상상력이 풍부한 언론인 앨런 네언 ─ 실제로, 미국에서 몇 안 되는 언론인 가운데 한 명 ─ 은 좀 기다렸다가 하버드 대학 졸업식 때 행동을 개시했습니다. 졸업식이 지역 텔레비전 방송으로 중계되었고, 살인마 그라마호 장군이 학위를 받으러 연단에 올라갔을 때 네언은 텔레비전 카메라 앞으로 달려들며, 그에게 소환 영장을 제시했습니다. 그러자 이 장군 또한 보스턴에서 도망쳤습니다. 소송은 법원에서 정히 심리되었고, 그는 4,700만 달러의 벌금형을 받았습니다.[54]

이런 사례들은 당신이 뭔가 할 수 있다는 것을 보여줍니다. 인도네시아는 미국에서의 자국 이미지를 염려했고 걱정했습니다. 압력이 너무 거세어지자 그들은 동티모르의 민족자결주의를 위해 국민투표나 뭐 그와 비슷한 일을 허용할 지경까지 되었습니다. 충분히 가능성 있는 일입니다. 인도네시아 외무장관 알라타스는 사실, 얼마 전에 이런 연설을 하기도 했습니다. 동티모르를 '눈엣가시'라고 하면서 뽑아내야 마땅하다고 말입니다.[55] 하지만 성과를 계속 거두려면 좀 더 지속적으로 압력과 운동을 벌여야 할 것입니다. 사실 확실한 성공을 거두려면 그런 압력이 국제적 협력 속에서 전방

위적으로 이루어져야 할 것입니다. 왜냐하면 영국, 오스트레일리아, 그 비슷한 나라들은 만약 미국이 언젠가 인도네시아 지원에서 손을 뗀다면 그 틈을 비집고 들어가 미국 대신 인도네시아에 무기를 판매하여 큰돈을 벌어야겠다고 호시탐탐 노리고 있기 때문입니다.[56]

인도네시아의 변화

그렇지만 확실히 인도네시아에서는 고무적인 일이 벌어지고 있습니다. 어느 정도 낙관론을 펴도 될 것 같습니다. 이를테면 여러분은 인도네시아 학자 아디트존드로 사건을 추적해보았습니까? 이 사람은 주요 대학에서 강의하는 유명한 교수인데 최근 여러 차례 오스트레일리아를 방문하여 동티모르의 합병을 공개적으로 반대했습니다. 약 20년 동안 비밀리에 동티모르를 연구해온 이 교수가 아주 흥미진진하고 상세한 문서를 여럿 공개했습니다. 그는 딜리 학살에서 죽은 약 270명의 명단을 내놓았는데, 명단은 확인이 완료되었습니다. 이 교수는 다른 잔학 행위도 연구해 강력한 비판 성명을 내놓았습니다.

하지만 오스트레일리아 언론은 침묵을 지켰습니다. 지금 여기 오스트레일리아에서 오신 분은 없습니까? 유일하게 보도된 곳은 웨스트퍼치라는 작은 마을이었습니다. 도대체 그곳이 어디인지 알 수 없지만, 아마도 오스트레일리아의 벽촌일 것입니다. 그 오지에서 아디트존드로 교수의 문서가 보도되자 곧 정보가 국제 언론으로 흘러들어 갔고, 인터넷에도 널리 퍼졌습니다. 그리하여 결국엔 어느 정도 국제적인 사건이 되었습니다. 물론 미

국 언론은 언제나처럼 그에 대해 아무 언급도 없었습니다.[57]

아무튼 아디트존드로 교수는 인도네시아로 귀국했고 그의 신상에는 아무 일도 벌어지지 않았습니다. 그걸 보고 모든 사람들이 놀라워했습니다. 나는 이틀 전에 존 필저[오스트레일리아 정치운동가 겸 영화제작자]와 대화를 나누었는데, 그는 아디트존드로를 얼마 전에 만났고 또 연락을 주고받는다고 했습니다. 아디트존드로는 여전히 인도네시아 전국을 여행하고 있고, 당국은 지금까지 그를 내버려두고 있습니다.[58] 그래요, 그것은 확실히 하나의 징표입니다. 그리고 다른 징표들도 있습니다.

사실, 나는 오늘 아침 조간신문에서 한 기사를 보았습니다. 이번 주에 인도네시아 당국이 한 무리의 노동운동 지도자들을 체포했다는데, 그것은 좋은 소식이 아닙니다. 하지만 좋은 소식도 있었습니다. 인도네시아 당국이 정당한 이유를 대고 체포했다는 사실입니다. 즉 그들이 운동을 조직했고 파업을 주도했기 때문이라는 겁니다. 아무튼 인도네시아에서 본격적으로 노동운동이 시작됐습니다. 사실상 인도네시아 정부는 국내의 압력에 떠밀려 독립적 노동조합의 실체를 인정할 수밖에 없었습니다. 이런 운동이 앞으로 얼마나 멀리 나아갈지 잘 모르지만 아무튼 변화의 징표입니다.[59]

인도네시아 학생들과 얘기해보면 그들이 예전에 비해 정치나 세계정세에 대해 더 많이 알고 있다는 느낌을 받는다는 것이 또 다른 징표입니다. 인도네시아는 과거에 전체주의 파시즘 사회와 비슷했기 때문에 학생들은 정치와 세계에 대해 아무것도 몰랐습니다. 하지만 최근 통제가 훨씬 줄어들었습니다. 이제 학생들은 상황이 어떻게 돌아가는지 듣고 있고, 더 많이 알고 있고, 상황을 조금이라도 바꾸려고 더 많은 관심을 기울이고 있습니다.[60] 일은 이렇게 돌아가는 겁니다. 이것은 분명 인도네시아 국내의 변화를 알려주는 것인데 부분적으로 이 변화는 서방의 압력에 대한 반응입니다. 인도네시아는 서방의 압력에 신속하게 반응합니다. 만약 서구 사회에서 오늘 당장 엄청난 압력을 가한다면 동티모르 점령은 내일이라도 끝날 것입니다.

이 점은 실제로 명확하게 증명되고 있습니다. 보십시오. 미국, 캐나다, 영국, 프랑스, 네덜란드, 스웨덴, 독일, 일본 등 동티모르에서 수익을 올릴 수 있는 나라들은 모두 이 사태에 개입했습니다. 따라서 진짜 문제는 '인도네시아'에 압력을 가하기 위해 경제 제재를 부과하는 것이 아니라, '우리에게 티모르 학살을 막으려는 의지가 있는가?' 하는 것입니다. 아무튼 최근 서방의 주요 강대국들이 인도네시아에게 경제 제재 조치를 취하겠다며 겁준 사건이 있었습니다. 널리 알려지지 않았지만 매우 효과적이었습니다.

1993년, 세계보건기구WHO는 국제사법재판소에 핵무기 사용의 합법성을 판단하고 의견을 발표해줄 것을 요청하기로 의결했습니다. 미국과 영국은 이 소식을 듣고 펄펄 날뛰었습니다. 국제사법재판소가 핵무기 사용의 합법성에 관해 심리한다는 사실 자체만으로도 이미 핵무기 확산 방지에 기여하는 것이었기 때문입니다. 물론 미국은 핵 확산 덕분에 이익을 봤습니다. 미국이 핵무기의 주요 생산, 판매, 보유국이기 때문입니다. 하지만 국제사법재판소가 핵무기 사용이 불법(이것은 핵무기의 보유도 불법이라고 암시하는 게 됩니다)이라고 선언하더라도, 아무도 그 선언을 경청하지 않을 것은 뻔한 노릇입니다. 하지만 그 선언은 확실히 군축 운동을 널리 알리는 대대적인 선전 수단이 될 것입니다. 따라서 핵 강대국들에게 그것은 아주 중요한 쟁점이었습니다.

실제로 영국에게는 특별한 의미가 있었습니다. 영국이 미국의 자치주가 아니라 독립된 국가라고 주장할 수 있는 마지막 근거는 그들이 핵무기를 가지고 있다는 것뿐이니까요. 따라서 영국에게는 상징적으로 아주 중요했습니다. 핵무기는 미국에게도 중요했는데, 그것이 어느 국가든 위협할 수 있는 수단이기 때문입니다. 미국은 이른바 '핵우산' 아래 전 세계에 개입하고 있으며, 핵우산은 이러한 미국의 전통적 개입을 지원하는 일종의 보호막 역할을 합니다.

그런데 그해에 인도네시아는 유엔에서 비동맹운동[유엔 총회에서의 제3세계 연합]의 의장국 역할을 맡고 있었습니다. 그리고 비동맹운동 산하 110개국은 핵무기 사용의 합법성을 판단하고 그 의견을 발표해달라고 국제사법재판소에 요청한 WTO를 지지하는 단합된 결의안을 내기로 결정했습니다. 그러자 미국, 영국, 프랑스는 즉각, 인도네시아가 비동맹운동의 의장국으로서 이 결의안을 총회에 제출한다면 무역 및 원조 제재를 가하겠다고 인도네시아를 위협했습니다. 그리하여 인도네시아는 곧장 결의안을 철회했습니다. 인도네시아는 상관으로부터 지시받으면 즉시 행동을 중지합니다. 그것도 아주 신속하게.[61]

이것은 서구 열강이 어떤 행위에 대해서는 도저히 묵과하지 못한다는 사실을 보여줍니다. 가령 동티모르의 대학살은 지원할 수 있지만, 핵무기 사용의 합법성에 대하여 시비를 거는 결의안은 절대 참지 못하는 것입니다. 그렇지만 또한 이 사건은 우리가 동티모르 사태를 바꾸어놓기 위해 인도네

---

61 인도네시아의 결의안 철회에 대해서는 다음 참조. John Pilger, "True Brits, true to mass murderers", *New Statesman & Society*, U. K., June 3, 1994, p. 14. 국제사법재판소 판결은 "World Courts Condemns Use of Nuclear Weapons", *New York Times*, July 9, 1996, p. A8. 다음은 내용 요약. "국제사법재판소는 오늘 간발의 차로 핵무기의 사용 또는 위협이 불법화되어야 한다고 판결했다. 하지만 방어용일 때에도 금지되어야 하는지에 대해서는 입장을 밝히지 않았다. WTO와 유엔 총회는 이 재판소에 국제법상 핵무기의 위협 또는 사용을 허용하는가에 대해 질문한 바 있다. …… 핵 보유국 중 미국, 프랑스, 러시아는 지구 안전을 위해 그 요청을 기각하라고 재판소에 요구했다."

시아에 어떻게 대응해야 하는지를 보여주는 사건이기도 했습니다.

핵 확산과 북한

청중1   핵 확산이라는 주제와 관련해서 한 가지 묻겠습니다. 핵무기를 보유하려고 하는 북한과 미국 사이에서 진짜 문제는 무엇입니까? 언론과 클린턴 행정부는 그런 상황이 오는 걸 두려워해야 한다고 말하는데, 선생님 생각에도 그렇습니까?

— 방금 말씀드린 국제사법재판소 건과 관련 지어 생각해보면 아주 흥미로울 겁니다. 이 문제와 관련한 미국 주장의 일부는 북한이 핵무기를 보유하면 핵확산금지조약^{NPT}을 위협하게 된다는 겁니다. 하지만 미국을 위시한 서방 강대국들이 진정으로 핵 확산 방지에 관심이 있다면 왜 국제사법재판소의 판결을 필사적으로 막으려 하는 겁니까? 국제사법재판소의 판결은 그 어떤 것보다 가장 큰 자극제가 될 텐데요. 국제사법재판소 건은 이 모든 상황의 배경을 잘 보여주고 있습니다. 하지만 내 생각에 문제는 북한이 이렇게 말하고 있다는 것입니다. '엉뚱한 나라도 핵무기를 갖고 있는데 우리 북한이라고 보유하지 못할 게 무엇인가?'

그런데 제정신인 사람이라면 아무도 북한의 핵무기 보유를 원하지 않을 것입니다. 한편, 북한이 핵무기를 보유하더라도 할 수 있는 일은 그리 많지 않습니다. 외국의 공격으로부터 스스로를 보호하는 수단으로 활용하는 것 외에는 말입니다. 북한은 감히 외국을 침공하겠다는 생각을 하지 못할 것입니다. 그건 상상할 수도 없는 일입니다. 만약 북한이 핵무기를 조금이라도 써먹으려고 한다면 그다음 날 잿더미가 되고 말 것입니다. 따라서 북한에서 핵무기가 할 수 있는 역할은 공격을 억지하는 것뿐입니다. 이런 판단이 영 비현실적인 것은 아닙니다.

북한은 미친 나라라고 볼 수 있습니다. 북한 정부에 대해서는 좋게 말할 것도 별로 없고, 아니 전혀 없습니다. 하지만 누구든, 그가 가령 마하트마 간디일지라도, 공격 가능성을 두려워할 것입니다. 왜냐하면 미국은 적어도 1960년대 말까지 핵무기로 북한을 위협해왔기 때문입니다.[62] 결국, 미국은 과거에 북한에 저지른 일을 기억할 필요가 있습니다. 북한을 완전히 폐허로 만들어버린 것 말입니다. 미국 사람들은 미국이 그들에게 저지른 짓을 잘 모르지만 그들은 생생하게 기억하고 있습니다.

이른바 '한국전쟁' — 실제로는 훨씬 더 길었던 갈등〔미국이 1940년대 후반 한국의 자생적인 민족운동을 파괴하면서 시작된 갈등〕의 한 시기 — 가 끝날 무렵 한국에는 미국이 폭격할 만한 지점이 없었습니다. 당시 미국은 제공권을 완전 장악했지만 폭격할 만한 지점이 전혀 남아 있지 않았습니다. 북한 지역은 이미 거의 전부 폐허가 되었기 때문입니다. 그래서 제방 따위를 폭격하기 시작했습니다. 그건 중대한 전쟁 범죄였습니다.[63] 만약 당신이 미 공군의 한국전쟁 공식 기록을 살펴본다면 그것이 정말 믿기 어려울 만큼 놀랍다는 것을 알 수 있을 것입니다. 마치 나치의 기록보관소$^{Nazi\ archives}$에서 곧장 튀어나온 문서 같습니다. 미 공군 친구들은 신이 난 것을 감추려고 하지도 않고 그들의 소행을 기록해놓았습니다. 공군은 제방을 폭격했고, 엄청난 양의 물이 둑을 넘어 계곡으로 흘러갔으며, 이 엄청난 파괴와 함께 민간인을 학살했습니다! 그들은 웃으면서 이렇게 썼습니다. "우리는 동양인에게 쌀이 얼마나 중요한지 잘 모른다." 이런 만행이 있었기 때문에 당연히 북한은 분노로 고함을 질러대었던 것입니다! 그대로 전하기가 정말 어렵군요. 여러분에게 그 기록을 직접 읽어보기를 권합니다.⁴⁴ 한국인들은 그런 만행을 견디며 살았습니다.

미국은 또한 북한군 포로를 정말 괴상하게 다루었습니다. 정말 나치 같았습니다. 이 모든 행위는 서구에 의해 지금까지 기록으로 남아 있고, 북한도 물론 잘 알고 있습니다.⁴⁵ 북한 사람들은 많은 것을 기억하고 있고, 그만큼 많은 것을 두려워하는 겁니다. 물론 그 사실이 북한의 핵무기 보유를 정당화해주지는 않지만, 이것은 우리가 기억해야 할 배경의 일부인 것입니다.

또 하나는, 북한이 지금 절박한 상황에 놓여 있다는 점입니다. 그들은 정치적으로 고립되어 있고, 고립에서 벗어나려고 열심히 노력하고 있습니다. 그들은 자유무역 지대를 설정하고, 국제경제 체제 안으로 들어가려 애쓰며, 국가 부흥을 위해 노력하고 있습니다. 핵무기 보유도 그들이 시도하는 여러 방법 가운데 하나입니다. 현명한 선택도 정당화의 근거도 못 되지만, 그들을 움직이는 동기 가운데 하나이고 우리는 적어도 이런 상황을 이해하려고 노력해야 합니다.

서방 세계가 핵무기 문제를 바라보는 방식은 몹시 선택적입니다. 가령, 서방의 어떤 나라도 미국의 핵무기 보유를 신경 쓰지 않고, 이스라엘이 핵무기를 보유해도 개의치 않습니다. 하지만 핵무기가 북한처럼 우리가 통제하지 못하는 나라의 손에 들어가는 것은 싫어합니다. 내 생각에는 그것이 요즈음 논쟁의 배후에 깔린 주요 쟁점입니다.

청중2 한국전쟁의 기원에 대해 몇 마디 더 해주시겠습니까? 공산주의를 확

서방 세계가 핵무기 문제를 바라보는 방식은 몹시 선택적입니다.
미국은 물론 이스라엘이 핵무기를 보유해도 개의치 않습니다.
하지만 북한처럼 미국이 통제하기
어려운 나라의 손에 핵무기가 들어가는 것은 싫어합니다.

산시키려는 자들의 침공을 막기 위하여 미국이 개입하면서 한국전쟁이 본격화되었다는 게 학계의 통설입니다. 하지만 선생님은 이 통설을 받아들이지 않는 것으로 보이는데요.

— 글쎄요. 사실은 말이지요, 한국전쟁은 주류 사회에서 제시하는 설명보다 훨씬 더 복잡합니다. 한국전쟁의 경우, 학계가 우수한 자료를 통상적인 수준보다 더 많이 제시하고 있습니다. 이 전쟁에 대한 본격적인 연구 논문들을 살펴본다면 우리가 늘 듣는 설명과 다른 입장들도 있다는 걸 알게 될 것입니다.[66]

1950년에 있었던 북한의 남한 침공은 오랜 전쟁의 맨 끝이었습니다. 사실, 북한이 남한을 공격하기 전에 이미 약 10만 명의 한국인이 살해되었습니다. 우리가 잊고 있는 사실이지요. 한국의 사태는 본질적으로 이렇습니다. 미군이 제2차 세계대전이 끝날 무렵인 1945년 한국에 상륙했을 때 그곳에는 이미 제 역할을 하고 있는 지방정부가 세워져 있었습니다. 항일운동이 있었고, 북한과 남한 전역에 지방정부, 인민위원회 등이 서 있었습니다. 그런데 남한에 진주한 미국은 그 모든 것을 해체하고 무력으로 진압했습니다. 미국은 친일파 한국인을 이용했고, 일본 경찰 제도를 그대로 복구하여 모든 것을 파괴했습니다. 이것이 남한에서 심각한 갈등을 불러왔고, 그 결과 심한 갈등이 4, 5년 동안 계속되어 많은 사람들이 죽었습니다. 또 당시에는 남북한 경계를 넘나드는 전투가 많았습니다(북에서 남으로 또는 남에서 북으로 국지전을 벌였습니다). 그다음 약간의 소강상태가 찾아왔다가, 마침내 북한이 남한을 대대적으로 공격했습니다. 따라서 북한이 먼저 공격한 것은 확실하지만 그것은 미국이 한국 사회 내의 내전에서 항일 저항세력들

을 무자비하게 진압한 이후였습니다.[67]

이런 사정을 다 감안해본다면, 우리가 매일 듣는 통설과는 약간 다른 그림이 나옵니다. 예를 들어, 어떤 나라가 —이건 비유적으로 말하는 겁니다만— 미국의 서부를 정복하려 들었습니다. 정복자에게 저항했고, 그 저항은 약 10만 명이 죽는 것으로 진압되었습니다. 그러고 동부가 서부를 '침공'한다면 이걸 과연 침공이라고 할 수 있을까요? 그냥 '침공'이라는 한 마디로 규정해버린다면 지나친 단순화가 아닐까요. 바로 이와 비슷한 일이 한국에서 벌어졌던 겁니다.

---

67 다음 자료 참조. Bruce Cumings, *Korea's Place in the Sun: A Modern History*, Norton, 1997. John Halliday and Bruce Cumings, *Korea: The Unknown War*, Viking, 1988. 이 두 작가는 반혁명이 미국의 주도로 '은밀하게' 진행되었다고 기술했다. …… 봉기를 진압한 미국 측 요원 한 사람은 어떤 지역의 경찰이 주민을 마구 처형했다고 보고했다. 핼리데이와 커밍스는 그들의 책 47~48쪽에서 이렇게 지적하고 있다. "남한의 게릴라들을 소련이나 북한이 지원했다는 증거는 별로 없다. …… 대부분의 게릴라들은 미제나 일제 무기를 갖고 있었다. 또 다른 미국측 보고서는 게릴라들이 '북한으로부터는 정신적 지원을 받은 것'밖에 없다고 보고했다. 게릴라 전쟁에 참가한 주된 외부 세력은 미국이었다."

5

팔레스타인의 운명과
서남아시아의 평화 전망을 말하다

|

성서의 삼손 이야기를 아십니까?
성서에 따르면, "그는 평생에 걸쳐 죽인 사람보다
자신이 죽임을 당했을 때 더 많은 블레셋인들을 죽였습니다".
음, 바로 이것이 삼손 콤플렉스입니다. 이스라엘 사람들은 이 문제에 관해
상당히 직설적인데 그 뜻을 직설적인 정치 용어로 해석한다면 이렇습니다.
'만약 누군가가 우리 이스라엘을 지나치게 압박한다면 너 나 할 것 없이
모두 다 파멸시킬 것이다.'

|

삼손 옵션

청중2 선생님은 조금 전에 이스라엘도 핵무기를 보유하고 있다고 말씀하셨습니다. 그 의미를 좀 더 자세히 설명해주시겠습니까? 선생님은 서남아시아 문제를 다룬 저서 《숙명의 트라이앵글*Fateful Triangle*》 마지막 장 〈아마겟돈으로 가는 길〉에서 이 문제를 자세히 설명한 걸로 알고 있는데요.

— 예, 실제로 그건 내가 아주 중요하다고 생각하는 문제입니다. 그 책을 1982년에 썼는데, 마지막 장에서 논의한 내용은 이스라엘이 지난 40년 동안 이른바 '삼손 콤플렉스'를 갖고 있었다는 것입니다. 나중에 사이 허시는 《삼손 옵션*The Samson Option*》이라는 책을 저술했지만 이것은 1950년대로 거슬러 올라가는 오래된 이야기입니다.[68]

성서의 삼손 이야기를 아십니까? 결국, 삼손은 블레셋인에게 붙잡혀 눈이 멀고, 신전의 두 기둥 사이에 서게 되었는데 그 성전 벽을 무너뜨림으로써 그 안의 모든 사람들을 뭉개어 죽여버렸습니다. 성서에 따르면, "그는 평생에 걸쳐 죽인 사람보다 자신이 죽임을 당했을 때 더 많은 블레셋인들을 죽였습니다."[69] 음, 바로 이것이 삼손 콤플렉스입니다. 이스라엘 사람들은 이 문제에 관해 상당히 직설적인데 그 뜻을 직설적인 정치 용어로 해석한다면 이렇습니다. '만약 누군가가 우리 이스라엘을 지나치게 압박한다면 너 나 할 것 없이 모두 다 파멸시킬 것이다.'

자, 그러려면 이스라엘은 핵무기가 필요했고, 미국의 도움으로 핵무기를 보유하게 되었습니다.[70] 삼손 콤플렉스 얘기가 나오던 1950년대만 하더라도 그 위협은 다소 공허한 것이었습니다. 이스라엘은 신전 벽을 무너뜨릴 수 없었습니다. 하지만 1960년대 초부터는 그런 시나리오를 상상할 수 있게 되었고, 이스라엘에서 공개적으로 논의되는 사항이 되었습니다. 그 배경을 이루는 사상은 이런 것입니다. '우리를 지나치게 압박하지 마라. 우리가 돌아버려서 난폭한 행동을 저지를지 모른다. 그러면 너희들 역시 고통을 겪을 것이다.'[71]

그래서 예컨대 이스라엘 노동당 당보에 따르면, 아랍연맹^{Arab League}이 1981년 8월에 사우디아라비아가 주도한 지역 평화 계획안을 제의했을 때 이스라엘은 미국이 제공한 F-14 전투기를 사우디아라비아의 유전으로 보냄으로써 서방 정보기관에게 경고를 보냈습니다. 만약 이 평화 계획안을 진지하게 받아들이면 서방 국가들은 모두 곤란해질 것이다. 다시 말해 이스라엘은 유전을 폭격하겠다는 뜻이었습니다.[72] 1980년대 초만 해도, 이스라엘 전략 분석가들은 공개적으로, 그것도 모든 사람들이 알아듣기 쉽게 영어로 말했습니다. 내용인즉 이스라엘은 소련까지 도달할 수 있는 핵 장착 미사일을 개발 중이라는 것이었습니다. 거짓 정보일지 모르지만, 아무튼 그게 이스라엘이 흘린 얘기였습니다.[73] 그런데 말이지요, 왜 그들은 소련까지 도달할 수 있는 핵 장착 미사일이 필요했을까요? 그들은 러시아를 공격할 생각이 없고 또 러시아의 공격을 막아내지 못할 것입니다. 러시아에 핵 미사일을 날리겠다는 것은 아주 괴상한 얘기입니다. 그들의 생각은 이런 것이었습니다. 당시 모두가 그렇게 이해했듯이, '만약 미국이 언젠가 정책 방향을 바꾸어 우리 이스라엘 지원을 중단하기로 결정한다면 우리는 러시아를 공격함으로써 러시아를 서남아시아로 끌어들이겠다는 것'입니다. 그러면 핵전쟁이 벌어져 전 세계가 파멸의 구렁텅이로 빠지게 된다는 것입니다.

그런데 이제 러시아는 더 이상 게임의 상대가 아닌 것으로 보입니다. 비록 일시적이라 할지라도 말입니다. 하지만 기본적인 아이디어('너 죽고 나 죽고 다 같이 죽자')는 전혀 달라지지 않았고 분명 그 비슷한 다른 시나리오들이 많이 있습니다. 그래서 서남아시아는 지극히 위험한 지역으로 남아 있습니다.

말이 나온 김에 덧붙이면, 소련이 붕괴하고 냉전이 종식되어 좋은 점이 하나 있습니다. 미국의 수뇌급 정책 입안자들이 어떤 것들에 대하여 좀 더 솔직해졌다는 것입니다. 이를테면 해마다 백악관은 화려한 장정의 두툼한 문서를 발표하여 왜 거대한 군사 설비가 필요한지 설명했는데, 러시아가 언제 침공해올지 모르니 만반의 준비를 갖추어야 한다는 늘 판에 박힌 이야기였습니다. 미국 군부는 이런 내용이 담긴 컴퓨터 디스크를 계속 사용하면 되었습니다. 그러나 베를린 장벽이 무너진 뒤 그들은 처음으로 컴퓨터 디스크를 바꿔야 했습니다. 하지만 결론은 똑같은 것이었습니다. 대규모 군사 체제, 이른바 '방위' 기반 시설(말을 바꾸면, 전자 산업을 지원하는 체제)이 우리에게 필요하다는 것이지만, 이제는 정당화의 방식을 바꿔야 했습니다. 따라서 1990년, 그들이 내놓은 명분은 더 이상 '러시아가 침공할지 모른다'가 아니라, 이른바 '제3세계 강국들의 정교해진 군사 기술'이었습니다. 특히 서남아시아 강국들이 호시탐탐 미국을 노릴지 모른다고 둘러댔는데, 과거처럼 '모든 문제는 크렘린 궁전에서 발생한다'고 말할 수 없게 되자 나온 궁색한 변명이었습니다.

그래요. 지난 50년 동안은 미국의 문제가 늘 '크렘린 궁전에서 발생'했지만 이제 소련의 붕괴로 크렘린 운운하는 얘기는 더 이상 써먹을 수 없게 되었습니다. 따라서 그 진실을 솔직히 말할 수밖에 없는 상태가 되었습니다. 하지만 미국은 여전히 과거와 똑같은 정책이 필요합니다.[74] 실제 진정한 위험이 상존한다는 근거를 만들어내기 위해서라도, 미국은 제3세계 모든 강국들에게 최첨단 무기를 판매해야 했습니다. 미국은 사실 냉전이 끝난 직후부터 제3세계에게 최대 무기 거래상이 되었습니다.[75] 무기 회사들은 물론 그 사실을 알고 있습니다. 가령 록히드마틴 회사의 선전 문구를 읽어본다면 이렇습니다. "자, 우리는 F-22를 개발해야 합니다. 안보의 위협 때문입니다. 선진 기술의 F-16과 온갖 복잡한 방위 시스템을 제3세계 국가들에게 판매하고 있지만, 그 나라들이라는 게 속셈을 알 수 없는 나라들입니다. 모두 독재 국가이고 언제 우리를 배신할지 모릅니다. 따라서 우리는 그들에게 팔고 있는 최첨단 무기로부터 우리 자신을 보호하기 위해서라도 F-22를 개발해야 합니다."[76] 그리고 그 개발 비용은 으레 그렇듯이 미국 납세자에게 전가됩니다.

팔레스타인 사람들의 운명

청중1 노엄, 당신은 1996년의 이스라엘 선거를 어떻게 해석합니까? (이 선거

---

75 촘스키는 무기 판매가 국제수지 위기 해결에도 도움이 된다고 지적했다. 1993년 중반 석유 수출국인 사우디아라비아 단독으로 미국 무기 제작 회사들과 300억 달러의 계약을 맺었다. 이는 사우디아라비아의 대규모 군비 증강 계획의 일환인데, 이로 인해 발생한 엄청난 부는 서방(주로 미국)으로 돌아갔고 자국 국민들에게는 돌아가지 않았다.

에서 베냐민 네타냐후가 이끈, 우익 성향의 리쿠드당이 1994년 오슬로협정을 체결했던 노동당을 물리쳤다.) 이 선거가 이스라엘 노동당과 팔레스타인 주민들이 함께 추진하는 평화 과정에 어떤 영향을 끼칠 거라고 생각합니까?

— 내 생각에는 아무런 영향도 끼치지 못할 것입니다. '평화 과정'은 실제로 벌어진 현실과 비교해보면 무척 웃기는 용어입니다. 그것은 남아프리카공화국이 인종차별 정책[백인 우월주의를 공식화하는 시스템]을 내세울 때와 똑같은 의미의 '평화 과정'입니다. 남아프리카공화국이 1950년대에 인종차별 시스템을 확립하고 형식적으로 반투스탄(부분적으로 자치를 허용한 흑인 구역)을 세웠을 때에도 '평화 과정'이었습니다. 덕분에 나라가 안정됐고, 얼마 동안 평화가 찾아왔습니다. 여러 면에서 지금 서남아시아의 '평화 과정'과 비슷합니다. 하지만 그 내막을 깊이 들여다보면 그런 비교는 그다지 공평하지 않습니다. 특히 남아프리카공화국에게 불공평합니다.

알다시피, 남아프리카가 1950년대에 세운 반투스탄은, 오슬로협정에 따라 언젠가 팔레스타인 자치 정부에 허용될 뿔뿔이 흩어진 자치 지역보다 경제적 성장의 가능성이 훨씬 더 많았습니다. 게다가 남아프리카는 반투스탄에 보조금을 지급했습니다. 가령 트란스케이[1991년까지 인종차별 정책이 적용된 반투스탄의 한 지역]의 사례를 보면, 남아프리카는 그곳에 많은 보조금을 지급했습니다. 사실, 남아프리카 예산의 큰 부분이 비교적 경제 성장이 가능한 반투스탄에 주는 보조금으로 배정되었습니다. 이에 비하여 이스라엘은 어떤 명목으로든 점령지의 발전을 절대 허용하지 않았습니다. 사실, 이스라엘 기업과 경쟁이 될 그 어떤 경제적 발전도 허용해서는 안 된다는 군사명령이 실제로 존재했습니다. 이스라엘은 점령지가 하나의 예속 시장이

되기를 원했고, 그런 만큼 점령지에 경제적 발전은 없었습니다.[77]

이스라엘 기자들은 실제로 이 현상을 잘 취재했습니다. 요르단과 평화조약[1994년 10월에 체결]을 맺은 뒤, 이스라엘 기자들이 요르단을 방문했을 때 그들조차 요르단과 점령지의 차이에 커다란 충격을 받았습니다. 그들은 그 현상에 대하여 흥미로운 기사를 써서 신문에 보도했습니다.[78] 여기서 요르단이 가난한 제3세계 국가라는 것을 기억할 필요가 있습니다. 요르단은 이스라엘처럼 미국에 의존해 이득을 취하지 않았고, 1967년 전쟁 이전에 팔레스타인의 서안 지구는 요르단보다 더 발전한 상태였습니다. 그런데 오늘날 그런 불균형이 반대 방향으로 역전되어 심화되었습니다. 그러니까 요르단에는 풍요로운 농업과 고속도로와 공장이 있었지만, 국경 바로 너머의 서안 지구는 완전히 엉망진창이었던 것입니다. 이스라엘은 단 한 푼의 돈도 그곳으로 흘러들어 가지 못하게 막았습니다. 사실 이스라엘은 팔레스타인 사람들로부터 많은 돈을 빼앗았습니다.

이를테면 지난 몇십 년 동안 이스라엘의 가난한 노동자들은 주로 서안 지구와 가자 지구 출신의 팔레스타인 사람들이었습니다. 그들은 이스라엘 경제에서 온갖 궂은일과 허드렛일을 도맡아 했습니다. 이론적으로는 팔레스타인 노동자들도 임금을 받긴 했습니다. 왜 그런가 하면, 이스라엘 정부는 유대인 노동자의 보수에서 공제하는 항목, 가령 연금보험, 건강보험 따위를 팔레스타인 사람들의 보수에서도 똑같이 공제했기 때문입니다. 게다가 팔레스타인 노동자들은 연금보험과 건강보험 혜택을 결코 받을 수 없었습니다. 팔레스타인 노동자들에게 사용되었어야 할 돈은 곧바로 이스라엘 국고로 들어갔습니다. 그 돈이 약 10억 달러로 추정되고 있습니다. 얼마 전, 이스라엘 시민권 운동 그룹, 일부 히브리 대학의 법학과 교수들과 노동자의 권리운동 그룹[카브 라오베드^{Kav La'Oved}]은 이스라엘 법원에 소송을 제기했습니다. 팔레스타인 노동자들이 빼앗긴 약 10억 달러를 그들에게 되돌려주기 위해서였습니다. 이스라엘 법원에서 최근 이 사건을 판결했는데, 그들의 주장은 무효라는 결론을 내렸습니다. 오슬로협정을 소급 적용해 이스라엘의 자금 몰수를 합법화함으로써 소송의 근거가 없다는 해석이었습니다.

게다가 판결문에 따르면 공제 목적 또한 팔레스타인 노동자의 평등권을 보장하기 위한 것이 아니라는 것이었습니다. 저렴한 노임의 팔레스타인 노동자들과의 불공정 경쟁에서 이스라엘 노동자를 보호하기 위해, 공제 항목을 둠으로써 실질 임금을 낮추려는 것이었습니다. 그러니까 공제의 진정한 목적은 팔레스타인 노동자들에게 혜택을 주려는 것이 아니라 그들에게서 돈을 빼앗아가려는 것이었습니다. 그런데 이스라엘 법원은 이것이 유익하고 합법적인 행동이고, 국내 산업을 보호하기 위한 관세 부과처럼 정당한 조치라고 해석했습니다. 이렇게 하여 도둑질은 소급하여 정당화되었습니다.[79]

이스라엘은 이처럼 점령지에서 물을 비롯하여 많은 부^富를 빼앗아갔습니다.[80] 이런 착취 행위는 오슬로협정이 체결되고 최근의 선거가 있은 뒤에도 계속될 것입니다. 만약 당신이 평화조약 같은 것을 유심히 살펴본다면 모든 조건이 일방적으로 이스라엘 쪽에 유리하게 되어 있다는 것을 발견할 것입니다. 그리고 그런 불공평한 상황은 바뀌지 않을 것입니다.

더욱이, 이스라엘은 [1967년부터 시작된] 점령 기간 동안 점령지 내에서 저지른 어떤 행위에도 책임을 지고 있지 않습니다. 평화조약은 이스라엘이 당시 행한 그 어떤 행동과도 무관하고, 모든 것은 팔레스타인 자치 정부의 책임이라고 분명히 말했습니다. 사실, 이것이 팔레스타인 자치 정부가 전적인 책임을 질 수 있는 유일한 것입니다. 나머지에 대해서 팔레스타인 자치 정부는 발언권이 없을 뿐 아니라 점령 비용까지 모두 떠안게 되었습니다. 조약에 따르면, 만약 점령 기간에 벌어진 행위를 두고 훗날 이스라엘에게 배상이 청구될 경우, 팔레스타인 자치 정부 또한 지불 책임이 있고, 이스라엘에게 청구된 것은 팔레스타인 자치 정부가 이스라엘에게 배상해야 할 책임이 있습니다. 따라서 서남아시아의 '평화 과정'에서 벌어지는 일은 남아프리카와 사뭇 다릅니다. 남아프리카 반투스탄에는 훨씬 자발적인 활동과 지원이 보장되고 있습니다.

그런데 이 모든 상황이 선거가 끝난 뒤에도 계속될 것입니다. 무슨 말이냐 하면, 결국 리쿠드당은 이 모든 정책을 유지하지 않을 수 없다는 겁니다. 오슬로협정은 이스라엘의 압도적인 승리이기 때문에 그들이 미치지 않는 한, 조약을 그대로 준수할 것으로 예상됩니다. 따라서 나는 그 어떤 변화도 없을 거라고 내다봅니다.

하지만 이것은 이스라엘 선거 당시 미국 언론들의 표준 해석이 결코 아닙니다. 이를테면 선거가 끝난 뒤, 《뉴욕타임스》의 '주간 논평'에 실린 톱기사는 노골적이었습니다. '평화 과정은 죽었다. 미국이 관여했던 모든 조치는 끝났고, 죽었으며, 종지부를 찍었다.'[81] 하지만 나는 그 기사가 전혀 진실이 아니라고 생각합니다. 내 생각에 그것은 '평화 과정'에 대하여 크게 오해하고 있습니다. 리쿠드당이 오슬로협정에 따라 팔레스타인해방기구(이하 PLO)와 맺은 관계를 지키지 않는다고요? 그들은 그 정도로 어리석지 않습니다. 남아프리카의 백인 엘리트 계층은 책임을 교묘히 피할 수만 있다면 반투스탄 과정을 계속 추진하려고 했습니다. 남아프리카 백인들이 어리석지 않듯이 이스라엘 사람들도 어리석지 않습니다. 사실, 이 둘의 중요한 차이점은 이것입니다. 반투스탄의 경우, 국제사회는 그 조치를 합법적이라고 인정하지 않지만, 점령지에 대한 이스라엘 정책에 대해서는 미국의 권력을 의식하여 근본적으로 지지하고 있다는 점입니다. 사실, 클린턴 행정부는 이스라엘 정책을 이전의 그 어떤 정부보다 더 적극적으로 지지했습니다. 이스라엘 언론은 한결같이 놀랐습니다. 이를테면 이스라엘의 최근 신문에 이런 기사가 난 적이 있습니다. '클린턴: 마지막 시온주의자.' 알다시피, 클린턴은 이스라엘의 모든 헛소리를 글자 그대로 믿어준 유일한 사람입니다.[82]

따라서 '평화 과정'의 핵심은, 까놓고 말해보자면, 팔레스타인 사람들의 민족자결 가능성을 아예 싹둑 잘라버리는 것입니다. 상황이 계속 이렇게 돌아간다면 팔레스타인 사람들은 끝장난 거나 다름없고 결국 아무것도 얻을 수 없습니다. 게다가 해외로 나간 팔레스타인 난민들이 고국으로 되돌아올 가능성은 완전히 없어졌습니다. 내 말은, 미국이 난민 문제의 '공정한 해결'을 여러 해 동안 입으로만 약속했다는 것입니다. 이제는 그런 입에 발린 말조차도 하지 않습니다. 이스라엘이 동예루살렘을 관리하는 문제에 대하여, 미국은 예전에 세계의 다른 나라들과 함께 이스라엘의 합병과 점령을 말로나마 반대하곤 했지만, 클린턴 정부 들어와서는 말로도 반대하지 않습니다.[83]

협정 조건은 놀라울 정도인데, 유심히 살펴볼 가치가 있습니다. 미국이 주도적으로 그 협정을 밀어붙였기 때문에 팔레스타인 사람들이 뭔가 주장을 내세울 기회는 극히 적었습니다. 따라서 점령지 주민들에게는 두 가지 선택밖에 없습니다. 하나는 다른 곳으로 옮겨가는 것(이스라엘이 은근히 기대하는 것으로서, 상당한 이주가 있었습니다)이고, 다른 하나는 유럽에서는 '방문 노동자'라고 하고, 미국에서는 '불법 이민 노동자'라고 하는 존재가 되어 이스라엘 지역으로 출퇴근하는 것입니다. 이 경우 팔레스타인 노동자들은 약간의 임금, 거의 푼돈이나 다름없는 돈을 받으면서 이스라엘 사람들이 기피하는 궂은일과 허드렛일을 해야 할 것입니다. 하지만 이제 그런 일마저도 사라졌습니다. 팔레스타인 사람들에게 이스라엘 재입국이 허용되지 않고 있기 때문입니다.[84] 이스라엘은 이제 값싼 노동력을 다른 공급처에 의존하고 있습니다. 약 20만 명의 이민자(아마 인구의 약 5퍼센트)가 가나, 에콰도르 등 전 세계에서 흘러들어 왔고, 타이, 루마니아, 중국, 필리핀에서 온 사람들도 많습니다. 그들은 원래 노동을 목적으로 데려온 사람들인데 아주 비참한 환경에서 살고 있습니다.

그중에서도 이스라엘은 중국인 노동자를 선호하는데 중국 정부와 이면계약을 했기 때문입니다. 만약 중국인 노동자들이 걷잡을 수 없이 날뛴다면, 가령 임금을 제때 지불해달라고 요구한다든지(임금은 으레 제때 지불되지 않습니다), 일할 때 때리지 말아달라고 요구한다든지 하면, 이스라엘은 중국 당국에게 전화를 걸어 그들을 도로 데려가라고 할 수 있습니다. 중국 당국은 그들이 말하는 대로, 그런 중국인들을 '처리할' 것입니다. 중국은 난폭하고 모진 정부입니다. 따라서 중국은 누구도 야단법석을 떨지 못할 거라고 보장해주었고, 만약 중국인이 떠들어댄다면 이스라엘은 그들을 본국으로 송환할 수 있습니다. 본국으로 돌아가면 훨씬 더 열악한 상황에서 일해야 하는 중국인 노동자들이 다루기가 훨씬 쉬우므로 이스라엘은 이들을 선호하는 것입니다.[85]

그래요, 대단히 야만적인 시스템입니다. 팔레스타인 사람들의 일자리를

---

84 노동당 출신 전 총리 이츠하크 라빈은 이렇게 말했다. "향후 10~20년 동안 팔레스타인 난민들이 자연스럽게 또 자발적으로 가자 지구나 서안 지구로부터 동요르단으로 옮겨가기를 바라고 있습니다. 이렇게 하기 위해서는 아라파트(PLO 지도자)보다는 후세인 왕(요르단)과 합의를 보아야 합니다." Francis Offner, "Sketching Rabin's Plan for Peace", *Christian Science Monitor*, June 3, 1974, pp. 1, 6.

노골적으로 빼앗아버리니까요. 따라서 팔레스타인 사람들에게 남은 두 개의 선택 가운데 하나는 이제 없어졌습니다. 오로지 점령지를 떠나 다른 데로 가는 선택만이 있습니다. 만약 그들이 이주할 곳을 찾아낼 수 있다면 말입니다. 하지만 세계 어느 나라에서나 강력히 이민을 규제하고 있기 때문에 이주는 점점 더 어려워지고 있습니다.

팔레스타인 사람들에게 남은 것은 거의 없습니다. 만약 이스라엘이 좀더 똑똑하다면, 미국이 멕시코에게 했듯이 일부 생산 시설을 국경 넘어 점령지로 이전시킬 것입니다. 이것이 이스라엘 기업가 입장에서도 현명한 조치일 테니까요. 유대인 노동자를 고용하여 높은 임금과 갖가지 혜택을 주지 않고도, 국경을 몇 마일만 넘어가면 미국이 멕시코에서, 독일이 불가리아 등에서 얻은 이점을 누릴 수 있는 것입니다. 근로 조건이 까다롭지 않은 아주 값싼 노동력을 저임금으로 활용할 수 있으면서 환경 규제도 없습니다. 하지만 이스라엘은 인종차별이 너무 심한 탓에, 경제적으로 상당히 합리적인 방법이 있는데도 그것을 검토조차 하지 않습니다.

따라서 점령지의 상황은 당분간 끝장났습니다. 내 말은, 미래는 예측할 수 없는 거지만 '평화 과정'의 요점은 팔레스타인 사람들을 파괴하고, 뭉개고, 그들의 사기를 꺾고, 미국과 이스라엘이 모든 것을 장악하는 데 있다는 것입니다. 그렇기 때문에 미국은 이른바 이 평화 과정을 아주 높게 평가하고 있습니다. 선거 뒤에도 이 모든 것은 영향을 받지 않을 것입니다. 왜 이런 좋은 조건을 바꾸려고 하겠습니까? 이제 이스라엘과 시리아의 관계가 약간 달라질지 모르지만 내가 아는 한, 변화라고 해봐야 고작 그 정도가 전부일 겁니다.

알다시피, 노동당은 시리아에게 골란 고원을 넘겨줌으로써 모종의 합의를 이끌어내려 할 것입니다. 골란 고원은 1967년 6일 전쟁이 끝난 뒤에 이스라엘이 점령한 지역으로 이스라엘은 대부분의 주민을 몰아내고 이주민을 정착시켰습니다. 이곳은 아주 중요한 지역입니다. 부분적으로 농업 자원이 풍부하다는 이유도 있지만, 주로 요르단 강과 기타 강물의 상류수 지배에 영향을 미친다는 점에서 이스라엘에게 무척 중요합니다. 따라서 이스라엘은 골란 고원을 포기하고 싶은 생각이 별로 없습니다. 하지만 시리아는 형식적인 관리권이라도 되찾아오지 못한다면 평화 협상에 나서지 않을 것입니다. 어쩌면 노동당은 교묘한 술책을 궁리해내, 시리아가 골란 고원에 대한 법적인 관리권을 갖고, 이스라엘이 실질적 관리권을 갖는 방법 따위를 찾아내려 할 것입니다. 예를 들어 '99년 임차권'이라든지 뭐 법률가들이 잘 생각해내는 그런 조치 말입니다. 노동당은 그런 합의를 궁리하는 것처럼 보였고, 어쩌면 그런 방향으로 움직일지 모른다는 인상을 주었습니다. 시리아가 이런 제안을 수용할지 여부는 알 수 없는 일이지만요. 하지만 이제 리쿠드당은 더 이상 그런 제안을 하지 않을 것 같습니다. 대對 시리아 문제 이외에, 나는 최근 선거의 결과에 따라 국제적 합의가 크게 달라질 것 같다고 보지 않습니다.

내가 진지하게 상황이 달라질 거라고 예측하는 부분은 이스라엘의 내부 사정입니다. 영향을 받을 만한 곳은 거기뿐입니다. 선거 쟁점들이 실제로 존재하는 곳이기도 하고요. 그런데 이스라엘 선거를 잠시라도 유심히 들여다보면 거기에 진짜 아이러니가 깃들어 있습니다.

네타냐후는 대승리를 거두었습니다. 일반 유권자의 투표수는 약 50 대 50으로 갈렸지만, 유대인의 표(이스라엘에서 정책 결정과 관련하여 유일하게 중요한 계층)를 살펴본다면, 네타냐후의 득표율은 55퍼센트를 넘었습니다. 그래서 압도적 대승리인 것입니다.[86] 이것은 엄청난 영향을 줄 수 있습니다. 리쿠드당의 지지 세력은 다양합니다. 종교계에서는 거의 100퍼센트에 가까운 표를 얻었는데, 이스라엘에는 근본주의 종교 공동체가 대단히 많기 때문입니다. 종교 공동체는 매우 전체주의적이어서 랍비들의 말을 따라야 하는데, 랍비들은 노골적으로 '리쿠드당에 투표하라'고 종용했습니다. 당시에는 맹목적 애국주의 유대인의 표 또한 많이 얻었습니다. 리쿠드당은 대부분의 노동자 계층과 가난한 사람들의 표를 얻었습니다. 반면에 이스라엘의 노동당은 그 이름에도 불구하고, 부자 엘리트, 전문직 종사자 유럽화된 계층으로 이루어진 당이고, 그 때문에 대기업은 진짜 노동당을 좋아합니다. 내 말은, 대기업이 리쿠드당을 싫어하지 않지만 노동당을 더 좋아한다는 뜻입니다. 좀 황당한 상황이지요. 미국이 노동당을 후원했다는 사실은 미국의 진정한 관심사가 어디에 있는지 보여줍니다. 미국은 노동자와 가난한 사람의 당을 후원하지 않습니다.

하지만 요점은, 네타냐후를 권좌에 앉힌 대부분의 유권자들은 일종의 종교적이고 맹목적인 애국주의자의 기질을 갖고 있습니다. 다 알다시피, 그들은 유대인의 정체성을 복원·확립하고 싶어 합니다. 그들은 미국에서 '문화적 이슈'라고 불리는 문제들을 강조하는데, 그것이 바로 리쿠드당이 승리한 요인입니다. 그것이 어느 정도 대중을 선동했기 때문에 빈민과 노동자의 지지를 얻었던 것입니다. 그들은 미국의 문화적 이슈 강조자, 팻 뷰캐넌과 비슷하게 인기를 얻었고, 이해관계에 있어서도 비슷했습니다. 이스라엘 선거의 아이러니는 민족주의 유권자들이 뽑은 사람들이 거의 순수 미국인들이고 세속적(비종교적) 인사라는 점입니다. 내 말은, 네타냐후가 만약 미국의 공직에 출마해도 사람들은 그가 미국 사람이 아니라는 것을 모르리라는 것입니다. 그는 본질적으로 미국인입니다. 그가 텔레비전에 출연하여 영어로 말하는 것을 한번 들어보십시오. 영락없는 미국인입니다. 또 이스라엘의 손꼽히는 외교정책 자문위원, 도레 골드를 한번 보십시오. 그는 미국에서 성장했고, 미국 억양을 가지고 있고, 완전히 세속적인 미국인이고, 그리고 주요 정책 자문위원입니다. 그리하여 현실은 이스라엘 정치에서 지금까지 존재했던 가장 미국화된 계층이 민족주의적·종교적 프로그램을 등에 업고 이스라엘 선거에서 승리했습니다. 표를 몰아준 유권자에게 그들이 빵 부스러기라도 던져주어야 하기 때문에 이제 질문은 '과연 그들은 어떻게 할 것인가?'로 집약됩니다. 바로 그것이 이스라엘 선거가 끝난 뒤의 문제입니다.

지금 당장, 좀 더 세속화된 유럽형의 이스라엘 시민들은 이런 현상을 지극히 우려하고 있습니다. 만약 미국 대통령 선거에서 기독교 우파가 대세를 잡아 대통령을 당선시킨다면 미국 국민이 엄청나게 걱정할 것이 틀림없듯이, 이스라엘 시민들도 우려를 표명하고 있습니다. 가령, 밥 돌이 기독교 계층, 맹목적 애국주의자, '시민군' 등등의 압도적 지지를 얻고 1996년 미국 대통령 선거에서 승리했다고 칩시다. 결과적으로 기본 정책이 크게 달라지지는 않겠지만 그는 뭔가 보여주어야 합니다. 다시 말해 그를 뽑아준 유권자들에게 모종의 인사치레를 해야 할 것입니다. 이것은 중요한 것이 될 수도 있고, 심각한 영향을 줄 수도 있습니다. 이상이 내가 이스라엘에서 벌어지리라고 예상하는 갖가지 변화인데 이런 내부적 요인들이 어떤 결과를 가져올지는 명확하지 않습니다.

PLO의 야심

참조1 선생님, 이 모든 '평화 과정'과 관련된 팔레스타인 지도층의 대응에 관해 한마디 해주시겠습니까? 선생님은 PLO를 보수적인 시장市長 타입의 패거리라고 규정했는데, 그런 분석이 조금이라도 바뀌었습니까?

— 아니요, 바뀌지 않았습니다. 다 알다시피, 나는 PLO가 지금까지 보아온 제3세계 단체 중에서 가장 부패하고 무능하다고 생각해왔습니다.[87] 내 말은, 그들은 몇십 년 동안 총을 휘두르고 마르크스의 책자 따위를 흔들어대는 혁명 전사를 자처했지만 근본적으로는 보수적인 민족주의자라는 뜻입니다. 그들은 늘 보수적인 민족주의자였고 나머지는 모두 위장에 지나지 않았습니다.

사실, 팔레스타인이 실패한 까닭은 간단합니다. PLO는 내가 목격한 제3세계 지도층 중에서 그 어떤 국제적 연대도 격려하거나 지지하지 않는, 심지어 도와주지도 않는 유일한 존재이기 때문입니다. 아주 괴팍하다고 하는 북한조차도 미국 민중의 지지를 얻기 위해 노력했습니다. 하지만 팔레스타인 지도층은 결코 그런 적이 없습니다. 그들이 그런 좋은 아이디어를 모르기 때문은 아닙니다. 예를 들어 에드워드 사이드〔팔레스타인계 미국인 교수〕같은 사람이 얼마든지 있는 것입니다. 사이드는 몇 년에 걸쳐 PLO가 그런 좋은 일을 하도록 끌어들이려 애썼고, 나 또한 그 일에 직접 참여하기도 했습니다. 하지만 그들은 그런 제안을 경청하지 않았습니다. 그들은 부자들처럼 밀실에 앉아 거래하고 민중을 도외시하는 것이 정치라고 생각합니다. PLO는 진정한 민주적 제도와 기능이 무엇인지 전혀 모릅니다. 미국은 민주주의의 표본이라고 할 수는 없지만 그래도 민중의 생각과 행동이 차이 ―그것도 큰 차이 ―를 만들어내고 정치와 경제에 영향을 미치는 제도적 메커니즘도 있습니다. 하지만 PLO 지도층은 그런 것을 전혀 이해하지 못합니다.

그 정도로 무식하다니 정말 놀라운 일입니다. 사례를 하나 말해보겠습니다. 1980년대 초에 사우스 엔드 프레스^{South End Press}[미국의 급진적 출판사]가 설립되자 팔레스타인에 도움을 줄 수 있는 책들이 출판되었습니다. 그 가운데 하나가 1982년 레바논 전쟁을 묘사한 아주 뛰어난 전쟁 일지였습니다. 저자 도브 예르미야는 유명한 이스라엘군 장교이고, 실제로 이스라엘군을 창건한 사람 가운데 하나입니다. 그는 인품도 훌륭하여 널리 존경받았는데, 이스라엘의 레바논 공격 때 벌어진 사태에 경악했습니다. 그리하여 히브리어로 전쟁 일지를 써서 출판했습니다. 그의 책은 우리가 지금까지 미국 제도권에서 듣던 얘기와 사뭇 달랐으며 전쟁터에서 자행된 엄청난 잔학 행위를 그림처럼 묘사했습니다.[88] 그런데 미국의 그 어떤 출판사도 그 책의 번역본을 출판하려 하지 않아 결국 사우스 엔드 프레스가 영어로 번역했습니다. 물론 서평도 없었고, 그 어떤 도서관도 구입하지 않았으며, 아무도 그 책의 존재를 알지 못했습니다. 나도 서남아시아에 관해 책을 한 권 냈는데 예르미야의 책과 똑같이 천대를 받았습니다. 이처럼 완전히 무시당한 서남아시아 관련된 책은 내 책 말고도 두 권 더 있는 것으로 알고 있습니다.

이 모든 것에서 PLO에 대한 접근법이 하나 있습니다. 먼저 PLO가 엄청난 자금을 가지고 있다는 사실입니다. 내 말은, 그들이 형편에 비해 돈이 너무 많은 것이 오히려 그들에게 해가 된다는 뜻입니다. 그들은 돈을 산더미같이 가지고 있는데, 부유한 아랍 국가들이 팔레스타인으로 하여금 골치 아픈 문제를 제기하지 않도록 돈으로 입막음했기 때문입니다. 그리하여 잘 알려져 있다시피 아라파트는 수십억 달러를 헝가리에게 대출해주는 등의 온갖 어리석은 사업을 펼칠 수 있었습니다. 아무튼 PLO가 이처럼 거액의 자금을 보유하고 있으니 팔레스타인 관련 서적 — 가령 도브 예르미야의 책 같은 것 — 을 PLO 자금으로 구입하여 미국의 공공 도서관에 보내자는 제안이 있었습니다. 물론 제안에 그쳤습니다.

왜 그렇게 되었을까요? 제안이 PLO 지도층에까지 전달됐지만 그들은 거절했습니다. 그들은 PLO 선전 문구, 즉 'PLO의 지원을 받고 출판된 책'이라는 문구를 찍어서 출판한다면 자금을 지원하겠다고 말했습니다. 미국에서 그런 문구를 달고 나온 책이 어떤 대접을 받는지 여러분은 잘 알 것입니다. 그래서 그 아이디어는 끝장이 났습니다. 이렇게 하여 미국에서 서평도 못 받고 도서관에서 구입도 안 해주는 책을 대신 구매하려던 계획은 물거품이 되었습니다. 그 책이 베이루트[이스라엘 공격 대상인 레바논의 도시]의 난민촌에 뿔뿔이 흩어진 팔레스타인 난민들을 도와줄 수도 있었는데 PLO 지도층은 지원하지 않았습니다. 돈을 산더미처럼 쌓아두고서도 말입니다. 이것은 그들의 본색을 잘 보여주는 상징적 사례입니다. 팔레스타인 난민을 대표한다면서도, 정말 고통받는 팔레스타인 사람들을 돕는 일에는 손가락 하나 까딱하지 않으려 했던 것입니다. 왜일까요? 그들은 다른 게임을 펼치기 때문입니다. 그들의 게임은, '우리는 키신저, 닉슨, 밀실의 부자들과 거래할 것이고, 그러면 우리의 문제는 저절로 해결된다'는 것이었습니다. 물론 현실에서는 그 게임이 통할 리 없습니다.

실제로 PLO의 부패는 점령지에 사는 팔레스타인 사람들의 강한 분노를 샀습니다. 나는 1988년쯤 점령지를 방문했었는데, 나블루스와 그 밖의 오래된 도시나 마을로 들어가 팔레스타인 조직원이나 운동권과 얘기해보니 PLO에 대한 그들의 증오와 경멸이 어느 정도인지 잘 알 수 있었습니다. 그들은 PLO의 도둑질, 부패, 그 밖의 모든 것을 두고 개탄했지만 그래도 이렇게 말했습니다. "PLO는 우리가 가진 것 중 최선이고 우리의 국제적 이미지입니다. 외교를 하려면 그들을 통하는 수밖에 없지요."

하지만 1992년, 1993년쯤, 그런 마지못한 수용도 무너지기 시작했습니다. 점령지에서는 아라파트의 리더십에 대한 반대가 들끓었습니다. 레바논의 난민촌에서는 그의 사임을 공개적으로 요구했고, PLO의 민주화를 요구했습니다. 이스라엘 언론은 이 모든 상황을 잘 알았고 ― 그들은 정기적으로 점령지의 상황을 취재합니다 ― 이스라엘 정보기관 역시 알고 있었습니다. 팔레스타인 지역은 벌집처럼 스파이가 쫙 깔려 있기 때문입니다. 따라서 1993년 여름을 전후하여 이스라엘 언론의 비둘기파는 이런 기사를 게재했습니다. "지금이 PLO와 협상할 적기다. 왜냐하면 그들은 모든 것을 양보할 것이기 때문이다. 점령지 내에서 그들의 지지도는 너무 낮기 때문에 PLO 지도층이 권력을 유지하는 마지막 방법은 우리 이스라엘 정보기관에 매달리는 것뿐이다." 이스라엘 비둘기파는 그런 기사를 썼고, 물론 이스라엘 정부도 그런 상황을 알고 있었습니다.[89]

바로 이런 모든 상황이 오슬로협정을 만든 겁니다. 이제 PLO 지도층의 행태는 제3세계 모델을 그대로 갖다 쓴 것에 지나지 않습니다. 그들은 제3세계의 지배 엘리트입니다. 그 엘리트들의 초상이란 어떤 것입니까? 고전적인 사례로서, 대영제국이 지배하던 200년 전의 인도 역사를 한번 살펴봅시다. 그 나라는 영국인이 아닌 인도인이 통제했습니다. 실제로 국정을 담당한 관료는 인도인이었으며, 민중을 때리고 그들의 머리를 후려 패던 병사들도 인도인이었습니다. 인도 지도층은 대영제국 체제의 하수인이 됨으로써 특혜를 누리고 부유해졌는데, 이런 사정은 다른 나라에서도 마찬가지입니다. 예를 들어, 최근의 남아프리카를 살펴보면, 지독한 잔학 행위를 저지른 사람들은 대개 흑인 병사들이었고, 그들은 남아프리카의 백인 우월주의 체제가 만들어낸 용병들이었습니다. 모든 제3세계 나라들이 이와 같습니다. 어떤 명칭으로 부르든, 미국 전체의 '신新식민지 시스템' —엘살바도르, 브라질, 필리핀 등 —은 미국인이 운영하지 않습니다. 미국은 배후에 자리를 잡고, 상황이 걷잡을 수 없게 될 때만 미군 따위를 보내어 적절히 수습합니다. 근본적으로 국정의 모든 상황을 통제하는 계층은 제국 권력의 현지 하수인들이고, 그들의 내부 권력은 외부의 지원에 의해 유지됩니다. 그렇지만 그들은 주인을 대신하여 통치함으로써 한몫을 챙깁니다. 그래요, 이것은 식민지 통치의 표준적인 종속 관계인데, PLO는 바로 그 역할을 맡으려 하는 겁니다.

따라서 그들은 엄청난 보안군保安軍을 확보하고 있습니다. 하지만 그 규모는 비밀에 부쳐져 있어서 누구도 자세히는 알지 못합니다. 아마 3만 명이나 4만 명쯤 될 것입니다. PLO의 1인당 보안군 비율은 분명히 세계 최고는 아니더라도 대단히 높은 축에 속합니다. 그들은 이스라엘 정보기관 및 이스라엘군과 밀접한 관계를 유지하면서 활동합니다. 그들은 무척 잔인합니다.[90] 또 그들은 산더미 같은 돈을 벌어들이고 있습니다. 그래서 막 붕괴된 가자 지구 같은 곳을 방문해보면, 거리에 굶주린 사람들이 널려 있는데도 화려한 식당, 호텔 등이 엄청나게 건설되고 있고 수많은 팔레스타인 투자가들이 그곳에 들어와 많은 돈을 벌고 있습니다.

이런 광경은 제3세계의 일반적인 패턴이고, 제3세계 전체가 조직되고 운영되는 방법입니다. 요즈음 이런 광경은 세계 어디에서나 볼 수 있습니다. 동유럽 또한 지금 그런 식으로 바뀌고 있습니다. 약 1년 전, 모스크바의 1인당 메르세데스-벤츠 구매 비율은 뉴욕보다 더 높았습니다. 엄청난 부가 축적되어 있기 때문입니다. 그 와중에 러시아에서는 1980년대에 비해 해마다 약 50만 명이 더 죽어가고 있습니다. 지난 몇 년 동안 남성의 평균 수명이 7, 8세나 줄어드는 등 사정은 더욱 악화되었습니다."

그래요. 이것이 제3세계의 실상입니다. 또 PLO 지도층이 지향하는 미래의 모습입니다. 물론 여기에는 외부의 힘이 작용하는 것도 사실입니다. 고분고분 굴지 않으면 쫓겨날 게 틀림없기 때문입니다. 그래서 그런 굴욕적 역할을 받아들인 겁니다. 그런 앞잡이 노릇을 하면서 그 어떤 굴욕이든 참아내겠다고 마음먹은 겁니다. 오슬로협정의 조건은 터무니없이 굴욕적입니다. 하지만 PLO는 기꺼이 받아들입니다. 그들은 부자가 되고, 총을 갖게 될 것입니다. 그리고 인도, 멕시코, 타이, 인도네시아, 그 밖의 제3세계 나라들의 앞잡이 엘리트와 유사한 지위를 누리게 될 것입니다.

민족국가 시스템

청중 2 노엄, 당신이 설명하고 있는 세계적인 문제들은 내게 만성적인 것으로 보입니다. 제3세계의 총체적인 저개발과 조직적인 착취, 핵무기 확산, 심화되고 있는 환경 위기 등이 그런 것 같습니다. 당신은 이런 상황을 극복하기 위해 어떤 사회조직이 필요하다고 생각하십니까?

― 음, 내 생각에 궁극적으로 필요한 것은 민족국가 시스템^{nation-state system}의 해체일 것입니다. 민족국가는 지속적으로 채택할 만한 시스템이 아니기 때문입니다. 인간적 조직의 자연스러운 형태라고 할 수도 없습니다. 사실, 민족국가의 대부분의 틀은 유럽 사람들이 만들어낸 것입니다. 현대적인 민족국가 시스템은 근본적으로 중세 이후의 유럽에서 발전했습니다. 사실은 발전하기가 무척 까다로운 개념입니다. 유럽에서는 피비린내 나는 역사, 그것도 지독하게 야만적인 유혈의 역사가 계속되었고, 대규모 전쟁이 끊임없이 이어졌습니다. 이 모든 것은 민족국가 시스템을 확립하기 위한 노력의 일환이었습니다. 민족국가는 사실상 사람들의 생활 방식이나 협력 관계, 그 밖의 것과 아무 상관이 없었기 때문에 무력으로 강요해야 했습니다. 그리하여 몇백 년 동안 피를 흘리며 전쟁한 끝에 민족국가 시스템이 확립되었습니다. 그 오랜 전쟁은 1945년에야 끝났는데, 무슨 결연한 의지가 있어서 그렇게 된 것은 아니고 이제 전쟁이 발발하면 전 세계가 파멸하기 때문에 종지부를 찍게 된 것입니다. 따라서 1945년에 전쟁이 끝났기를 우리는 희망합니다. 전쟁이 계속되면 모든 것이 파괴되어버릴 테니까요.

민족국가 시스템은 유럽의 식민지 정책을 통해 세계 곳곳으로 수출되었습니다. 유럽인은 근본적으로 야만인이자 미개인이고, 발전된 기술과 우수한 전쟁 수단을 가졌지만 문화나 그 밖의 것은 별로 뛰어나지 못했습니다. 유럽 사람들이 세계 곳곳으로 퍼져나간 상황은 마치 전염병과 같았습니다. 그들은 그들 앞에 놓인 모든 것을 파괴했는데, 과거에 칭기즈칸 군대가 유라시아를 휩쓴 것과 비슷했습니다. 그들의 전투 방법은 달랐고, 훨씬 더 야만적으로 싸웠으며, 기술이 더 우수했습니다. 그들은 닥치는 대로 모든 것을 없애버렸습니다.⁹²

아메리카 대륙이 좋은 본보기입니다. 이곳 사람들은 어떻게 모두 원주민이 아니라 백인입니까? 음, 그건 백인이 야만인이고 그들이 원주민들을 죽였기 때문입니다. 영국인과 그 밖의 식민지 건설자들은 이 대륙에 왔을 때아예 모든 것을 파괴해버렸습니다. 세계 도처에서 이와 흡사한 현상이 벌어졌습니다. 16세기를 돌이켜보면, 아프리카와 유럽의 인구는 대충 비슷한수준이었습니다. 200년이 지난 뒤, 유럽의 인구는 훨씬 더 많아져서 아프리카의 약 네 배가 되었습니다. 왜 그렇게 바뀌었을까요? 알다시피, 그것은 유럽 식민지 정책의 영향입니다.[93]

따라서 식민지화 과정은 몹시 파괴적이었고, 결과적으로 유럽의 민족국가 시스템을 세계 곳곳에 심었는데, 유럽 사회 내부를 그대로 빼닮은 것이었습니다. 무척이나 위계적이고 불평등하며 야만적인 사회였습니다. 만약그런 시스템이 계속된다면 식민지 사회는 내내 위계적이고 불평등하며 야만적일 것입니다.

이런 이유들 때문에 나는 다른 형태의 사회조직을 발전시켜야 한다고 생각합니다. 그 대안을 상상하는 것은 그리 어렵지 않습니다. 뭔가를 해보려는 시도의 결과로 유엔이 만들어졌지요. 하지만 역할을 제대로 해내지 못했습니다. 그 이유인즉 강대국들이 유엔이 기능을 발휘하지 못하도록 막았기 때문입니다. 국제법도 마찬가지입니다. 국제법은 민족국가의 공격적이고 파괴적인 경향을 통제할 수 있는 방법인데, 문제는 국제법에 경찰력이없다는 것입니다. 다시 말해, 국제법을 강제할 수 있는 무력이 없습니다. 국제법은 강대국들이 기꺼이 그 법을 승인하고 받아들여야만 기능을 발휘하는데, 미국은 국제법을 준수할 생각이 없습니다. 만약 국제사법재판소가미국을 비난해도 미국은 그냥 무시해버립니다. 내 알 바가 아니라는 식이지요. 이렇게 볼 때 미국은 법 위에 있는 무법 국가입니다.[94] 세계 강대국들이 법을 지키지 않고, 국제적 합의를 준수하지 않고, 무력과 폭력을 제재하는 메커니즘을 따르지 않는 한, 나는 인간의 생존 가능성이 아주 낮다고 생각합니다.

그런데 내 느낌으로 — 느낌이라기보다는 아주 중요한 이야기인데 — 이 모든 상황의 원인은 특정 사회 내부에 권력이 집중되어 있는 방식과 관련이 있습니다. 그것이 바로 전 세계적으로 벌어지는 과도한 폭력의 근원입니다. 기존의 모든 사회 시스템은 권력의 불균형이 내부적으로 아주 심했다는 것을 유념할 필요가 있습니다. 미국을 예로 들어봅시다. 미국은 주권재민主權在民의 원칙 위에 세워진 나라가 아닙니다. 주권재민은 중학 신입생의 윤리 교과서에나 나오는 이야기이고, 역사적으로 실제 일어난 일들과는 사뭇 다릅니다. 만약 당신이 실제 기록을 살펴본다면, 미국 건국의 아버지들이 주권재민과는 사뭇 다른 원칙을 신봉했다는 걸 알게 될 것입니다.

건국의 아버지들이 모두 민주주의를 싫어했다는 사실을 유념하세요. 토머스 제퍼슨은 예외였지만 크게 다르지는 않았습니다. 대부분, 그들은 민주주의를 혐오했습니다. 건국의 아버지들의 원칙은, 제헌회의의 의장이며 초대 연방최고재판소 장관이었던 존 제이가 멋지게 표현해놓았습니다. 그가 좋아하는 금언은 이렇습니다. "나라를 소유한 사람들이 나라를 통치해야 한다." 미국은 이런 원칙 위에 세워졌습니다.[95] 헌법의 주요한 틀을 만든 제임스 매디슨은 1787년 제헌회의의 토론에서 명확하게 그것을 강조했습니다. 전체 시스템은 "'부유한 소수를 대다수로부터 보호하도록' 계획해야

---

94 미국이 국제사법재판소의 비난을 일축한 것에 대해서는 이 책 제1권의 3장을 볼 것.

한다". 그는 이것이 정부의 중요한 목적이라고 말했습니다.[96]

당시 매디슨은 이러한 생각을 가지고 있었습니다. '부유한 소수'는 계몽 시대의 고상한 신사이며 그들은 매디슨의 상상 속 고대 로마의 의원처럼 행동해야 한다는 것이었습니다. 축적된 부를 활용하여 나라의 모든 사람들에게 자선을 베풀었던 자비로운 로마 철학자들처럼 말입니다. 하지만 매디슨 자신은 곧 그것이 심각한 망상임을 깨닫고, 10년쯤 지난 뒤, 이른바 '시대의 무모한 타락상'을 신랄하게 비난했습니다. '부유한 소수'가 권력을 악용하여 다른 모든 사람들을 정면으로 깔아뭉갰다는 것이지요.

사실, 18세기 사람임에도 불구하고 매디슨은 국가권력과 개인의 권력 사이의 상호작용을 예리하게 논평했습니다. 그의 말에 따르면 미국은 '주식 투기꾼'(오늘날의 이른바 투자가)이 단순히 자기 자신의 목적을 위해 국가권력을 이용하는 시스템으로 발전되고 말았다는 겁니다. 대다수의 무절제한 횡포로부터 모든 사람을 보호하도록 계몽 신사들을 국가 경영자의 위치에 올려놓으려 했으나 오히려 그들(계몽 신사들)이 국가권력을 이용하여 특혜를 얻으려는 깡패 같은 존재들이 되었다는 겁니다.[97]

아무튼 미국이 원래 계획했던 시스템이란 바로 그런 것('부유한 소수의 국가 지배')이었고 그 후 200년 동안 근본 계획은 많이 달라지지 않았습니다. 뚜렷한 계급적 이해관계를 공유하는 '부유한 소수'는 여전히 정부 기관, 즉 의회와 행정부 양쪽을 통제하고 있는 반면, 민중은 뿔뿔이 흩어지고, 분산되고, 매디슨이 지적했듯이 산산조각이 났기 때문에 단결하여 자신들의 이

---

97 매디슨은 미국 정체의 오류를 곧 인식하게 되었고, 1792년에 이르러 해밀턴 식의 국가자본주의 아래에서는 정부가 공익보다는 소수의 이익을 더 중시하여 결국 소수가 다수의 자유를 짓밟는 결과가 되고 말 것이라고 내다보았다. Jennifer Nedelsky, Private Property and the Limits of American Constitutionalism: The Madisonian Framework and its Legacy, University of Chicago Press, 1990, pp. 44-45.

해관계를 확인하고 추진할 수 없었습니다.[98] '나라를 소유한 사람들이 나라를 통치해야 한다'는 원칙은 앞으로도 계속 미국 정치의 두드러진 특징이 될 것입니다.

그래요, 누가 나라를 소유했는가 하는 것은 큰 비밀도 아닙니다. 해마다 '포춘 500대 기업'을 살펴보면 당신은 누가 나라를 소유하고 있는지 잘 알 수 있습니다. 국가는 기본적으로 생산, 투자, 은행 업무 등을 통제하고, 그물처럼 서로 밀접하게 연결되어 있으면서 고도로 집중된 대규모 기업들에 의해 운영됩니다. 그런 기업들이 실제로 나라를 소유하고 있습니다. 미국적 민주주의의 원칙은 이런 기업 소유자들이 국가를 통치해야 한다는 것입니다. 실제로 그들이 통치하고 있습니다. 그런데 그처럼 권력이 집중될 경우, 권력을 가진 사람들은 틀림없이 권력을 극대화하려고 합니다. 국내외 민중을 희생시키더라도 자신의 권력을 극대화하려고 할 것입니다. 내 생각에 이것은 결코 바람직한 시스템이 아닙니다.

국제적 폭력은 잠시 접어두고 환경 문제를 한번 살펴봅시다. 다행스럽게도 사람들은 이제 이 문제에 신경을 쓰기 시작했습니다. 자본주의가 자멸의 길로 가고 있다는 것은 지난 몇백 년 동안 분명해졌습니다. 자본주의 시스템에 내재된 결과입니다. 자본주의 시스템은 결국 단기 이익의 극대화를 추구하고 장기적 영향에 관심을 기울이지 않기 때문입니다. 사실, 자본주의의 표어는 '개인적 악덕이 곧 공공의 이익이다 private vices, public benefits'인데 그것이 지금까지는 그런대로 통해왔습니다. 하지만 현재에는 통하지 않을 뿐 아니라 앞으로도 통하지 않을 것입니다. 장기적 영향을 무시하고 단기 이익만 극대화한다면 환경은 파괴될 것입니다. 내 말은, 어느 정도까지는 자원이 무한하고 쓰레기통이 무한하다고 허세를 부릴 수 있지만, 결국 어느 시점에 가서는 현실을 직시하고 그것이 사실이 아님을 알아야 한다는 것입니다.

우리는 지금 그 현실을 직시하고 있습니다. 그리고 문제는 아주 심각합니다. 연소를 예로 한번 살펴봅시다. 당신이 어떤 것을 태우든 간에 그것은 온실효과를 확산시킵니다. 이것은 몇십 년 전부터 과학자들에게 알려져 있었고 그들은 사태를 정확하게 파악하고 있었습니다.[17] 하지만 자본주의 시스템에서 사람들은 그런 장기적 영향을 신경 쓰지 않습니다. 그저 열심히 신경 써야 할 사항은 오늘내일의 단기적 이익뿐입니다. 따라서 온실효과는 해를 거듭하여 축적되었으며 가까운 시일 안에 그것을 해결할 기술도 없습니다. 어쩌면 이에 대한 해결책은 없을지도 모릅니다. 너무 심각해서 치료 방법이 없을 수도 있는 것입니다. 그건 충분히 가능한 일이고, 그렇다면 인간에게 치사돌연변이가 생겨 많은 생명이 죽게 될 수도 있습니다. 또는 다른 해결 방법이나 개선 방법이 나올 수도 있지요. 아무튼 그 결과는 아무도 예측하지 못합니다.

하지만 우리가 다루어야 할 문제가 어떤 것인지 명확히 알아야 합니다. 온실효과로 지구 기온이 상승하면 해수면은 상승하게 될 것입니다. 만약 해수면 수위가 몇 센티미터라도 올라가면, 인간의 문명이 지금처럼 존속하지 못할 수도 있습니다. 이를테면 바다 가까이 있는, 많은 농업 지역이 침수하고 범람하게 될 것이기 때문입니다. 뉴욕 시와 같은 산업 중심지도 물에 잠길 가능성이 있습니다. 지구 기후는 전면적으로 바뀔 것이고, 따라서 미국의 농업지대가 모래 폭풍이 부는 사막으로 변할 수도 있습니다. 이런 변화를 깨닫기 시작할 즈음이면 우리가 상상조차 할 수 없는 갖가지 사회적 혼란이 발생할 겁니다. 만약 미국의 농업지대가 황폐해지고 시베리아가

차세대 곡창지대로 떠오른다면, 미국의 정책 입안자들이 러시아가 그 땅을 이용하는 것을 가만히 내버려둘 것 같습니까? 미국은 세계가 핵전쟁으로 파멸하더라도 그 지역을 정복하고야 말 것입니다. 이것이 미국의 정책 입안자들이 생각하는 방식이고, 그들은 늘 그런 사고방식을 보여왔습니다. 이 같은 분쟁은 전 세계로 확산될 것이고, 그 갈등이 어떻게 결말지어질지 아무도 예측하지 못합니다.

그래요, 지금 이런 문제에 효율적으로 대응할 수 있는, 내부적 민주주의나 국제 조직은 우리에게 없습니다. 인간의 관심사를 위한 사회적 계획, 합리적 계획은 체제 전복적인 것으로 간주됩니다. 하지만 그런 계획이야말로 민중을 구할 수 있는 진정한 방도입니다. 그러니까 기업 엘리트가 아니라 민중 전체를 대표하는, 책임 있는 사람들이 수행하는 합리적 사회 계획 말입니다. 이것은 간단히 말하면, 민주주의를 해야 한다는 겁니다. 그런데 현실에서 민주주의는 그저 머릿속의 개념으로만 존재하고 있습니다.

9

시민운동, 새로운 길을 말하다

1 매스미디어 운동과 그 '주역'을 말하다

내가 제시하는 해답은 이렇습니다.
'당신이 읽고 있는 모든 자료를 회의적인 관점에서 읽어 나가라.'
특히 권력 시스템에서 나오는 것은 뭐든지 의심해보아야 합니다.
이것 말고 다른 해답은 없습니다.

영화 〈여론조작〉

[1992년에 제작된 영화 〈여론조작: 노엄 촘스키와 미디어〉는 캐나다에서 지금까지 제작된 장편 다큐멘터리 중에서 가장 큰 성공을 거두었고 32개국 이상에서 상영되었다. 촘스키는 감독들과 협력했고 그들을 무척 좋아했지만 영화를 보지 않았다. 그는 아래에 밝힌 이유로 앞으로도 볼 생각이 없다. ─편집자)[1]

청중1 노엄, 당신의 언론 비판을 다룬 다큐멘터리 영화에 대한 당신의 반응을 보면, 불만이 상당히 많은 것 같습니다.

─ 당신은 내가 감독들에게 보낸 편지를 읽어보는 게 좋겠군요[감독들 가운데 한 사람, 마크 아크바르를 가리키면서].

마크 아크바르 촘스키 씨는 편지를 잘 쓸 줄 아는 사람입니다.

청중1 오늘 토론회의 앞부분에서도 선생님은 영화에 대해 뭔가 비판적인 말을 했습니다. 영화가 가지고 있는 강한 정치적 영향력을 잘 알고 계실 거라고 생각하는데요.

— 네, 그렇습니다.

철준 | 이것이 버트런드 러셀[영국의 철학자이자 사회주의자이며 촘스키가 존경하는 인물], 그의 강력한 사상, 그의 사상으로 사회 변화를 도모하는 방법 등을 다룬 영화라면, 당신은 그 영화를 비판하겠습니까? 아니면 그것을 강력한 정치적 도구라고 보겠습니까?[2]

— 둘 다가 되겠지요.

철준 | 그렇다면 선생님에 대한 장편 다큐멘터리에 대해 뭔가 긍정적인 얘기를 듣고 싶습니다.

— 음, 내가 말하고자 하는 바는 당신이 얘기한 바로 그것입니다. 무슨 말이냐 하면, 영화의 긍정적인 영향이 나를 놀라게 했다는 것입니다. 마크 아크바르가 자세한 정보를 알려줄 수 있을 테지만 아무튼 영화는 해외 여러 곳에서 상영되었고 미국에서도 다소 상영되었습니다.

철준 | 영화는 많은 도시에서 개봉되었습니다.

— 예, 하지만 다른 나라에서는 전국 텔레비전 방송에서 방영되었습니다.

---

2 다음 참조. Noam Chomsky, *Problems of Knowledge and Freedom: The Russell Lectures*, Pantheon, 1971.; Barry Feinberg and Ronald Kasrils, *Bertrand Russell's America: A Documented Account*, South End, 1983.

영화는 시애틀에서 네 번 상영되었는데 그때마다 매진되었습니다.

— 그래요. 하지만 외국에서는 전국 텔레비전 방송에서 방영했습니다. 나는 이 사실을 알지 못했다가 지난해에 유럽 강연 여행을 다니면서 알게 되었습니다. 핀란드에 갔더니 사람들이 '오, 그래요, 우리 모두 그 영화를 텔레비전에서 보았습니다'라고 말했습니다. 다른 곳에서도 비슷했습니다. 그리하여 내가 세계 도처의 영화제에 초대받는 정도에까지 이르렀습니다. 이건 비유적인 표현이 아닙니다. 정말 초대장이 왔습니다.

그래서 영화에 대한 수많은 비평이 쏟아졌는데 대체로 흥미로웠습니다. 영화 비평은 흔히 신문에 TV 프로그램의 논평 기사를 쓰는 사람들이 맡았는데 그들은 정치에는 완전히 무관심한 사람들이었습니다. 그들의 반응은 무척 긍정적이었고, 약 98퍼센트는 대단히 긍정적이었습니다. 사실, 필 도나휴를 비롯하여 많은 사람들이 화를 낸 것은 내가 스포츠에 관해 지적한 장면뿐이었습니다. 사람들은 그런 지적에 약간 화를 냈습니다.[3] 하지만 대부분의 반응은 아주 호의적이어서 대체로 이렇게 말했습니다. "야, 정말 흥미진진한데."

사실, 나는 영화와 관련하여 산더미 같은 편지를 받았습니다. 캐나다의 강철 공장 노동자에게서 이런 편지를 받기도 했습니다. "나는 친구들을 세 번이나 데려갔고, 모두 영화를 보고 굉장하다고 감탄했습니다." 음, 그런 얘기는 모두 좋습니다. 하지만 전형적인 편지는 이렇습니다. "감독들이 이런 영화를 제작하다니 정말 잘된 일이라고 생각합니다. 세계에서 이런 생각을 하는 사람은 나 혼자뿐이라고 생각해왔는데 말입니다. 다른 사람들도 실제로 같은 생각을 하고 있고 또 그것을 공개적으로 발언한다는 걸 알게 되어 참으로 기쁩니다." 그다음에는 급소를 찌르는 결론이 나옵니다. "어떻게 하면 당신의 운동에 참여할 수 있습니까?" 나는 이런 질문을 받으면 양극단으로 분리된 감정을 느끼게 됩니다.

물론 마크와 피터(다큐멘터리를 만든 감독들)가 영화를 잘못 만들었다는 얘기는 아닙니다. 비록 내가 영화를 보지는 않았지만, 감독들이 이 문제를 잘 알고 극복하기 위해 열심히 노력한 것을 인정한다는 뜻입니다. 하지만 매스미디어의 문제는 내재적인 것이고, 나는 매스미디어가 문제로부터 벗어나지 않으려 한다고 생각합니다. 설사 벗어나려고 노력한다 하더라도 그걸 목격한 사람은 별로 없다고 생각합니다. 내 말은, 매스미디어가 사람들로 하여금 다음과 같은 중요한 사실을 이해시키려 하지 않는다는 겁니다. 그러니까 강연하는 나를 찍은 영화가 나왔다는 것은, 어떤 사람들이 그 강연을 조직했기 때문이고, 실제로 진짜 중요한 일은 강연을 조직한 그런 사람들이 하는 겁니다. 공동체 현장에서 일하는 사람들이 그러한 강연을 조직해왔던 겁니다. 그들이 사람들을 단결시키기 위한 일환으로 어떤 연사를 데려오든 정작 강연한 연사는 그 어떤 의미에서도 '리더'가 아닙니다. 아무튼 영화는 이 점을 이해시키지 못하고 있습니다. 실제로 나온 반응은, "어떻게 하면 당신의 운동에 참여할 수 있습니까?"라는 것이었습니다. 사실 나는 운동의 리더가 아닌데도 말입니다. 나는 이를 해명하는 긴 편지를 써야 했습니다. 그래서 양극단의 감정을 느끼는 것입니다.

말이 나온 김에, 이 영화의 비평에 대해 한마디 더하겠습니다. 미국에서는 기이할 정도로 비평이 서로 달랐습니다. 무엇보다도, 건수가 많지 않았는데 영화 상영 횟수가 적었기 때문입니다. 그래도 흥미로웠습니다. 혹시 《뉴욕타임스》의 비평을 기억하십니까? 그것은 매혹적인 동시에 흥미로웠

강연하는 나를 찍은 영화가 나왔다는 것은,
어떤 사람들이 그 강연을 조직했기 때문이고, 실제로 진짜 중요한 일은
강연을 조직한 그런 사람들이 하는 겁니다.
정작 강연한 연사는 그 어떤 의미에서도 '리더'가 아닙니다.

습니다.

마크아크바르 그들은 영화 제목에서 당신의 이름을 지웠습니다.

― 음, 그래요, 그랬지요. 하지만 놀랍게도 《뉴욕타임스》는 아주 호의적인 비평, 아니면 그들로서는 호의적이라고 생각하는 그런 비평을 실었습니다. 기사는 빈센트 캔비가 작성했는데, 왕년에 뉴딜 정책 지지자인 캔비는 《뉴욕타임스》에서 오랫동안 일한 거물급 문화 비평가입니다. 그는 《뉴욕타임스》의 모든 사람들이 대단히 호의적이라고 생각한 영화평을 썼습니다. 정말 '흥미로운 사람', '놀라운 영화' 같은 구절이 평론에 나왔습니다. 그(촘스키)의 발언은 특별한 것이 없고 모두 헛소리라고 말하고 있으나 그래도 영화는 좋다고 호의적으로 논평했습니다.

비평은 점점 흥미로워집니다. 주인공(촘스키)의 얘기는 모두 헛소리이고 주제는 비록 괴상하게 들리지만 진지하게 받아들일 가치가 있다고 했습니다. 캔비가 본, 영화의 주제는 이런 것이었습니다. 정부는 유권자 가운데 기권하지 않고 투표하는 절반에게만 민감한 반응을 보이기 때문에, 시민운동가는 더 많은 사람들을 투표에 참여하게 해야 할 필요가 있다는 것이었습니다. 캔비는 이것이 좌편향으로 들릴지라도 소홀히 들어서는 안 된다고 썼습니다.[4] 하지만 캔비는 영화의 주제가 무엇인지 제대로 파악하지 못했습니다. 내 말은, 태즈메이니아의 몹시 무식한 TV 평론가조차 놓치지 않았

---

4 캔비의 말을 그대로 옮겨놓으면 이러하다. "당신이 촘스키의 결론에 동의하든 하지 않든, 그가 미국이라는 풍경을 읽어내는 독법은 설득력이 있다. 정부는 유권자 대다수가 표명하는 소망에 가장 잘 반응한다. 촘스키가 잘 알고 있듯이, 그의 임무는 유권자들을 각성시켜 행동으로 나서게 하는 것이다." Vincent Canby, "Superimposing Frills On a Provocative Career", *New York Times*, March 17, 1993, p. C17.

는데 정작 미국의 눈뜬장님들은 보지 못했다는 것입니다. 그것이 미국 엘리트들이 그토록 주장하는 '적절한 생각' 또는 '온건한 생각'의 실체인 것입니다.

나는 이 영화가 양날의 칼이라고 생각합니다. 영화는 분명히 많은 운동권에게 자극을 주었습니다. 내 생각에, 동티모르의 구제에 큰 도움이 되었습니다(이 영화는 에드워드 허먼과 촘스키의 '프로파간다 모델'의 사례 연구로서, 보도가 통제된 동티모르 대학살을 광범위하게 다루었다).[5] 영화는 또 다른 측면에서도 좋은 영향을 주었습니다. 하지만 부정적인 측면도 있는데, 내게는 불가피한 일인 것 같습니다. 당신이 그 점에 대해서 뭔가 좀 더 얘기해주기를 바라는데……

마크 아크바르 영화가 선생님이 방금 말한 내용을 그대로 담아냈다는 것을 선생님도 알고 있다고 생각합니다. 그러니까 선생님이 세계 곳곳에서 강연할 수 있는 것은 사람들이 열심히 운동을 조직하고 있기 때문이라는 말씀이신데, 그런 아이디어가 영화 속에 충분히 반영되었습니다.

— 예, 알고 있습니다. 하지만 사람들에게 널리 이해된 것은 아니지요. 매스미디어에는 이해되지 않도록 막는 뭔가가 있습니다. 물론 영화에서 그런 아이디어를 전달하려고 애썼다는 것은 이해하고 있지만……

마크 아크바르 정말 많은 편지들이 한결같이 "당신의 운동에 참여하고 싶습니

---

5 프로파간다 모델에 대해서는 이 책의 제1권 1장과 그 장의 주석 35와 67을, 동티모르에 대해서는 이 책의 8장을 참조할 것.

다"라는 내용이었습니까?

— 편지에는 영화의 주제가 나에 관한 것인 양 써 있었습니다. 실은 그게 아닌데 말입니다. 전체적으로 볼 때 전혀 그게 아닌데. 사실 영화에서 이런 것을 어떻게 사람들에게 전달하는지 나도 잘 모르겠군요.

청중1 하지만 그 영화는 당신을 다루고 있지 않습니까? 비록 주제는 당신에 관한 것이 아니지만요.

— 그렇지요!

청중1 주제는 세상 사람들이 깊이 생각해봐야 할 문제입니다.

— 사실을 있는 그대로 얘기하자면 이 영화는 나에 관한 것이 될 수가 없습니다. 만약 내가 어디선가 강연을 한다면 그건 분명히 어떤 사람이 그 모임을 조직했기 때문입니다. 마찬가지로 나는 여기에 있지만 아무것도 한 게 없습니다. 마이크와 리디아(마이클 앨버트와 리디아 사전트, 《Z 매거진》의 공동 편집자)는 구체적으로 뭔가 했습니다. 하지만 나는 아무것도 한 게 없어요. 다른 강연회도 마찬가지입니다.

청중1 하지만 선생님이 이 자리에 서게 된 이유는 선생님이 성장해온 방식과 선생님이 다닌 학교 덕분이기도 하지 않을까요.

— 하지만 그것은 여기 있는 모든 사람과 똑같습니다. 예, 그래요. 사람들마다 그 나름 자기 이야기가 있어요.

참조 2 그래도 영화 속 매스미디어 비판은 지금까지 선생님이 한 강연에서 나온 것입니다.

— 그래요, 하지만 그건 다른 사람들이 중요한 일을 하고 있기 때문이고, 나는 별로 한 게 없습니다. 이것이 있는 그대로의 솔직한 결론입니다. 나도 몇 년 전에는 조직에 참여하곤 했는데 — 모임에 나가고, 저항에 참여하고, 감옥에 가기도 했지만 — 썩 뛰어나지는 못했습니다. 여기 계신 몇 분이 그것을 증언할 수 있습니다. 따라서 일의 분담이 좀 이루어졌습니다. 나는 지금 하는 일을 맡기로 결정하고, 다른 사람들은 다른 일들을 하기로 말입니다. 같은 대학교와 대학원을 다니고, 우등상을 받고, MIT에서 강의하는 등 나와 똑같은 길을 걸어온 나의 친구들은 나와는 다른 길을 걸어갔습니다. 그들은 자기 시간을 들여 시민운동을 조직하고 있는데 그것이 훨씬 더 중요한 일이지만 영화에 등장하지 않았습니다. 그것이 바로 차이점입니다.

내 말은, 내가 근본적으로 덜 중요한 일을 한다는 뜻이고, 이건 감출 수 없는 사실입니다. 내 일은 부수적인 것이고, 나는 내가 할 수 있는 일을 하고 있는 겁니다. 일부러 겸손한 체하는 게 아닙니다. 내가 하는 일도 그 나름대로 유익해서 정말로 중요한 일을 하는 사람들에게 어느 정도 도움을 줍니다. 아무튼 내가 알고 있는 역사상의 모든 민중운동은 그런 식으로, 이름이 알려져 있지 않은 민중에 의해 주도되었습니다.

사실, 권력을 가진 자들에게 진짜 중요한 것은 이것을 이해시키는 것이 아닙니다. 어떤 일을 해나가는 데 있어 이른바 지도자가 있다면, 그 지도자를 충실히 따라가도록 만드는 것이 진짜 중요한 것입니다. 이것은 민중을 모독하고 민중의 품위를 떨어트리고 그들을 수동적인 존재로 만드는 다양한 수법 가운데 하나입니다. 나는 이런 수작을 어떻게 극복해야 할지 잘 모르지만 이것은 정말로 사람들이 경계하면서 계속 풀어나가야 할 문제입니다.

청중2 저는 동티모르를 위한 시민운동에 참여하고 있습니다. 저는 이 영화가 우리 일을 완전히 다른 차원에 올려놓았다고 말씀드리고 싶습니다. 물론 이 영화 때문에 선생님이 개인적으로 약간의 문제를 느끼시긴 했지만, 현장에서 뛰고 있는 사람들은 영화 덕을 많이 보았습니다.

— 그렇습니다. 정말 그랬다는 걸 나도 압니다.

청중3 오늘 아침 내 친구를 선생님께 데려가 책에 사인을 받으면서 좀 이상하다는 느낌이 들었는데, 이제 알겠습니다.

— 그건 정말 잘못된 일이지요. 샌프란시스코 같은 곳에서는 정말 난처합니다. 버클리 캠퍼스를 지나갈 때면 말 그대로 스무 명 가까운 사람들이 다가와 내게 사인을 요청합니다. 왜들 그러는지 모르겠어요.

청중2 부자연스러운 일이지요.

— 그렇습니다, 아예 문제의 핵심을 놓치는 거예요. 사실상 정확한 사태 파악도 아니고요. 내가 늘 말하듯이, 진짜 일은 이름 없는 사람들이 수행하는 거잖습니까. 역사상 그 어떤 민중운동에서도 늘 그랬어요. 이름 없는 사람들이 항상 주역이었지요. 하지만 유명한 사람들은 파도의 물마루에 올라타려고 합니다. 그러니까 그 흐름을 타고, 기회를 틈타 권력을 잡으려고 합니다. 그것이 일반적인 현상입니다. 민중을 열심히 돕다가 그 흐름에 우연히 편승하는 것과는 전혀 다른 이야기지요. 하지만 중요한 것은 흐름이지 그 흐름에 올라타는 자가 아닙니다. 그것이 바로 민중이 이해해야 할 사실입니다. 영화에서 이런 점을 어떻게 전달해야 하는지 그건 나도 잘 모르는 문제지만요.

사실, 그런 점에서 생각해보면, 메시지를 전달하는 데 성공한 영화들이 몇 편 있습니다. 물론 나는 영화를 많이 보지 않았고 그래서 뛰어난 비평가는 되지 못합니다. 하지만 〈솔트 오브 어스 Salt of the Earth〉는 그런 메시지를 정말로 멋지게 전달했습니다. 아주 오래된 영화지만 당시 나는 위대한 영화 가운데 하나라고 생각했습니다. 물론 영화는 사장되었고, 거의 상영조차 되지 못했습니다.

청중 2 어떤 영화입니까?

— 〈솔트 오브 어스〉는 한심한 영화인 〈워터프론트 Waterfront〉와 동시에 개봉되었지요. 〈워터프론트〉는 대박을 터뜨렸습니다. 반反노조 성향 때문이었습니다. 알다시피, 〈워터프론트〉는 조 식스팩(육체노동을 하는 미국의 일반 노동자―옮긴이)을 위하는 척하면서 노조 파괴를 획책하는 대규모 캠페인의 일부

였습니다. 주연으로 나온 맬런 브랜도는 부패한 노조 간부들에 대항하여 가난한 노동자를 편듭니다. 그래요, 부패한 노조 간부도 분명 있겠지만 그것이 진정한 노조는 아닙니다. 악덕 노조 간부들도 많지만 악덕 CEO만큼 숫자가 많지는 않습니다. 하지만 〈워터프론트〉는 반노조 메시지를 노골적으로 전달하지 않고 '가난한 노동자를 편드는 태도'를 섞어 넣었기 때문에 큰 성공을 거두었습니다. 반면, 파업과 파업 노동자들을 짜임새 있게 보여준 멋진 영화 〈솔트 오브 어스〉는 완전히 무시되었고 상영관도 제대로 잡지 못했습니다. 예술극장에서나 겨우 볼 수 있을까 말까 했습니다. 여러분 가운데 영화에 대해서 좀 아는 분들은 어떻게 생각할지 모르지만 아무튼 나는 이 영화가 진정한 걸작이라고 생각합니다.

매스미디어 운동

^{청중 2} 노엄, 기존의 언론에 맞서서 생긴 대안 언론이 기존의 권위주의적 구조를 반복하지 않도록 신중을 기해야 한다는 당신의 생각에 찬성합니다. 예를 들어 결국 ABC와 CBS를 답습하게 될 것이라면 'Z 채널'[《Z 매거진》과 유사한 대안 방송] 같은 걸 만들어봐야 별 의미가 없다고 봅니다. 하지만 정보를 효율적으로 확산시키면서도 동시에 평등주의적 입장을 유지할 수 있을지 확신이 서지 않습니다. 정보를 전달하고자 할 때 권위주의적인 입장에서 애기하려는 경향이 있는 것 같습니다. 우리는 그런 경향과 맞서 싸워야 한다고 생각합니다.

— 그래요, 그것이 결정적인 핵심입니다. 나는 이 문제의 해답이 뭔지 잘 모르지만, 여러분들이 어떤 생각을 갖고 있는지 관심이 많습니다.

청중1 잠시 선생님께 개인적인 질문을 하겠습니다. 사람들이 더 많은 진실과 더 정확한 정보를 어디에서 구할지 묻는다면, 선생님은 뭐라고 답변하시겠습니까?

— 나는 보통 사람들이 질문을 제대로 던지지 못한다고 말합니다. 상황을 정확히 짚어내기 위해서는 내게, 아니면 다른 사람들에게 묻기보다는 자신에게 질문해야 합니다. 따라서 어떤 사람이 상황을 있는 그대로 해석하는 방법을 내게 질문하면, 나는 타당한 방식으로 세상을 바라보는 도구를 어디에서 얻을 수 있는지 얘기해줍니다. 하지만 그 도구가 정확한지 아닌지에 대해서는 그들 스스로 결정해야 합니다. 결국, 결정을 내리는 주체는 당신 자신입니다. 진실을 알기 위해서는 다른 사람들을 의지할 수 없습니다. 결국 자신의 상식과 지성에 의지해야 합니다.

따라서 내가 제시하는 해답은 이렇습니다. '당신이 읽고 있는 모든 자료 — 늘 하는 얘기지만 여기에는 내가 쓴 글도 포함됩니다 — 를 회의적인 관점에서 읽어 나가라.' 사실, 정직한 저자는 자신의 편견이 무엇인지, 작품의 출발점이 어디인지 명확히 밝히려 애쓰기 때문에 독자들은 저자의 주장을 그 나름대로 감안하면서 읽어 나갈 수 있습니다. 아무튼 독자는 이런 생각을 가져야 합니다. '이 저자는 저쪽 출신이고, 이것이 저자의 세계관이다. 나는 그의 편견을 감안하며 책을 읽어 나갈 수 있다. 그가 내게 얘기하는 것이 정확한지 아닌지 나 스스로 결정할 수 있다. 아무튼 적어도 그가 자신의 전제를 명확히 밝히고 있으니까.' 반드시 이렇게 비판적 안목을 가져야 합니다. 특히 권력 시스템에서 나오는 것은 뭐든지 의심해보아야 합니다. 그 밖의 것도 마찬가지입니다. 심지어 내 이야기도 의심해야 합니다. 왜 그대로 믿는 겁니까? 감추어진 내 의도가 있을 수 있습니다. 따라서 스스로 그것을 찾아내야 합니다. 이것 말고 다른 해답은 없습니다.

이에 대해 진지하게 고려하는 운동조직가라면 그의 임무는 사람들이 스스로 해답을 찾도록 도와주는 것입니다. 그러고 나서 당신이 남에게 쓸모 있는 자원이 되어주거나, 유익한 방향을 가르쳐주거나, 어떤 사람과 접촉하도록 도와주거나, 사람들이 일 같은 걸로 집을 비운 동안 그들의 자녀를 돌봐준다면, 그래요, 그것이 조직운동입니다.

_{마크 아크바르} 노엄, 당신이 연설 때 한 말이지만 영화에는 나오지 않는 말 중에, '무엇을 읽느냐가 아니라 어떻게 읽느냐가 문제'라는 것이 있었습니다. 사람들이 내게 정보를 어디서 얻냐고 물어보면 나는 《Z 매거진》에 못지않게 《뉴욕타임스》를 추천합니다.

— 그래요, 나도 그렇습니다. 전적으로 동감합니다. 《비즈니스위크^{Business Week}》를 예로 들어봅시다. 지배 계급이 민중에게 어떤 얘기를 하는지 알 수 있기 때문에 읽으면 유익합니다. 또한 《월스트리트저널》과 《뉴욕타임스》 등에서도 엄청나게 많은 것을 알 수 있습니다.

사실, 나는 대개 사람들이 경제 신문을 읽지 않는 편이라고 생각합니다. 마땅히 읽어야 하는데도 말입니다. 경제 기사들은 대부분 따분하지만 그래도 다른 신문에서 볼 수 없는 내용을 담고 있고, 좀 더 정직한 경향이 있습니다. 왜냐하면 걱정할 필요가 없는 독자를 대상으로 썼기 때문입니다. 독자들 나름대로 의사결정을 내리면서 돈을 벌 수 있게끔 진실을 알려주면 되는 것입니다. 무슨 말이냐 하면, 《보스턴글로브》 같은 일반지는 마음대로 거짓말할 수 있지만 《월스트리트저널》은 돈을 벌고 싶어 하는 독자를 대상으로 하기 때문에 상당한 현실 감각을 갖추어야만 한다는 것입니다. 그래서 《비즈니스위크》와 《포춘^{Fortune}》지에는 유익한 정보가 엄청나게 많이 들어 있습니다. 말이 나온 김에 덧붙이면, 이런 매체들은 너무 비싸기 때문에 구독할 필요는 없습니다. 하지만 생각이 있다면 얼마든지 훔쳐볼 수 있습니다. 도서관에 비치되어 있으니까요.[6]

좀 더 일반적인 문제로, 정말 정치를 스스로 깨치고 싶다면 여러분이 맨 먼저 해야 할 일은 운동 조직의 일원이 되는 것입니다. 광신자라면 모를까, 모든 일을 당신 혼자 할 수는 없기 때문입니다. 물론 나는 혼자서 뛰고 있지만 나는 좀 비정상적인 사람이고, 남들도 그렇게 되기를 바라지 않습니다. 한편, 뭉쳐서 함께 일하는 조직은 잘 해나갈 수 있습니다. 예를 들어, 1980년대의 중앙아메리카 연대운동을 살펴봅시다. 그들은 주로 전국 교회를 기반 삼아 활동했고 계속 단결하여 일했습니다. 계속 사람들을 결집시켰고, 자신들만의 자료가 있었고, 그 자료를 공유했습니다. 그 결과, 내가 만난 그들 가운데 일부는 나보다 중앙아메리카 사정을 더 잘 알고 있었습니다. 나도 중앙아메리카 문제라면 굉장히 열심히 연구했다고 자부하는데도 말입니다. 그들은 목에 힘만 주는 CIA나 학계의 연구자들보다 현지 사정을 더 훤히 알고 있었습니다. 사람들이 단결할 때 바로 그런 일이 일어날 수 있는 겁니다. 여기저기의 광신자 몇몇을 제외하면 이러한 연대운동 조직이 정치 활동의 첫걸음이 되어야 합니다.

앞에서 나는 혼자 일한다고 했는데 그건 아주 정확한 얘기는 아닙니다. 내가 사용하는 모든 정보를 나 혼자 수집한 것이 아니기 때문입니다. 실은, 전 세계적으로 비슷한 입장에 있는 사람들이 많고, 그래서 우리는 정보를 공유하고 있습니다. 나는 실제로 상당히 많은 시간을, 신문 잡지와 정기간행물, 전문지를 스크랩하고 그것을 복사하여 사람들에게 보내는 데 씁니다. 그리고 그들도 나를 위해 똑같은 일을 해줍니다. 그 결과, 나는 손쉽게 CIA 직원이나 학계 연구자들보다 더 많은 정보를 얻을 수 있습니다. 뭐라고 할까, 내게는 우둔한 스파이가 아니라 똑똑한 스파이가 있는 것입니다. 그들은 무엇이 중요한지 알기 때문에 깊이 있게 파헤칠 수 있습니다.

내 말은, 주류 사회의 학자와 국가의 정보기관은 국내외의 신문 잡지를 통찰력 있게 훑어보고 중요한 것을 발견해 분석하여 상부에 보고하는 능력이 부족하다는 것입니다. 나는 내가 특히 관심을 기울이는 나라, 가령 이스라엘에 대해서는 혼자 힘으로는 보도를 다 살펴볼 수 없습니다. 그러자면 무엇보다도 할 일이 너무 많습니다. 하지만 스크랩한 기사를 내게 보내고 중요한 것을 짚어주는 친구가 현지에 있다면 우리는 함께 현안에 대한 이해를 공유할 수 있습니다. 다른 곳도 마찬가지입니다. 이를테면 나는 동남아, 동티모르에 관해서는 주로 오스트레일리아 보도를 활용했습니다. 그곳에서 엄청나게 많은 자료를 받았기 때문입니다.

다시 말하지만, 이런 일은 상호적입니다. 당신이 이런 일을 수많은 사람들에게 해주면, 그들도 당신에게 같은 일을 해줍니다. 그 결과, 비공식적인 협력망이 구축되고 사람들은 힘을 합쳐서 부족한 인적 자원을 보충할 수 있습니다. 사실, 이것이야말로 조직 활동의 전부입니다.

청중 2 노엄, 나는 당신이 영화에서 미국 언론이 '간결함^{concision}'만을 고집한다고 비판한 것으로 기억합니다. 뉴스 분석을 짧은 길이로 제한하여 시종일관 관례적인 지시만 제시한다고요. 그런데 내가 활동하는 조직에서는 '간결함'과 심층 분석을 다 활용하고 있어요. 나는 이 두 요소를 결합하는 것이 중요하다는 걸 알게 되었습니다. 쉽게 소화할 수 있는 정보 보고서와 짧은 안내문을 통해 사람들의 관심을 끈 다음, 그것을 바탕으로 더 심층적인 것을 찾아내는 것이지요. 이런 종합적인 방식은 어떻게 생각하시는지요?

— 물론, 그 방식은 대단히 유익합니다. '간결함'이라는 단어는 실제로 농담 비슷한 것이었습니다. 매스미디어에서 한 PR 전문가가 이 단어를 사용해서 알게 되었습니다. 그 사람 이름이 뭐였는지 잊었지만…….

마크 아크바르 제프 그린필드.

— 네, 그가 맞아요. 《뉴스위크^{Newsweek}》의 관리자입니까?

마크 아크바르 〈나이트라인^{Nightline}〉의 프로듀서입니다.

— 〈나이트라인〉의 프로듀서인지 뭔지였는데, 그는 자신의 일을 설명하기 위해 '간결함'이라는 단어를 사용했습니다. 600단어 내로 또는 두 개의 광고 사이에 간결하게 자신의 주장을 요약하는 것을 말합니다.' 그때 이 단어를 처음 들었습니다. 그래요, 이런 것은 주변에 널려 있고, 사상을 통제하는 기술이기도 하지요. 하지만 당신은 그것을 건설적인 방식으로도 사용할

수 있습니다.

이를테면 걸프전쟁 때, 《Z 매거진》은 본질적인 이야기를 짤막하게 두 페이지로 요약하여 실었습니다. 내 생각에, 모든 뛰어난 조직이 이렇게 일합니다. 사람들에게 간결한 정보를 제공하여 문제의 전반적인 구조를 확실하게 각인시키는 것입니다. 그러면 세부 사항은 각자 알아서 채워넣는 겁니다. 따라서 내 생각에는 여러 기술을 병행하여 활용해야 합니다. 뭔가 의미있는 결론을 이끌어낼 수 있다면 그것이 슬로건이라도 무방합니다. 하지만 사람들에게 이 점은 확실하게 일러주어야 합니다. 제시되는 그 어떤 사실도 본질적으로 선택과 해석의 결과라는 걸 말입니다. 우리는 어떤 사실을 중요하다고 생각하여 선택했는데, 남들은 다른 것을 더 중요하다고 생각할지 모른다는 것입니다.

청중2 사람들에게 정보 보고서를 나눠주면 그들은 "왜 당신 말을 믿어야 합니까? 이 정보를 어디에서 얻었습니까?" 하는 식의 반응을 주로 보입니다. 실제 이런 질문을 던지는 사람이 그리 많지도 않습니다. 한마디로 사람들은 무관심합니다.

— 그래요. 무관심한 사람들이 많지요. 하지만 그런 불신이야말로 운동조직가가 극복해야 할 난제입니다. 여러분 가운데 얼마나 많은 사람이 최근 온라인 'Z 게시판'[온라인 토론장]에 접속했는지 잘 모르지만, 거기서는 사람들이 지속적으로 대화를 나누고 있습니다. 그들은 정보 보고서뿐 아니라 많은 증거와 자료를 갖추고 자세하고 정교한 토론을 통해 사람들과 만난다고 말합니다. 그 말은 사실입니다. 하지만 그들의 주장이 늘 듣던 소리와 달라서

사람들이 뜨악해하며 일반적으로 이렇게 반응합니다. "대체 내가 왜 당신 말을 믿어야 하죠?"

그건 비합리적인 반응이 아닙니다. 만약 누군가가 주석, 통계, 수학적 계산이 풍부한 세 권짜리 연구서를 들고 당신을 찾아와, 지구가 평평하다는 것을 논증한다면 그게 아무리 인상적인 연구서라도 당신은 먼저 경계부터 하고 볼 겁니다. 사람들을 만나보면 대부분 그런 반응이 나옵니다. 사실 우리의 얘기는 사람들에게 지구가 평평하다는 얘기(지금까지 들어본 것과는 다른 얘기)와 같고, 그러니 사람들은 당신이 댄 모든 증거를 믿지 않으려 할 것입니다. 그러니 '왜 내가 당신 말을 믿어야 하죠?'라는 반응이 나오는 것입니다. 운동조직가가 극복해내기 어려운 상황입니다. 사람들의 믿음을 얻고 사람들이 스스로 노력하여 조금씩 알아나가도록 도와주어야만 비로소 그런 불신을 극복할 수 있습니다.

2

좌파의 실체와
제3세력의 모색을 말하다

|

좌파는 계급 문제를 어떻게 다루어야 할까요?
사회 시스템이 구조적으로 불공평하다고 생각하는 저 83퍼센트의
인구 비율을 더욱 높여야 합니다. 그러면 사람들이 더욱 강한 힘으로
조직을 형성하게 되고 결국에는 사회의 불공평한 구조를 바꾸게 되는 겁니다.
이렇게 하는 데는 특별한 전략이 있는 게 아니라,
통상적인 교육과 조직이 있을 뿐입니다.

|

미국 좌파의 자기 파멸

청중1 노엄, 당신은 전국을 누비면서 많은 강연을 하고 있습니다. 다양한 곳을 다니면서 각 지역의 시민운동과 정치 활동이 어떻게 돌아가고 있는지 현장에서 직접 보셨으리라 생각합니다. 당신의 평가가 궁금합니다.

— 음, 해를 거듭할수록 어떤 경향 같은 것이 눈에 띕니다. 한편으로는 더 많은 집단이 유행처럼 정치 활동에 조직되는가 하면, 적어도 대충 진보적인 활동에 참여하고 싶어 한다는 것입니다. 다른 한편으로는 그와 동시에 그 기회는 줄어들고 있다는 것입니다. 사람들은 몹시 고립되어 있어요. 어제 오후에 그걸 감지했습니다. 나는 앞으로 2주 동안 출장을 떠날 예정이어서 전 세계 가치 있는 운동 조직에 매달 보내는 수표를 썼습니다. 그런데 그걸 보고 있으려니 놀랍다는 생각이 들더군요. 조직이 너무 분산되어 있는 거예요. 사람들은 자신이 좋아하는 어떤 협소한 주제 —가령 과테말라 남부의 보건 상황— 를 선택하여 운동을 벌입니다. 그런데 조직이 15개로 분리되어 있고, 지리적으로 바로 옆에 붙어 있을지도 모르지만 수표를 15장 써야 했습니다.

음, 그것이 바로 내가 어제 목격한 것이고, 현재 일어나고 있는 일의 특징

분열된 좌파들은 편협한 입장에 집착하고,
자신들이 하고 있는 일을 찬성하지 않는 사람들은
조금도 참아주지 않습니다. 그리하여 의견이 조금만 달라져도
그건 곧 전쟁으로 번집니다.

입니다. 모두가 자기만의 작은 활동을 펼치고, 시야가 극히 좁고 편협하며, 단체들은 서로 존재조차 알지 못합니다. 부분적으로 진정한 고립감의 결과이며, 부분적으로 이것이 다시 고립감을 만들어내기도 합니다. 뭐라고 할까, 되는 일이 없다는 느낌이지요. 왜냐하면 결국 나 자신과 세 명의 내 친구뿐이 남지 않았으니까요. 그리고 당신에게도 당신 자신과 친구 세 명뿐이 남지 않은 게 사실이니까요. 이처럼 민중을 고립시키는 데 성공하다니 정말 놀라운 일입니다. 내 생각에 이것은 최근의 대규모 프로파간다가 거둔 성과입니다. 좌파 또한 그런 현상에 은근히 많은 기여를 했습니다.

전국 곳곳의 강연장에는 운동에 참여하고 싶어 하는 군중이 구름처럼 몰려듭니다. 하지만 그런 군중에게 할 일을 주거나 그 후속 조치가 있을 수 있다는 믿음을 주는 사람은 주변에 없는 겁니다. 수많은 사람들이 강연이 끝난 뒤 일반적으로 이런 질문을 던집니다. '내가 무엇을 할 수 있죠?' 사람들이 그런 질문을 던지는 것은 당연하고, 그 질문은 좌파를 향한 끔찍한 비난이나 다름없습니다. 강연장 밖에다 '자, 함께합시다, 여기 당신이 할 일이 있습니다' 하고 홍보하는 소형 부스를 50개 정도 세워놓아야 마땅합니다. 실제로는 참여할 만한 단체가 없고, 설사 있더라도 단체가 너무나 편협하여 군중은 이렇게 느낄 것입니다. '보세요, 난 그런 편협한 일은 하고 싶지 않아요. 무슨 말이냐면, 매사추세츠 서부의 동성애자 권리를 전적으로 지지하지만 평생을 그 일에 바치고 싶지는 않아요.'

청중2 정확히 말해, 좌파가 한 일 가운데 자멸적이라고 생각하신 것은 무엇입니까?

— 부분적으로 문제는 좌파의 불화입니다. 좌파는 편협한 입장에 열정적으로 헌신하며, 자신들이 한 그대로를 정확히 봐주지 않는 사람에 대해서는 조금도 참지 못합니다. 그래서 이웃 사람과 얘기할 때도, 예를 들어 낙태 권리에 대해 얘기할 때도 전쟁이 됩니다. 서로 얘기조차 할 수 없고, 그래서 그 문제는 논의조차 할 수 없는 쟁점이 되어버립니다. 좌파에 이런 일들이 아주 많고, 이것이 곧 자멸적 행위입니다. 그리고 이것이 진보운동, 갖가지 '좌파' 운동을 환영받지 못하게 만들었습니다. 사람들이 좋아하지 않기 때문입니다. 사람들은 훤히 알고 있고 그래서 좋아하지 않는 겁니다.

게다가 정말 어리석은 일에 엄청난 에너지를 낭비했습니다. 일부 지역, 가령 캘리포니아 같은 곳에서는 믿어지지 않을 만큼 많은 에너지를 존 F. 케네디 암살 사건에 마피아가 개입했는지 파악하는 데 쏟아부었습니다. 누가 그런 걸 신경이나 쓰는 것처럼 말입니다. 그런 일에 쏟아부은 에너지와 열정은 정말 엄청났고, 또 몹시 자멸적이었습니다.

좌파 지식인의 경우도 한번 살펴봅시다. 우리가 지금 여기서 하고 있는 일 같은 걸 해야 하는 사람들 말입니다. 학계의 좌파 지식인을 살펴보면 그들은 흙탕물에 빠져 있습니다. 어떤 미친 듯한, 복잡하기 짝이 없는 포스트모더니즘의 반反지성적 담론에 사로잡혀 있습니다. 그들뿐만 아니라 누구도 그 담론을 이해하지 못합니다. 학문적 경력 같은 걸 쌓기에는 아주 좋습니다. 세계의 그 어떤 것에도 별로 영향을 주지 않는 것이 확실한데도 엄청난 가치가 있는 활동인 것처럼 어마어마한 에너지를 거듭 쏟아붓습니다. 제도권에게는 매우 유익하기 때문에, 제도권이 거기에 참여한 사람들을 지지하고, 용인하고, 격려하는 겁니다.

또 하나는 세계에서 벌어지는 사태에 대한 극단적인 환상이 있다는 겁니다. 이것은 사실 우리 모두의 결점이기도 합니다. 그런데 이 결점은 아무리 노력해도 극복할 수 없을 것처럼 보입니다. 이른바 '걸프전쟁'의 사례를 한 번 살펴봅시다. 실제로는 전쟁이 아니라 대학살이었습니다. 이 때문에 좌파는 엄청난 좌절을 느꼈는데, '아무것도 할 수 없다'는 무력감에 빠졌기 때문이었습니다. 하지만 잠시 사태를 곰곰히 생각해본다면, 실제는 그와 정반대임을 깨닫게 될 겁니다. 그것은 지금까지 평화운동 가운데 가장 큰 승리가 아니었을까요? 걸프전쟁 때는 역사상 최초로 전쟁이 발발하기 전에 대규모 시위와 항의가 일어났습니다. 예전에는 이런 일이 전혀 없었습니다. 베트남전쟁의 경우, 5년이 지나서야 군중이 거리로 쏟아져 나왔습니다. 이번에는 폭격이 시작되기도 전에 수십만의 인파가 대규모 시위를 벌였습니다. 폭격이 시작한 날까지 일반 대중의 태도는 약 2 대 1로 평화협상안을 지지했습니다. 지역 분쟁에 대한 국제회의의 결과에 따라 이라크가 평화적으로 쿠웨이트에서 철수하는 것을 지지했고, 또 이스라엘-팔레스타인 분쟁도 그런 식으로 해결하기를 바랐습니다.[8]

그런데 당시, 좌파는 걸프전쟁과 관련해 아무것도 할 수 없었습니다. 무엇보다도 먼저, 전쟁을 잘 몰랐고 또 대안이 있다는 것도 알지 못했습니다. 예를 들면 전쟁 일주일 전 이라크가 쿠웨이트에서 철수하겠다고 제안한 것을 미국 고위층이 거부한 사실 같은 것 말입니다.[9] 좌파를 지지할 만한 일반 대중이 많았지만 좌파는 그 힘을 적절히 동원하지 못했습니다.

사실, 일반 대중의 태도는 엄청나게 놀라운 것이었습니다. 예를 들어 83퍼센트의 미국인들은 경제 시스템이 본래 불공평하여 '부익부 빈익빈'이라

8 미국이 페르시아 만에 폭격을 개시하기 전 여론의 반대에 대해서는 이 책 제2권 5장을 참조할 것.
9 이라크가 걸프전쟁 발발 전에 협상을 요청한 것에 대해서는 이 책 제2권 5장을 참조할 것.

고 생각합니다. 이것은 상황이 근본적으로 바뀌어야 한다는 뜻입니다.[10] 그런데 모든 것을 근본적으로 바꿔야 한다고 생각한 83퍼센트의 사람들에게 좌파는 어떻게 했습니까? 고작 소외감을 느끼게 하거나 우리(좌파)가 해줄 게 아무것도 없다는 느낌을 심어주었을 뿐입니다.

1987년의 일이 생각납니다. 헌법 제정 200주년이라고 당시 야단법석이 났습니다. 《보스턴글로브》는 내가 즐겨 인용하는 여론조사를 게재했는데 사람들에게 작은 표어들을 제시하고 그 가운데 '어느 것이 헌법에 들어 있는지 맞춰보라'는 것이었습니다. 물론 아무도 맞추지 못했습니다. 초등학교 3학년 때 배운 것을 다 잊어버렸거나 아니면 그 뒤로 신경 쓰지 않았기 때문입니다. 아무튼 진짜 질문은 "당연히 미국 헌법에 들어 있으리라고 생각하는 것은 무엇입니까?" 표어 중 하나는 "능력에 따라 일하고, 필요에 따라 분배받는다"(칼 마르크스의 표어)였습니다. 미국 인구의 절반이 이 문구가 헌법에 들어 있다고 생각했습니다. 너무나 당연해서 마땅히 헌법에 들어 있을 거라고요. 이런 조항이 헌법에 있지 않다면 과연 어디에 있겠느냐 하는 반응이었습니다.[11] 이것이 의미하는 바와 우리가 이와 관련해 지금 하고 있는 일을 비교해보면, 격차가 너무나 커서 눈앞이 아찔할 뿐입니다.

1992년 선거의 로스 페로 현상을 예로 봅시다(페로는 대통령 선거에서 민주, 공화 양당이 아닌 무소속 후보로 나섰던 미국의 억만장자이다). 로스 페로는 정치 무대에 나서면서 정강도 없었고 아무도 그가 무엇을 대표하는지 몰라서 마치

---

10 "1966년부터 여론조사 기관인 루이스 해리스는 해마다 미국의 경제적·정치적·사회적 제도로부터 소외감을 느끼는 사람들의 숫자를 측정해왔다. 가장 최근 조사에서 최고 기록은 1991년 말의 조사로 66퍼센트의 국민이 소외감을 토로했다. 해리스의 사장인 험프리 테일러는 미국민 가운데 83퍼센트가 '부자는 더 부자가 되고 가난한 사람은 더 가난해지고, 미국의 경제체제는 태생적으로 불공평하다'는 명제에 동의하고 있다고 밝혔다." John Dillin, "Voters Angry As Delegates Convene", *Christian Science Monitor*, July 14, 1992, p. 1.

아무도 모르는 외계인 같은 존재였습니다. 그런 그가 며칠 만에 양당 대통령 후보와 어깨를 나란히 하면서 유세했습니다. 내 말은, 꼭두각시가 후보로 나섰어도 어쩌면 마찬가지였을 거라는 뜻입니다.

혹은 댄 퀘일과 머피 브라운 이야기의 자초지종을 기억합니까? 미국에서는 그것을 진지하게 받아들였고, 마치 이들을 실존 인물처럼 다루었습니다. 하지만 이것은 부통령 댄 퀘일과 TV 여배우 사이의 논쟁이었습니다. 실제로는 여배우도 아니고 TV 프로그램의 등장인물이었습니다[퀘일은 프로그램 속에서 머피 브라운이 결혼하지 않고 아이를 가지기로 결정한 것을 비판했다]. 당시 댄 퀘일과 머피 브라운 가운데 누구를 대통령감이라고 생각하느냐는 여론조사가 실시되었는데, 여러분은 누가 이겼는지 추측할 수 있을 것입니다.[12] 누가 실존 인물이라고 생각하는지에 관한 여론조사는 실시되지 않았습니다. 만약 했다면 결과가 어떻게 나왔을지 확신이 서질 않는군요.

하지만 이것은 세심한 여론조사에서 거듭 확인되는 사항을 보여줍니다. 민중은 이른바 '소외'되고 있습니다. 민중이 생각하기에, 어떤 제도권도 그들을 위해 일하지 않고, 모든 일은 사기, 악덕 영업입니다. 민중은 자기가 영향을 줄 수 있는 일이 아무것도 없다고 생각하고, 정치 시스템과 경제 시스템은 제멋대로 돌아가고, 모든 일이 은밀하게 이루어지고, 그 모든 것이 통제를 벗어났다고 봅니다. 이런 감정은 일반 대중에게서 전반적이고 주기적으로 발견됩니다.[13] 민중은 제도권의 언행이 얼만큼 진실인지 잘 알지 못합니다. 가령 현재 GATT에서 세계와 민중의 삶에 엄청난 영향을 주는 중요한 문제들이 결정되고 있다는 사실을 전혀 모르고 있고, 민중, 노동조합, 의회 또한 이에 대해 아무것도 모릅니다. 그저 짐작하고, 그 의미를 어렴풋이 느끼는 게 고작입니다.

요점은, 좌파가 이런 상황을 활용하고 엄청난 불만을 건설적인 방향으로 바꾸려는 노력을 전혀 하지 않고 있다는 것입니다. 내가 좌파에게서 보는 문제점들은 어느 곳에서나 만연해 있습니다. 그들은 극심한 분열, 편협한 시각, 옹졸함, 상대방의 조건에 맞추지 않으려는 고집, 타성, 갖가지 광기 등의 행태를 보입니다.

문제가 많은 까닭은, 내 생각에 몇 가지가 있다고 봅니다. 가령 민권운동의 과정을 살펴보면 그 이유들을 상당히 잘 알 수 있습니다. 민권운동이 처음 일어난 1950년대 후반과 1960년대 초반, 수많은 사람들은 엄청난 용기를 내어 헌신적으로 참여했고, 심지어 미국의 중산층까지 합류했습니다. 그 운동은 성공적이었고, 남부에서는 대승리를 거두었습니다. 그런데 어째서인지 중단되었습니다. 무슨 일이 일어난 걸까요? 식당에서 인종차별이 사라졌고, 1965년 투표권법이 통과되었습니다. 지금 남아프리카에서 진행되고 있는 상황과 좀 비슷했습니다. 남아프리카의 상황이 좀 더 극적이긴 하지만요.

아무튼 미국 주류 사회의 기존 문화와 심지어 기업 사회가 일반적으로 받아들일 틀을 세울 수 있었습니다. 가령 제너럴모터스는 인종차별을 하지 않고 식당을 운영하게 되었는데 기업 입장에서 보자면 그게 더 효율적이었습니다. 이처럼 민권운동은 어느 정도 성과를 올렸습니다. 하지만 쉬운 과정은 아니었습니다. 많은 사람들이 죽었고, 매우 가혹한 탄압이 있었습니다. 그런데도 운동은 계속되었고 일정한 성공을 거두었습니다. 그러다가 이 운동은 중단되었고 퇴보했습니다. 왜냐하면 계급투쟁의 문제로 이어지면서 어려운 문제가 되어버렸기 때문입니다. 계급 문제를 해결하려면 제도적 변화가 필요했습니다. 제너럴모터스의 이사회는 산업 중심지에서 계급 문제를 다루려는 시도를 좋아하지 않았습니다.

　바로 그 시점에서 민권운동은 중단되었고 퇴보했으며 자멸의 길을 걷게 되었습니다. 혁명 구호를 외치고, 총을 들고 다니고, 유리창을 깨고, 이런 저런 자멸적인 일을 하게 된 것은 운동이 더 어려운 문제로 발전했기 때문입니다. 사람은 더 어려운 문제와 직면하면 도피처를 찾기 십상입니다. 실제로 여러 다양한 도피처가 있습니다. 학구적인 급진주의 페미니즘의 난해한 내용에 대해 무의미한 기사를 작성거나, 음모론에 열광하거나, 지극히 편협한 시각의 문제를 다룸으로써 도피할 수 있습니다. 물론 이런 것들도 중요한 문제일 수는 있겠지만, 그 범위가 지나치게 협소한 탓에 사람들의 폭넓은 호응을 얻어내지 못하고 외연을 넓히지도 못합니다. 이런 유혹이 많이 도사리고 있습니다. 좌파운동에 관심을 갖고 참여하는 사람들은 점점 증가하는데 문제는 점점 더 어려워지고, 그래서 잠재력과 실제 성취 사이에 간극이 발생하게 됩니다.

청중2 선생님은 좌파가 계급 문제를 다루지 않는다고 생각합니까?

— 별로 많이 다루고 있지 않습니다. 물론 아무도 다루고 있지 않다는 뜻은 아닙니다. 게다가 다루어야 할 문제가 그것만 있는 게 아니지요. 단지 그게 가장 중요한 문제에 속한다는 겁니다. 계급 문제는 전반적 억압 시스템에서 핵심을 차지하는 문제입니다. 게다가 가장 어려운 문제입니다. 개인 권력의 핵심에 관련된 견고한 제도적 구조를 다루어야 하기 때문입니다. 물론, 가부장제 같은 다른 문제도 마찬가지로 어렵습니다. 하지만 가부장제는 전체 권력 시스템을 바꾸지 않아도 변화가 가능합니다. 계급 문제는 그

렇지 않습니다.

청중1 선생님은 좌파가 노동자계급과 공동 연대하여 더 많은 것을 얻어낼 수 있는 전략이 있습니까?

— 글쎄요. 무엇보다도 먼저, '노동자계급'은 상당히 광범위합니다. 봉급을 받는 사람이면 어떤 의미에서 누구나 다 '노동자계급'입니다. 따라서 많은 관리자들도 노동자계급일 수 있습니다. 사실은 지금 그들은 일반 노동자와 비슷한 이해관계를 가지고 있습니다. 관리자들은 노동자와 마찬가지로 언제든 해고될 수 있는데, 실제로 그 점을 우려하고 있습니다. 자, 미국에서는 '계급class'이라는 용어가 다르게 사용되는데 부富와 관련된 것으로 여겨집니다(영어의 class는 '있는 사람들' 그리고 classy는 '고급스러운'의 의미로도 쓰인다.-옮긴이). 하지만 전통적인 의미에서 볼 때 그리고 다른 나라에서 사용하는 방식을 감안하면, 이 용어는 의사결정과 권위의 전체 시스템에서의 개인의 위치와 관련이 있습니다. 따라서 누구의 지시를 받아서 일한다면, 아무리 부유하더라도 '노동자계급'입니다.

그럼, 좌파는 계급 문제를 어떻게 다루어야 할까요? 사회 시스템이 구조적으로 불공평하다고 생각하는 저 83퍼센트의 인구 비율을 더욱 높여야 합니다. 그러면 사람들이 더욱 강한 힘으로 조직을 형성하게 되고 결국에는 사회의 불공평한 구조를 바꾸게 되는 겁니다. 이렇게 하는 데는 특별한 전략이 있는 게 아니라, 통상적인 교육과 조직이 있을 뿐입니다. 그래서 당신은 지금 이 간담회에 나와 열심히 토론하고 있는 것입니다.

민중교육

나는 당신의 많은 책과 할리 스클라, 마이클 앨버트 같은 사람들의 책을 읽으면서, 좌파가 민중을 교육하는 일반적인 절차를 알게 되었습니다. 좌파는 소수파라는 것을 스스로 인식하기 때문에, 모든 것을 철저히 증명하고, 학문적으로 명확한 논증을 펼치고, 많은 증명을 정리하고, 산더미 같은 인용구를 사용하면서 교육합니다. 하지만 이런 복잡한 교육을 쉽사리 받아들이지 않는 사람들이 많은 것 같은데요. 그런 현실이 안타깝습니다.

— 그건 그렇습니다.

사람들은 학자가 아니고, 토론하는 방법을 배우지도 못했습니다. 진심으로 설득하기 위해 노력하면서 동시에 토론 방식도 가르치는 절충안이 있었으면 좋겠습니다. 누군가가 1930년대에는 민중 교육을 그렇게 했다고 하더군요.

— 정말 그랬습니다. 사실, 그것은 1930년대 좌파 지식인들이 열성적으로 해낸 큰일들 가운데 하나였습니다. 훌륭한 과학자, 유명하고 중요한 과학자, 예를 들어 버널[영국의 물리학자]과 여러 과학자들은 대중 과학을 하는 게 인류에 대한 자신들의 의무 중 하나라고 생각했습니다. 따라서 물리학, 수학 등에서 무척 대중적인 서적이 많이 출판되었습니다. 예를 들어, 《백만인의 수학*Mathematics for the Million*》도 그중 하나입니다.[14]

청중2 예, 그런 얘기를 들은 적이 있어요.

— 이 책을 쓴 사람은 좌파입니다. 요점은, 그들은 이런 종류의 지식을 모든 사람들이 공유해야 한다고 생각했다는 것입니다. 사실, 나는 좌파 지식인의 현황을 보고 무척 놀랐습니다. 오늘날 이들은 일반 대중에게 이렇게 말하고 있습니다. "당신은 이런 허섭쓰레기를 알 필요가 없습니다. 모두 다 백인들의 권력 놀음에 지나지 않아요. 따지고 보면 점성학이나 물리학이나 그게 그겁니다. 담론, 텍스트, 이런저런 설명에 지나지 않기 때문에 몰라도 됩니다. 어울리는 것을 배우세요. 점성학을 좋아한다면 점성학을 배우는 것이 좋습니다." 살아 있는 민중 교육이 존재하던 시절의 이야기와는 너무나 달라서 그저 놀라울 따름입니다.

만약 당신이 수학을 잘 알 만큼 특권층에 속해 있고, 자신을 세상의 일부로 여긴다면, 당연히 다른 사람들에게 수학을 이해시키려고 노력해야 합니다. 가령 《백만 인의 수학》 같은 책을 저술하거나 초등학교에서 강연을 함으로써 실천에 옮길 수 있습니다. 사실, 대중 교육 참여는 저술에 국한되지 않고, 그것을 뛰어넘어 단체를 이루고, 강연을 하고, 노동자를 교육시키는 등의 행위를 포함합니다. 오늘날 좌파 사람들이 이런 일을 하지 않는다는 사실이 정말 안타깝습니다. 내 생각에 이것은, 널리 만연된 좌파의 자멸적 측면의 일부이기도 합니다. 대중 교육 참여는 늘 살아 있는 정치운동의 일부였습니다.

사실, 미국에서의 노동자 교육은 언제나 큰일이었습니다. 이를테면 A.J. 머스티(미국의 평화주의자이자 행동주의자)는 오랫동안 노동자 교육을 했고, 그가 설립을 도운 노동자계급 학교는 의미있고 중요했습니다. 초등학교를 다니지 못한 사람들이 이 학교에서 정말 많은 것을 배웠습니다. 말이 나온 김에, 머스티는 20세기 미국에서 가장 중요한 인물 가운데 한 명입니다. 하지만 업적에 비해 명성이 미미한 것은 기득권층이 보기에 옳지 않은 짓을 했기 때문입니다. 하지만 그는 좌파 리버테리언 운동에서 지도적 인물이었습니다.[15]

존 듀이[미국의 철학자이자 교육자]도 민중 교육에 적극 참여했고 그 교육의 일부는 대안 학교를 세우는 것이었습니다. 듀이는 진보적인 시절, 지역 발전 프로그램 등을 실천하기 위하여 제인 애덤스[미국의 사회노동가이고 참정권 확장론자]와 시카고의 여러 사람들과 함께 일했습니다. 사실, 개혁 학교 운동은 여기에서 비롯되었고, 이 같은 민주적 헌신과 산업민주주의에 대한 헌신을 매우 많이 이끌어냈습니다. 이런 것들이 존 듀이 운동의 핵심이었습니다.[16]

이런 학교가 세계 곳곳에 세워졌습니다. 예를 들어, 영국의 경우 옥스퍼드 대학교를 비롯한 대형 대학교 산하의 여러 칼리지가 노동자계급 칼리지입니다. 이 칼리지들은 노동운동에서 생겨났고, 노동자 교육을 목표로 합니다. 미국의 보스턴 지역만 하더라도 케이프 코드 커뮤니티 칼리지가 있습니다. 이 대학은 다른 많은 커뮤니티 칼리지처럼 대중교육에 관심이 있는 사람들을 교수로 두고 있습니다. 커뮤니티 칼리지와 도심의 대학에는 노동자계급 학생들이 많고, 이 학생들은 대중과 접촉하는 좋은 방법이 될 수 있습니다. 많은 운동권이 이런 교육 방식을 선택했고, 그 때문에 전국 곳곳의 커뮤니티 칼리지에서 가르치는 좌파 인사들이 많습니다.

따라서 당신 말은 옳습니다. 정말로 이런 일에 더 많은 노력을 기울여야 합니다. 이것은 우리가 필요로 하는 대중운동을 재건하기 위한 아주 중요한 조치가 될 것입니다.

제3당 정치

청중 2 운동권이 이 시점에 추구할 전략으로서 선거 과정에 적극 참여하는 것에 대해서는 어떻게 생각하십니까? 만약 우리가 궁극적으로 바꾸고자 하는 것이 경제의 근본 구조라면, 선거는 우리가 노력해볼 만한 실용적인 방법이 아닐까요?

ㅡ 선거 과정에 개입하는 것은 가능합니다. 하지만 권력에 위협이 될 만큼 사회에서 왕성하게 활동하는 대중적 세력이 있어야만 성과를 낼 수 있을 것입니다.

예를 들어 1935년의 와그너법^{Wagner Act}〔노동관계법〕은 처음으로 미국 노동자들에게 노동조합을 설립할 권리를 주었습니다.[17] 이 법은 오랜 시간이 걸려 ㅡ대부분의 유럽 국가에서는 이미 50년 전쯤 이 권리를 얻었습니다ㅡ 의회의 투표를 통과했습니다. 하지만 이 법이 의회에서 통과된 것은 프랭클린 루스벨트가 그 법을 좋아하거나 그가 자유주의자여서가 아니었습니다. 사실, 루스벨트는 보수주의자이고, 노동자에게 특별한 관심도 없었습니다.[18] 와그너법은, 사회의 권력층이 노동자들에게 뭔가를 주는 게 더 낫고, 그러지 않으면 진짜 곤란한 문제가 발생할 것이라고 깨달은 탓에 통과된 것입니다.

이렇게 하여 노동자들은 노조를 결성할 권리를 얻었습니다. 이 권리를 지키기 위해 싸울 의지가 있는 한에서만 이 권리를 유지할 수 있었습니다. 하지만 노동자들은 충분히 싸우지 않았고, 권리를 상실했으며, 이제 더 이상은 권리를 행사할 수 없습니다.

이렇게 볼 때, 선거 과정을 통해 뭔가를 얻을 수는 있겠지만 선거 과정은 피상적인 현상일 뿐입니다. 이것이 의미를 가지려면 사회에서 다른 일들이 많이 일어나야 합니다.

칠준1 실행 가능한 노동당을 추진하는 방법으로서 비례대표제를 미국에 도입하는 건 어떻게 생각합니까? 노동당은 일반적으로 더 많은 민중의 관심사를 표현하고 정치적 토론의 폭을 확대할 수 있습니다.〔비례대표제는 각 선거구의 다수 득표자가 아니라 각 당의 득표율에 따라 의석을 배분하는 선거 제도를 말한다. 이것은 정당 확산을 부추기고, 소수자 투표를 더 잘 대표할 수 있다.〕[19] 캐나다에는 노동당이 있습니다. 그 덕분에 캐나다 사람들은 가령 노동자 문제에서 미국인이 대체로 놓치는 이슈에 좀 더 쉽게 접근할 수 있습니다.

— 그래요. 캐나다는 흥미로운 경우입니다. 미국과 흡사한 사회인데 몇 가지 다른 점이 있지요. 캐나다는 훨씬 더 인간적입니다. 상법과 자본주의 제도 등은 미국과 똑같지만 훨씬 더 인간적인 곳입니다. 미국에는 없는 일종의 사회계약, 예를 들어 국민건강보험 제도가 있습니다. 캐나다의 건강보험은 우리 미국을 비참해 보이게 만드는데, 그 제도가 무척 효율적이기 때문입니다. 나는 이것이 노동자 계층에 기반을 둔 정당이 있는 것과 관련이 있다고 생각합니다. 캐나다의 신민주당〔NDP〕은 진정한 노동당은 아니지만 다소간 노동자에 기반을 두고 있습니다. 그렇지만 이 정당이 캐나다 정치

판에 들어간 것은 비례대표제의 결과가 아닙니다. 처음에는 비례대표제 비슷한 어떤 제도적 변화가 필요하다는 인식에서 출발했지만, 바로 민중 조직의 활성화 때문이었습니다.

만약 권력층이 무시 못 할 만큼 강력한 정치운동이 있다면, 그 운동은 어떤 형태로든 기존 제도 내에 수용됩니다. 노동조합을 설립할 권리를 인정한 와그너법이 그런 경우입니다. 하지만 정치운동이 소극적으로 변하고 퇴보한다면 권리는 더 이상 중시되지 않을 것입니다. 따라서 비례대표제 같은 것을 추구하는 것은 그것이 폭넓은 조직의 캠페인이 될 때 비로소 가치가 있습니다. 만약 그것이 몇 사람을 의회에 진출시키는 노력에 불과하다면, 결국 시간 낭비일 뿐입니다. 내 말은, 만약 당신이 당신을 대변하는 의원들을 지속적으로 강제할 수 없다면 몇 명 당선시켜봐야 별 소용 없다는 뜻입니다. 또 의원들은 당신이 힘세고 구속력 있는 존재일 때에만 당신의 대표 역할을 계속할 것이고, 만약 당신이 그렇지 못하게 되면 그들은 대표 역할을 멈출 것입니다.

이것은 여러 시대를 거쳐 오면서 이해된 바입니다. 따라서 미국 헌법과 권리장전의 틀을 마련한 제임스 매디슨의 시대로 거슬러 올라가 보면 그는 '문서 장벽parchment barrier'이라는 말로 그것을 설명했습니다. '문서 장벽'으로는 억압을 막을 수 없다는 것입니다. 종이에 뭔가 써서 법률화하는 행위는 그 자체로는 무의미하다는 겁니다. 당신이 무언가를 위해 투쟁한다면 그것을 현실로 바꿀 수 있지만, 그게 아니라면 그저 종이 위의 글자로 남을 뿐입니다.[20] 내 말은, 스탈린의 헌법도 다른 국가의 헌법만큼 훌륭했지만 결국 '문서 장벽'에 불과했다는 겁니다. 의회에 비례대표 의원을 보내는 것을 비롯한 다른 모든 정치 행위도 마찬가지입니다.

만약 당신이 보스턴 사람이라면 게리 스터즈[매사추세츠의 자유주의적 하원의원]에게 투표할 테고, 그는 의회에서 훌륭한 일을 할 것입니다. 하지만 그 역시 NAFTA에 찬성표를 던졌습니다. 많은 유권자들의 의지에 어긋나는 행위였습니다. 물론 유권자들이 그에게 자신들의 뜻을 정확하게 알렸는지는 불분명하지만 말입니다. 전국에서 일어난 NAFTA 반대 운동은 영향력이 컸고 내 예상보다 훨씬 더 치열하게 진행되었습니다. 하지만 게리 스터즈 같은 사람들이 동조할 만큼 충분하지는 않았습니다. 스터즈는 나 같은 사람이 선거본부에 성금을 냈을 만큼 훌륭한 인물입니다. 하지만 여러 압력들을 고려했을 때, 결정적으로 그를 포섭할 만한 민중운동은 없었던 것입니다.

내 생각에 이것은 무지개연합[제시 잭슨이 이끈 진보적 정치 단체]의 문제이기도 합니다. 제시 잭슨은 무지개연합을 이끌던 2년 전만 하더라도 강력한 위치에 있었고, 그에게는 선택권이 있었습니다. 그의 선택은, "이 기회를 이용하여 선거가 끝난 뒤에도 지속적으로 활동할 풀뿌리 조직을 만들까? 아니면 나 자신의 정치적 성장을 위한 개인적 발판으로 삼을까?" 하는 것이었습니다. 그는 후자를 선택했고 그리하여 이 단체는 없어졌습니다. 따라서 완전히 시간 낭비였습니다. 캠페인에 시간을 쏟아부은 사람들은 아까운 시간만 날렸는데, 제시 잭슨이 그것을 선거 발판으로 이용해버렸기 때문에 그들은 뜻을 이룰 수 없었습니다. 누군가가 '대통령이 되고 싶다'고 말할 때는 잊어도 됩니다. 설사 대통령이 된다 해도 조지 부시와 별로 다르지 않을 것입니다.

내가 보기에, 오늘날 미국에서 비례대표제를 실시하는 것은 본질적으로 별 영향이 없을 것이고, 영향이 있더라도 근본적으로 보잘것없을 것입니다. 그것을 활용할 여건이 전무하기 때문입니다. 다른 한편, 만약 1980년 후반의 아이티처럼 민중의 풀뿌리 조직이 발전한 상황에서 비례대표제가 실시된다면 그것은 차이를 만들어낼 겁니다. 그러니까 비례대표제의 실시보다는 이를 뒷받침할 수 있는 상황을 먼저 확보하는 것이 중요합니다.

따라서 내 생각에, 뭔가를 추진하기 위해 이런 것을 조직화 도구로 이용하는 것은 괜찮을 것입니다. 하지만 제도 자체에 집착하는 것은 시간 낭비일 뿐입니다. 단순히 대규모 민중 투쟁의 일부로 고려한다면 그건 의미가 있습니다. 그러니까 애를 써야 하지만, 그 목적이 몇 마디 법률 조문을 종이 위에 써넣거나 몇 명을 의회로 진출시키는 것이 되어서는 안 됩니다. 민중에게 법제화의 중요성과 그것을 지키기 위해 계속 싸워야 한다는 것을 이해시키는 것이 훨씬 더 중요합니다. 네, 그래야 의미가 있을 수 있습니다.

청중2 그럼 당신은 미국에서 제3당을 발전시키는 것이 가치가 있다고 생각합니까?

— 물론입니다. 나는 그것이 아주 중요한 단계가 될 수 있다고 생각합니다. 다시 캐나다를 예로 들어봅시다. 왜 캐나다에는 건강보험 프로그램이 있습니까? 1960년대 중반까지 캐나다와 미국에는 자본주의적 의료 서비스가 있었습니다. 대단히 비효율적이고, 엄청난 관료주의에다 관리 비용은 어마어마했으며, 수백만 명의 사람들이 건강보험 혜택을 받지 못했습니다. 클린턴 행정부의 '관리된 경쟁managed competition' 제안[1993년에 제출된 것]은 이런 불합리한 현상을 더욱 증폭시켰습니다.[21] 하지만 1962년, 캐나다의 신민주당과 노동조합은 자신들의 영향력이 강력하게 발휘되는 서스캐처원 지역

에서 지금까지 미국과 남아프리카를 제외한 세계의 모든 선진국들이 시행하는, 일종의 합리적인 건강보험 프로그램을 추진할 수 있었습니다. 그런데 말이지요, 서스캐처원이 처음 프로그램을 실시하자 의사, 보험회사, 기업체는 모두 못해 먹겠다고 아우성을 질렀습니다. 하지만 이 프로그램이 무척 효율적이었기 때문에 곧 다른 지역도 똑같은 것을 원했고, 건강보험제도는 2년 만에 전국으로 확산되었습니다. 주로 노동조합과 페미니스트 운동 같은 운동조직을 엄호한 캐나다의 신민주당이 여러 세력을 결집하여 강력하게 밀어붙였기 때문입니다.

지금, 미국에도 수많은 민중 조직이 있지만 모두 뿔뿔이 흩어져 있으며, 그것들을 결합시킬 틀이 없습니다. 따라서 민중 기반의 제3당을 발전시키는 일은 그런 방향으로 나아가는 아주 중요한 단계가 될 수 있고, 나는 당연히 제3당을 추구해야 한다고 생각합니다.

사실, 심지어 격려할 만한 발전적인 현상이 최근에 싹트고 있습니다. 나는 지금 신당의 출현을 생각하고 있는데, 이 당은 다소간 캐나다의 모델을 뒤따르려고 애쓰고 있습니다. 거듭하여 말하거니와 나는 정치 시스템을 통해 일하는 것에 어떤 환상도 품고 있지 않고, 정당에 별로 열광하지도 않습니다. 하지만 신당은 정말로 내가 미국에서 진지하게 생각한 첫 번째 제3당 대안입니다. 아주 신중하게 풀뿌리 조직을 만들어내려 애쓰고, 으레 그래야 하는 방식대로 정치를 사용하고, 결국은 진정한 영향을 미칠 수 있을 정도로 나아갈 것을 목표로 삼고 있습니다. 신당은 구조적 개혁을 이루어내지 못할 것입니다. 그것은 훨씬 더 큰 변화, 제도권의 변화를 요구하기 때문입니다. 신민주당이 1990년 온타리오에서 집권했을 때도 그들은 아무것도 이루지 못했고, 통상적인 우익 정책을 그대로 수행했습니다. 다음 선거

미국에는 수많은 민중 조직이 있지만 모두 뿔뿔이 흩어져 있으며,
그것들을 결합시킬 틀이 없습니다.
따라서 민중 기반의 제3당을 발전시키는 일은 그런 방향으로 나아가는
아주 중요한 단계가 될 수 있습니다.

〔1993년〕에서 그들은 완전 참패했고, 아무도 그들을 불쌍히 여기지 않았습니다. 하지만 이런 한계를 감안한다고 하더라도, 나라에 이런 정당이 있다는 것은 중요하다고 생각합니다. 민중 생활을 개선하는 데 도움이 될 가능성이 높고, 확실히 더 큰 변화를 추진하는 기반이 될 수 있습니다.

사실, 이러한 사고방식은 일반적으로 선거 정치까지 확대 적용될 수 있습니다. 현재 미국에서 투표 결정은 상당히 미묘한 전술적 문제이고, 민주, 공화 양당의 정책 차이는 별로 크지 않습니다. 하지만 내가 '전술적'이라고 말했다고 하여, 이것을 깎아내리자는 것은 아닙니다. 사람들에게 심각한 영향과 문제를 안겨주는 의사결정은 대체로 전술적 판단입니다. 마찬가지로 우리는 미래 사회가 어떤 모습이 되어야 할지 대토론회를 열 수 있지만 지금 당장 인간의 삶에 어떤 영향을 주지는 못합니다. 줄 수 있더라도 지극히 간접적인 영향일 뿐입니다. 일상적인 삶에서 일어나는 일은, 으레 시간과 에너지를 어디에 투입할지 결정하는 사소하고 까다롭고 전술적인 판단에 달려 있습니다. 그런 결정 가운데 하나는 어느 당에 투표할 것인가, 당을 정했다면 어떤 후보에게 투표할 것인가 등입니다. 이것은 상당한 의미를 내포한 아주 중요한 결정이 될 수도 있습니다.

이를테면 전국 규모 선거〔1996년 대통령 선거〕가 곧 다가오고 있습니다. 나는 이런저런 후보에게 투표하라는 여러 주장들을 잘 이해하지 못하지만, 이렇게 말한다고 해서 그런 판단이 하찮다는 얘기는 아닙니다. 실제로는 아주 중요하다고 생각합니다. 나는 마지못해 클린턴에 투표할 생각이지만 이건 정책 쟁점과 아무 상관이 없습니다. 나는 양당의 정책에서 큰 차이를 발견할 수 없습니다. 그렇지만 사법부의 인사이동에는 양당이 차이가 있습니다. 이런 문제에 대해서는 공화당과 민주당 사이에 차이가 있고, 누구를 판사로 임명하느냐의 문제는 민중의 삶에 큰 영향을 주게 됩니다.

큰 그림을 바라본다면 이것은 작은 차이일지 모르지만 기억해둘 필요가 있습니다. 법원에는 엄청난 권력이 있고, 법원에서의 미세한 차이는 실제로 민중의 차원으로 내려왔을 때 커다란 차이가 될 수 있습니다. 소득세 공제[가난한 근로자와 가족을 위한 세금 환급 프로그램]에도 작은 차이가 있을 수 있습니다. 그래요, 세금 환급은 이를테면 보스턴 시내에서 굶주린 채 돌아다니는 아이들의 부모에게 많은 차이를 가져다줍니다. 그래서 이번 대통령 선거에서 나는 썩은 냄새에 코를 부여잡으면서도 클린턴을 찍기로 결정했습니다. 우리 정치 제도의 상층부가 일반적으로 부패해 있다는 것이 나의 생각입니다.

실제로 제3당이 이런 상황에 대응하는 방법은 '연합' 후보를 내세우는 것입니다. 무슨 말인가 하면, 자신의 입장, 예를 들어 사회민주주의 형태의 프로그램을 대변하는 제3당의 방침에 입각하여 양당 후보 가운데 이런 방침에 가까운 사람에게 투표하는 것입니다. 몇몇 선거구에서는 이것이 가능합니다. 제3당이 원래의 정책 정체성과 약속을 유지하는 일종의 타협적 방법인데, 사람들은 이런 작은 전술적 투표권을 행사하여 진정한 차이를 만들어낼 수 있습니다. 내 생각에 이것은 아주 그럴듯한 타협안입니다.

3 투쟁의 방식과 생존의 조건을 말하다

|

제퍼슨은 이렇게 말했습니다. "만약 '은행과 돈 많은 법인(기업)'이
막강한 권리를 확보하게 된다면, 우리가 미국 독립전쟁 당시 맞서 싸웠다고
생각하는 것(군주제)보다 훨씬 나쁜 절대주의 체제에 직면하게 되리라"고 말입니다.
기업의 권리는 그냥 일방적으로 부여된 것과 다름없습니다.
기업은 또 다른 세계를 만들어냈고,
아주 새로운 절대 권력의 세계를 창출했습니다.

|

불매운동

참조 1 제3세계를 가장 적극적으로 착취하는 유나이티드프루트 사United Fruit Company[후에 '치키타Chiquita'로 이름을 바꿈] 같은 기업을 직접 압박하는 소비자 권리를 행사하는 것, 예를 들어 바나나 또는 커피 불매운동을 벌이면 기업 권력을 약화시킬 수 있다고 생각하십니까?

— 불매운동을 벌이는 사람들이 소수라면 어떤 영향도 주지 못할 것입니다. 코스타리카의 동부 지역에서 바나나를 따는 사람들이 내일 자녀의 식비를 걱정해야 하는 상황을 만들어낼 뿐입니다. 하지만 기업을 압박할 만큼의 대규모 운동으로 확산된다면 그것은 확실히 중요한 대책이 될 수 있습니다.

가령 당신이 소비를 전부 중단했다고 가정해봅시다. 미국의 많은 지역에서는 농업으로 자급하며 살아갈 수 있고 당신도 그렇게 살아가기로 했다고 칩시다. 그럼 이것이 사회에 어떤 영향을 미칠까요? 당신이 자살한 거나 다름없는 결과가 나올 겁니다. 당신이 이 세상에 없어도 사회는 그저 예전처럼 흘러갈 것입니다. '세상으로부터 은둔하여 고결한 생활을 함으로써 진정으로 변화를 일으키자'는 다른 행동들도 사회적인 자살행위나 다를 바

없습니다. 지나치게 극단적이긴 하지만 사람들은 이 모습을 목격하고 관심을 기울이고 참여해올 것이기 때문입니다. 따라서 어쩌면 그런 행동은 자살보다는 좀 나을지 모릅니다. 하지만 훨씬 나은 것은 아닙니다. 사실, 그것이 자살과 구분되는 것은 오직 그러한 행동을 조직화의 도구로 사용할 때뿐입니다.[22] 그렇지 않다면 사실은 자살이나 다름없습니다.

청중 2 불매운동이 통합되어 대규모로 벌어지면 선생님은 그것을 하나의 전술로 옹호하시겠습니까?

— 전술은 당신이 어떤 상황에 놓여 있느냐에 따라 달라집니다. 내 생각에, 추상적으로 불매운동이 매우 가치 있다고 말할 수는 없을 것 같군요. 물론 불매운동이 유익할 때도 있을 겁니다. 하지만 일반적으로 보면, 솔직히 말해 큰 의미가 있다고 보지 않습니다.

가령 수백만 명의 사람들이 불매운동을 시작했다고 가정합시다. 어떤 일이 일어나겠습니까? 경제 시스템은 지금처럼 기능을 발휘하지 못할 것입니다. 내 말은, 현대의 경제 시스템은 완전한 재앙, 완전히 재앙과 다를 바 없는 실패작이라는 겁니다. 예컨대 국제노동기구(이하 ILO)는 최근 전 세계적으로 실업자의 비율을 추정하여 발표했는데, '실업'을 생계를 유지할 만

---

22 보이콧과 행동주의에 대한 데이비드 바사미언의 질문에 촘스키는 이렇게 대답했다. 《공공선을 위하여》, 시대의창, 2013, pp. 84-85.) "바사미언: 갭, 디즈니, 나이키, 리복 등 전 세계에서 노동력을 착취하는 기업들의 만행을 알리는 적극적인 캠페인이 간혹 보입니다. 선생님은 이런 캠페인이 조직적인 운동으로 발전하리라고 생각하십니까? / 촘스키: 꽤 좋은 캠페인이라고 생각합니다. 하지만 질문은 잘못된 것이라 생각합니다. 적어도 내 생각에는 그렇습니다. 전통적인 마르크스주의 정치를 상당히 훼손시키는 질문이라 생각하기 때문입니다. 우리가 세상이 어떻게 움직이는가에 대해 차근차근 하나씩 배워갈 때 세상에 대한 구조적인 의문도 자연스레 생기게 마련입니다. 예컨대, 아이티 사람들이 미국 부자들의 지갑을 채워주려고 시간당 2센트로 노동한다는 사실을 알게 된다면, 이런 깨달음은 전반적인 권력 구조에 대한 의문으로 자연스레 이어지지 않겠습니까!"

큼 충분히 일하지 못하는 것으로 정의했습니다. 따라서 길거리에서 손수건을 파는 사람은 생계를 유지할 만큼 충분히 일하는 건 아니기 때문에 실업자나 다름없습니다. ILO는 세계 인구의 약 30퍼센트가 실업자라고 추정하는데 이것은 대공황 때보다도 훨씬 나쁩니다.[23] 이처럼 세계 경제는 어려운 상황입니다. 그런데 말이지요, 지금 세계에는 할 일이 엄청나게 많고 어디를 둘러보아도 해야 할 일 천지입니다. 그리고 실업자는 맡겨만 준다면 그 일들을 기꺼이 하려 할 것입니다. 따라서 엄청나게 많은 실업자와 무수한 일자리, 이 두 가지를 적절히 연결시키는 것이 중요합니다. 그런데 현재의 경제 시스템은 그걸 못하고 있는 겁니다. 그래요, 경제 시스템은 재앙과 다름없는 실패작입니다. 불매운동은 이 실패를 극복할 수 없을 뿐만 아니라 한층 더 악화시킬 뿐입니다.

따라서 불매운동은 어느 시점에서는 전술적 가치가 있을 겁니다. 그렇지만 정말로 필요한 것은 경제의 상호작용과 구조를 철저히 재고하여 바꾸는 것입니다. 이것 말고는 경제의 전반적이고 총체적인 실패를 극복하는 다른 방법이 없습니다.

'프락시스'

청중1 촘스키 박사님, 당신이 자본주의와 미국 외교정책의 파멸을 예리하게 분석한 것을 들었을 때, 그리고 오늘처럼 행동주의의 실질적인 문제에 대한 당신의 전망을 들었을 때, 나는 종종 당신의 조언이 막연한 일반론이라는 생각이 듭니다. 구체적인 프로그램이 거의 없는 것 같아요. 요즘처럼 사람들이 방향을 잃고 헤맬 때, 사람들에게 구체적으로 어떻게 행동할지에 대해 좀 더 많은 지침을 주는 것이 유익하지 않겠습니까? 내 말의 요점은, 나는 당신의 정치철학에서 혁명적인 '프락시스^{praxis}(구체적 실천 - 옮긴이)'를 발견하지 못한다는 것입니다. 그 이유가 궁금합니다.

— 방금 내게 '프락시스'가 없다고 말했는데, 나는 정확히 그게 무슨 뜻인지 알지 못합니다. 할 일은 많이 있습니다. 나는 그것들을 그럴듯한 감언이설로 설명할 생각이 없습니다. 우리는 다음 단계로 나아갈 수 있는 갖가지 일을 할 뿐입니다. 실천에는 일반적인 공식 같은 것이 있을 수 없습니다. 먼저 운동가는 이런 질문을 던집니다. '나는 지금 어디에 있는가? 현존하는 문제는 무엇인가? 사람들은 어디에서 움직일 준비를 하고 있는가?' 이런 질문을 바탕으로 운동가는 행동에 나서게 됩니다. 사람마다 받아들일 수 있는 행동의 범위가 다르고, 그래서 일의 우선순위를 일률적으로 얘기할 수 없습니다. 사람마다 다르게 판단하기 때문입니다.

누군가가 '프락시스'로 접근하면 나는 곧바로 그 사람을 의심합니다. 심지어 어떤 공식은 이렇게까지 말합니다. "이게 바로 우리가 가정한 방식이야." 만약 내가 당신이라면 나는 진짜 의심부터 하겠습니다.

노동조합 파괴 작전

철중2 노엄, 나는 노동자의 산업재해 보상을 위해 싸우는 사람들을 많이 알고 있는데, 그들은 가끔 이렇게 말합니다. "만약 다른 노동자들과 단결하여 변화를 추진한다면 나는 곤경에 빠져 실직하게 될 것이다. 내가 나 자신을 챙기는 것 말고 뭘 할 수 있겠는가?" 그들은 단결을 선택하려 하지 않고, 누구도 그것에 대해 얘기하는 것을 좋아하지 않습니다. 단지 이렇게 말할 뿐입니다. "나는 머리를 처박고 몸을 숨긴 채 주위를 경계할 수 있을 뿐이다. 다른 사람에게 결코 충성하지 않을 것이고 또 다른 노동자를 지지하지도 않을 것이다." 그들도 어찌할 수 없는 상황이 있는 것입니다. 나는 이런 말들에 어떻게 대응해야 할지 몰라 정말 답답합니다.

― 그래요, 그들을 위해 싸울 만큼 강력한 조직 ―이 경우 노동조합 ―이 없다면 정말로 해답은 없습니다. 만약 당신에게 연대와 조직이 없고, 혼자서 거대한 권력 시스템과 싸운다면, 당신이 할 수 있는 일은 별로 없습니다. 그건 마치 군사정권 하의 아이티 거리를 걷고 있는 당신에게 누군가가 다가와 "어떻게 행동해야 할까요?"라고 물을 때, 그 사람에게 "경찰서를 습격하라"고 말하는 것만큼 유익하지 않습니다.

이 사람들이 노동자의 산재 보상을 위해 할 수 있는 일은 강력한 조직에 참가하는 것뿐이고, 이 경우에는 노동조합을 뜻합니다. 또는 어쩌면 미 전국법률가조합 National Lawyers Guild 〔진보적 법률 조직〕 출신의 누군가에게 법적 구조를 통해 도와달라고 요청할 수도 있습니다. 하지만 당신을 보호해줄 단체의 일원이 될 수 없다면, 당신이 할 수 있는 일은 그다지 많지 않습니다. 바로 이런 사정을 꿰뚫어보고 있기 때문에 업계와 정부는 노동조합을 타도하기 위해 열심히 노력해왔습니다. 무슨 말이냐 하면, 와그너법이 처음 통과된 1935년 이래, 미국에서는 노동운동을 파괴하고 이 골치 아픈 법률을 처치하려는 캠페인이 지속적으로 있었다는 것입니다. 그들이 이렇게 집착하는 이유도 충분히 알 만합니다. 민중을 고립키려는 것이지요. 만약 저마다 고립되어 있다면 민중은 무력해지고, '나는 나 자신만 돌보면 돼'라고 생각할 겁니다. 그러면 관심사가 협소해지고, 곧 억압이 뒤따르게 됩니다. 하지만 민중의 힘이 다른 방향으로 흘러갈 때도 있습니다. 다른 사람들과 힘을 합쳐 조직을 형성하면, 사람들은 연대 의식과 공감이 커지고, 그러면 억압을 무너뜨릴 수 있습니다.

사실, 이 모든 것은 다시 제임스 매디슨의 주장으로 되돌아갑니다. 노동자들이 노조 결성을 시도한다는 이유로 그들을 해고할 수 없다고 명문화한 '문서 장벽'이 있고, 해고를 불법화하는 연방법이 있습니다. 하지만 어떤 이유에서든 사람들이 이 법을 유지하기 위해 단결하여 투쟁하지 않았던 탓에 정부는 더 이상 그 법을 시행하지 않고 있습니다. 내 말은, 노동운동을 하는 노동자들이 해고될 수 있다고 말하는 이유는 정부가 관련 법을 시행하지 않는 범죄를 저지르기 때문이라는 겁니다. 따라서 고용주는 노동자의 머리 위에서 이런 진짜 무기를 휘두르고 있고, 이것은 당신이 말하듯이 아주 강력한 무기인 겁니다.

실제로 며칠 전《비즈니스위크》에는 이런 현상에 관한 흥미로운 기사가 실렸습니다. 미국 노동조합의 몰락에 관한 것인데, 크게 강조하지 않으면서 지나치는 듯한 어조로, 미국 노동조합이 몰락한 것은 특히 1980년대 불법 해고가 급증했기 때문이라고 지적했습니다. 와그너법에 따르면 해고는 단연 불법이었지만 연방 정부가 범죄를 저지른 탓(단속하지 않은 탓)에 무더기 해고가 가능했습니다. 산업재해 문제도 마찬가지였습니다. 산업재해는 1980년대에 급증했는데, 레이건 행정부가 산업 안전을 규제하는 법을 시행하지 않았기 때문이었습니다. 아주 공공연했습니다. 그래서《비즈니스위크》는 몹시 노골적으로 이렇게 논평했습니다. "그것은 '불법 해고'지만 아무도 그것을 쉬쉬하지 않는다."[24]

^{청중2} 미국의 고용주는 노동자들을 '마음대로' 해고할 수 없지 않습니까?

— 그렇지요, 법적으로는. 만약 노동자들이 노조 결성을 시도한다는 이유로 그들을 해고한다면 그건 법에 어긋나고, 명백히 불법입니다.[25]

^{청중2} 하지만 증명하기가 어렵습니다.

— 입증하기 어렵습니다. 만약 정부가 기소하지 않는다면, 또는 법원이 심리하지 않는다면, 또는 전국노동관계위원회^{National Labor Relations Board}가 당신 사건을 5년이 지나서야 겨우 심리한다면, 그 행위를 입증하기가 더욱 어렵겠지요. 그동안 노동자들은 회사를 떠나거나 굶어죽거나 할 겁니다. 이 모든 것들은 입법을 기피하는 국가 범죄의 다양한 사례입니다. 사실, ILO는 미국이 국제 노동 기준을 어기는 것을 비난한 적이 있었는데, 미국은 지금까지 ILO가 비난한 유일한 산업국가입니다. 좀 이례적인 일이었지요. 왜냐하면 ILO는 유엔의 기관이고, 미국이 분담금을 많이 내고 있기 때문입니다. 유엔은 결코 직원 급여를 지원하는 사람들을 나쁘게 말하지 않습니다. 하지만 1991년 ILO는 캐터필러 파업 당시 국제 노동 기준을 어긴 미국을 비난했습니다. 미국 정부가 캐터필러 사측이 구사대^{scab}〔파업을 깨트리는 노동자〕를 불러 파업을 중단시키는 것을 허용했던 때였지요.[26]

　이런 일은 빌 클린턴 정부에서도 일어났습니다. 1992년 클린턴이 노동계의 지지를 많이 받은 캠페인 이슈 가운데 하나는 고용주의 비조합원 고용을 법률로 불법화하겠다는 것이었습니다. 비조합원을 고용하면 근본적으로 어떤 파업이든 붕괴될 수 있으니까요. 여기, 방대한 실업자 세력이 있는데 그들은 노동자계급 연대 의식이 없으며 이 엄청나게 많은 사람이 실업으로 좌절해 있다고 해봅시다. 당신이 파업을 계속하는데 비조합원이 당신을 대체해버리면 어떻게 될까요? 바로 파업은 끝장난 겁니다. 비조합원 고용은 파업을 붕괴시킵니다.

현재, 이런 일은 전례가 없고, 어떤 현대 국가도 이를 허용하지 않습니다. 사실 ILO가 미국을 비난하던 당시 미국과 남아프리카만이 비조합원 고용을 허락했으나 지금은 온갖 이유를 들며, 특히 영국에서 널리 퍼지고 있습니다. 1992년 클린턴의 캠페인이 약속한 것 중의 하나는 이런 관행에 제동을 걸겠다는 것이었는데, 지금 그는 필리버스터[일부러 논쟁을 길게 끌면서 의회의 입법을 방해하는 관습]의 압력으로 당초의 입장에서 몇 발짝 물러서 있습니다. 입법을 추진하던 의원들은 잘잘못을 떠나, 필리버스터를 극복할 수 없다고 얘기했고, 따라서 그는 입법을 중단했습니다.[27]

똑같은 얘기가 반복되는 것에 지나지 않습니다. 비조합원 고용을 불법화하는 법은 이미 제정되어 있습니다. 하지만 민중이 그것을 위해 투쟁할 의지가 있어야만 법률이 시행될 수 있고, 그렇지 않다면 종잇장에 불과합니다. 내 말은, 법이 당신의 권리를 위해 투쟁하는 것을 도울 수 있다는 점은 좋지만, 그렇다고 해서 법이 당신에게 권리를 거저 주는 것은 아니라는 얘

---

26 미국 법원은 때때로 노동자 권리를 억압하는 일에 일조했다고 솔직하게 시인했다. 촘스키는 이런 솔직함에 대하여 이렇게 논평했다. "이런 솔직함은 이례적인 일이다. '정부'가 말하는 '시장의 법칙이 지배한다' 또는 '시장의 체제는 다원주의적'이라는 말은 모두 거짓이다. 부자들이 의회와 법원 덕에 자신들 마음대로 만들어낸 법칙에 가난한 사람들이 복종하고 있는 것이다." Chomsky, *Z Magazine*, May 1995, p. 22.

기입니다. 법은 법전에 기록될 수도 있지만 물거품이 될 수도 있습니다. 이 경우처럼 말이죠.

세계 어느 곳에서나 노동조합을 파괴하려는 수많은 계략들이 있습니다. 이를테면 마거릿 대처[1979~1990년 영국 총리] 시절 영국은 여러 면에서 레이건 행정부와 흡사했고, 노동운동을 붕괴하기 위해 갖은 노력을 기울였으며 지금까지 상당한 성공을 거두었습니다. 미국만큼 심하지는 않지만 그런 방향으로 나아가고 있습니다. 과거 노동운동은 캐나다에서와 마찬가지로 영국에서도 강력했습니다. 사실, 영국의 노동운동은 제2차 세계대전 이후 여러 면에서 현대의 사회 개혁 흐름을 이끌어왔습니다. 하지만 영국의 경영자들은 노동자가 조합원이냐 아니냐에 따라 임금을 달리 줄 수 있습니다. 달리 말해, 경영자들은 이렇게 얘기할 수 있습니다. '당신이 노동조합에 가입하지 않으면 임금을 올려주고, 조합에 가입하면 임금을 낮출 것이오.' 이건 노동조합 유지에 치명타가 아닐 수 없습니다.

영국에서 써먹는 또 다른 계략을 예로 들어봅시다. 정말 노동조합 결성에 치명적인 것입니다. 노동조합비는 전통적으로 임금에서 공제했습니다. 사람들이 월급 일부를 노동조합비로 공제하는 것에 동의한 것입니다. 임금 일부가 사회보장연금으로 공제되는 것과 마찬가지입니다. 그런데 영국의 존 메이저 보수당 정부는 새로운 행정절차를 통과시켰습니다. 이에 따르면 모든 노동조합원은 조합비 공제 승인을 정기적으로 갱신해야 합니다. 그러니까 전국 600만 명의 조합원들이 주기적으로 이런 내용의 진술서에 서명해야 된다는 뜻입니다. '나는 계속 공제하는 것에 동의합니다.' 당연히 엄청난 부담입니다. 주류 사회의 언론들도 다음과 같이 지적했습니다. '이런 절차를 은행에 적용하면 어떻게 될까? 금융기관이 돈을 빌려주고, 현재 원리금을 상환 중인 모든 사람들에게 대부 계약의 약정을 정기적으로 갱신하도록 요구한다면 금융 시스템은 아마 붕괴될 것이다.'[28] 노동계는 이런 행정 절차를 대행해줄 인력을 살 돈이 없기 때문에, 현재 무보수 자원봉사자들이 대행하고 있습니다. 따라서 노동조합의 살림을 꾸려 나가는 사람들은 으레 자원봉사자들입니다. 이 자원봉사자들이 일부러 시간을 짜내어 전국 600만 조합원들의 소재를 파악해야 합니다. 지난번에 약정서에 서명한 이후에 이사한 노동자처럼 이런저런 사유로 연락이 안 되는 노동자들을 찾아서 진술서에 서명을 받아내야 합니다. 이래야 그들의 급여에서 노동조합비를 자동 공제받을 수 있습니다.

근년에 들어와서는 세계 어디에서나 이런 일이 벌어지고 있습니다. 노조 탄압은 앞으로도 계속될 것입니다. 내 말은, 권력이 민중 조직을 파괴할 수 있는 방법은 수도 없이 있다는 뜻이고, 제3세계의 죽음의 특공대만 파괴를 일삼는 것이 아니라는 겁니다. 만약 탄압을 극복할 충분한 민중의 압력과 조직이 없다면 ─사실, 진보가 없다면─ 권력이 승리할 겁니다. 요즈음 얼마나 많은 사람들이 노조를 결성하려고 노력하는지는 잘 모르지만 단체를 결성하는 것은 무척 어렵습니다. 이것을 어렵게 만드는 장벽이 높기 때문인데 그런 장벽들은 대체로 1980년대에 많이 세워졌습니다. 분명 우리가 극복해야만 하는 장애물입니다.

도심 빈민가의 학교

^{청중 2} 노엄, 내가 아는 많은 운동권들은 생활보조비를 받고, 자녀들은 공립

학교에 다니는데 학교가 점점 감옥을 방불케 합니다. 강당에는 무장 경비원들이 서 있고, 폭력도 빈번하게 발생합니다. 내가 알기로, 학생들은 정말 잔인한데, 만성적인 우울증에 빠져 있는 건지는 알 수 없지만 아무튼 난폭하고 말과 행동이 거칩니다. 학부모 가운데 한 사람 — 상당히 급진적인 인물 — 은 내게 이렇게 말했습니다. 보수파의 '학교 선택권 운동'[국가가 공립학교를 관리하는 대신 사립학교 등록금을 보조해주는 제도]은 정말로 매력적이라는 것이었어요. 그 말에 나는 놀랐지만 그녀는 이렇게 대꾸했습니다. '좌파는 학교의 실상을 널리 알리기보다는 공립교육에 연연해하고 있어요.' 나는 당신이 이 문제를 어떻게 생각하는지 궁금합니다.

— 나는 여기에 상당한 진실이 깃들어 있다고 생각합니다. 범죄 문제 또한 그렇지요. 사람들, 특히 빈민가 사람들은 정말로 겁먹고 있습니다. 내가 살고 있는 고급 교외 지역은 그리 심하지 않지만 빈민가는 정말 놀라울 정도입니다. 당신과 자녀에게 불쾌한 일들이 일어날 수 있습니다. 사람들은 겁을 먹으면 자신을 보호해줄 뭔가를 원하게 되고, 만약 보호가 무장 경호원이나 더 많은 사형 집행 같은 뜻한다면 당신은 이런 대책을 지지할 것입니다. 만약 '자녀들이 강당에서 공격당하고 열악한 교육을 받는다' 또는 '개인적 선택' 사이에서 결정해야 하는 상황으로 선택의 폭이 좁아진다면, 물론 사람들은 '개인적 선택'을 하게 될 것입니다. 하지만 좌파의 임무는 가능한 선택의 폭을 넓혀 사람들로 하여금 다른 선택권도 있으며 남부럽지 않은 생활을 선택할 수 있다고 알려주는 것입니다. 여기서 말하는 선택은 감옥 같은 학교도 아니고, 당신의 자녀만 전학시키고 다른 모든 학생들을 감옥에 머물게 하는 것도 아닙니다. 따지고 보면 '교육의 민영화' 얘기는 이런

이기적인 생각의 발로입니다.

하지만 사람들이 대안을 모른다면, '내 아이는 전학시키겠어요'라고 말하는 게 당연합니다. 사실, 나도 똑같이 했습니다. 왜 내가 교외에 살까요? 솔직히 말씀드리면, 당신이 좀 전에 언급한 사람처럼 아내와 나도 우리 아이들을 좋은 학교로 보내고 싶었기 때문입니다. 물론 나는 그렇게 했고, 선택권이 있는 사람들은 그렇게 할 것입니다. 하지만 정말 좋은 아이디어는 사람들이 그토록 폭이 좁은, 정말로 끔찍한 선택을 피할 수 있는 시스템을 세우는 것입니다.

나는 이 시점에서 좌파가 근본적으로 대안을 제시하지 않고 있다는 것이 진실이라고 생각합니다. 좌파가 분명하게 전해야 할 메시지는 이런 것이 되어야 합니다. '자, 이것이 대안의 전부는 아닙니다. 다른 대안이 있습니다.' 그런 다음 좌파는 나머지 대안을 내놓아야 합니다. 하지만 모두 이상적인 것만은 아닙니다. 미국 도심의 빈민가 학교 역사를 살펴보세요. 아주 멀리 거슬러 올라가지 않아도, 도심 빈민가의 많은 학교들이 명문이던 때가 있었습니다. 사실, 워싱턴의 한 흑인 학교는 전국에서 대학 진학률이 최고로 높은 학교 가운데 하나였습니다.[29]

내 친척들을 예로 들어보겠습니다. 그들은 동구의 이민자이고 — 농부는 아니지만 동구의 극빈층 출신이고 — 뉴욕의 공립 고등학교를 다녔으며, 몇 명은 시립 대학에 진학하여 좋은 교육을 받았습니다. 사실, 뉴욕 시티 칼리지는 전국의 명문 학교 가운데 하나였고, 공립 학교가 명문이 될 수 없는 이유는 전혀 없었습니다.

따라서 우수한 공립 교육은 확실히 달성할 수 있는 것입니다. 물론, 다른 모든 것과 마찬가지로, 사회와 경제의 일반적 구조가 어떻게 뒷받침하느냐에 따라 달라질 것입니다. 폭력과 열악한 학교 따위가 도시를 파괴하고 있지만, 이런 것들은 우리가 아래로부터 변화시켜야 마땅한 사회적 구조 때문에 생겨나는 것입니다. 그래요, 변화의 희망을 볼 수 있을 때까지 사람들은 제시된 열악한 선택 가운데 하나를 고를 수밖에 없습니다.

복지국가 옹호

_{청중2} 노엄, 당신은 아나키스트이고, 종종 민족국가의 존재 자체를 반대한다고 말합니다. 또 국가는 진정한 사회주의와 양립할 수 없다고 생각하고 있습니다. 그렇다면 당신은 복지 프로그램과 정부의 공공 사업을 옹호하고 싶은 마음이 별로 없습니까? 우익은 이런 복지 프로그램과 사회 서비스를 공격해 철폐되기를 바라는데요.

— 아나키즘에는 다양한 형태가 있지만 아무튼 아나키스트는 궁극적으로 국가권력의 해체를 목표로 삼습니다. 개인적으로 나도 이 목표를 공유하고 있습니다. 하지만 지금은 내 목표와 정반대입니다. 예전이나 지금이나 나의 시급한 목표는 현재 심하게 공격받고 있는 국가 권위의 어떤 요소를 옹호하고 심지어 강화하는 것입니다. 나는 여기에 일말의 모순도 없다고 생각합니다. 정말입니다.

이른바 '복지국가'를 예로 들어봅시다. 이른바 '복지국가'는 본질적으로 모든 어린이에게 먹을 권리가 있고 의료보험 등을 받을 권리가 있다는 것을 인정하는 국가입니다. 앞에서 얘기한 대로, 사회복지 프로그램은 100년 동안 노동운동, 사회주의 운동 등으로 열심히 투쟁한 뒤, 민족국가 시스템 안에서 가까스로 확립된 제도입니다. 복지 프로그램을 없애야 한다는 새로운 시대정신에 따르면, 가령 강간당해 임신한 열네 살 소녀의 경우, 그녀가 낳은 아이는 복지 혜택을 받지 못함으로써 '개인적 책임'을 배워야 하는데, 다르게 말하면 충분히 먹을 것을 얻지 못한다는 뜻입니다. 경위야 어찌 되었든 나는 일이 이렇게 돌아가는 것에 찬성하지 않습니다. 아니, 어떻게 봐도 괴상합니다. 내 생각에 소녀의 아이는 도움을 받아야 마땅합니다. 오늘날의 세계에서는 국가 시스템이 개입하여 도와주어야 합니다. 이 소녀에게만 국한되는 게 아닙니다.

아나키스트의 '목표'에도 불구하고, 나는 아이들을 확실히 먹이는 것과 같은 국가 시스템의 한 측면을 옹호합니다. 그것도 적극적으로 옹호해야 한다고 생각합니다. 요즈음 서구에서 오랫동안 치열하게 싸워 얻은 정의와 인권의 승리를 수포로 돌리려는 노력이 지속되는 현상을 감안하면, 헌신적인 무정부주의자의 시급한 목표는 국가 제도를 옹호하는 것이 되어야 합니다. 또 국가 제도의 빗장을 활짝 열어 민중의 뜻깊은 참여를 유도해야 하고, 훨씬 더 자유로운 사회가 오면 그때 궁극적으로 국가 제도를 해체하도록 노력해야 합니다.

사람들의 생활을 크게 좌우하는 내일의 실제적 문제가 있습니다. 이런 프로그램을 옹호하는 것이 결코 우리의 목표는 아니지만, 그렇다 하더라도 인간의 삶에 심각하게 영향을 주는 임박한 문제를 먼저 해결해야 합니다. 나는 이런 일이 미래 사회의 목표를 반영한 급진적 표어에 맞지 않는다는 이유로 그냥 잊을 수는 없다고 생각합니다. 물론 더 깊이 있는 목표도 중요하고 계속 유지되어야 합니다. 하지만 국가 시스템의 해체는 훨씬 멀리 있는 목표이고, 발등에 떨어진 문제부터 다루어야 합니다. 현실적 시각에서 볼 때, 정치 시스템은 각종 결함도 가지고 있지만 일반 대중이 참여하고 진출할 기회가 어느 정도 보장되어 있습니다. 하지만 기업과 같은 기존의 다른 제도는 이런 기회가 아예 주어지지 않습니다. 사실, 그렇기 때문에 극우 세력은 정부 구조를 약화시키려 합니다. 만약 모든 의사결정권이 마이크로소프트, 제너럴일렉트릭, 레이시언 같은 기업의 수중에 들어가버린다면 민중은 더 이상 정치 과정에 참여하지 못하게 됩니다. 극우가 노리는 것도 바로 이것입니다.

최근에 벌어진 현상을 예로 들어봅시다. 권한 위임 — 말하자면, 연방 정부의 권력을 주 정부로 넘겨주는 것 — 에 대해 살펴봅시다. 어떤 경우에 이것은 나 또한 찬성하는 민주적 운동입니다. 중앙에 집중된 권력을 지방으로 이전하는 것이니까요. 하지만 말이 좋아 권력 위임이지 이것은 존재하지도 않는 추상적 상황에서나 가능한 일입니다. 지금 의사 결정권을 주 정부 수준으로 위임한다는 것은 사실 의사 결정권을 개인 권력에게 넘겨주는 것을 뜻하기 때문입니다.

자, 거대 기업은 연방 정부에 영향을 끼칠 수도 있고 연방 정부를 지배할 수도 있습니다. 심지어 중소기업도 주 정부에 영향을 줄 수 있고, 만약 기업이 세금우대 조치 등등을 얻지 못한다면 생산기지를 다른 곳으로 이전하겠다고 위협함으로써 감세 등의 이익을 얻을 수 있습니다. 그래서 기존의 권력 시스템 하에서 권한 위임은 대단히 비민주적입니다. 훨씬 더 평등한 시스템하에서라면 권한 위임을 통해 고도의 민주주의를 이룩할 수 있겠지만, 이것은 실제 있는 그대로의 사회를 따로 떼어놓고 논의할 수 있는 문제가 아닙니다.

그러므로 못마땅한 사회구조일지라도 먼저 그 구조 안에서 일하는 게 현실적이고 합리적이라고 생각합니다. 왜냐하면 그렇게 함으로써 여러분은 그 구조에 도전할 수 있는 위치로 옮겨갈 수 있기 때문입니다.

이런 비유를 한번 해봅시다. 나는 곳곳에 무장 경찰관들을 배치하는 것이 그다지 좋은 아이디어가 아니라고 봅니다. 반면, 몇 년 전 우리 집 애들이 아직 어렸을 때 너구리 한 마리가 동네에서 미친 듯이 아이들을 물고 돌아다닌 적이 있었습니다. '동물 보호용' 덫 등 갖가지 수단을 동원하여 너구리를 잡으려 했지만 아무 소용이 없었습니다. 결국 경찰서에 전화를 걸어 너구리를 잡아달라고 했습니다. 그게 어린이들이 난폭한 너구리에게 물리는 것보다 더 나았기 때문입니다. 여기에 어떤 모순이 있습니까? 전혀 없습니다. 특정 상황에는 가끔 비합법적인 체제도 받아들이고 활용해야만 하는 것입니다.

자, 여기서 비유를 좀 더 확대해봅시다. 우리 주위에 초대형 너구리가 미쳐 날뛰는데 그 이름은 기업입니다. 지금 우리 사회에는 연방 정부 말고는 그들의 횡포로부터 민중을 보호할 수 있는 수단이 없습니다. 사실 오늘날 정부는 민중을 별로 보호하지 않는데, 기업이 연방 정부를 관리하기 때문입니다. 그래도 정부는 제한적이나마 영향력이 있고 민중의 압력이 있으면 규제 조치를 시행합니다. 유독성 폐기물을 감소시키고, 의료보험 등에 관한 최소한의 기준을 설정할 수 있는 것입니다. 사실, 연방 정부는 이런 초대형 너구리가 사람들을 지배할 때 그것을 개선할 수 있는 다양한 수단을 가지고 있습니다. 그래요, 내 생각에 우리는 마땅히 연방 정부가 할 수 있는 일을 하도록 시켜야 합니다. 만약 정부를 통해 너구리를 제거할 수 있다면 좋은 일이고, 연방 정부 해체는 그다음에 해도 되는 겁니다. 하지만 '좋아, 가능한 한 신속하게 연방 정부를 없애자'고 하면서 개인 독재자들이 모든 것을 떠맡게 한다면, 그것은 제대로 된 아나키스트가 바라는 바는 아닐 것입니다. 나는 여기에 그 어떤 모순도 없다고 생각합니다.

나는 정부 구조의 이런 유용한 측면을 지지하는 게 인생의 복잡성을 순순히 인정하고 그것을 풀어 나가는 방법이라고 생각합니다. 인생의 복잡성을 인정한다는 것에는 주변에 많은 추악한 일들이 도사리고 있다는 사실을 인정하는 것도 포함됩니다. 만약 당신이 보스턴 시내의 어떤 어린이가 굶주리고 가난한 사람이 적절한 병원 치료를 받지 못하는 것, 어떤 사람이 유독성 폐기물을 당신 집 뒷마당에 버리는 것 등을 염려한다면, 당신은 이를 막으려 애쓸 것입니다. 이것을 중단시킬 수 있는 제도는 지금 당장 딱 하나밖에 없습니다. 바로 연방 정부입니다. 만약 당신이 순수하게 '나는 권력에 반대합니다, 이상!'이라고 말하고 싶다면, 좋아요. '나는 연방 정부를 반대합니다'라고 말하세요. 하지만 내가 볼 때 그것은 당신 자신을 인간적 관심사로부터 떼어놓는 게 됩니다. 아나키스트든 누구든 그것은 사람이 취할 합리적인 자세가 아니라고 생각합니다.

연금 기금과 법률

청중1 촘스키 씨, 만약 내가 들은 얘기가 정확하다면 미국 상장 주식의 약 절반은 노동조합 연금 기금과 같은 개인 소유의 연금신탁에 들어 있다고 합니다. 노동자들이 자신의 자금을 관리할 수 있도록 종업원퇴직소득보장법 ERISA와 같은 규제가 바뀔 수 있다면, 노동조합에 협조적이고 민중 지향적이고 사회적 책임을 지는 기업에게 그 자금을 투자하는 것이 바람직하다고 생각하십니까? 노동조합을 파괴하려 하는 기업은 철저히 배제하고 말입니다.

— 기금이 얼마나 있는지 구체적으로는 모르지만 엄청난 돈일 겁니다. 하지만 그 돈은 노동조합 수중에 없고, 투자회사인 골드만삭스에 맡겨져 있습니다. 사실, 정부가 법을 제대로 시행한다면 연금 기금의 관리자들은 심각한 곤경에 빠지게 될 것입니다. 자금을 안전하게 투자해야 한다는 법적 책임을 어겼기 때문입니다. 이를테면 그들은 당신의 연금을 멕시코의 정크본드(수익률이 높지만 위험도도 높은 채권-옮긴이)에 투자했습니다. 만약 해당 법률을 엄격하게 적용하면 투자 결정을 담당하는 사람들은 자신들이 한 행위에 법적 책임을 져야 합니다. 왜냐하면 그들은 자금을 안전하게 투자해야 할 의무를 지키지 않았기 때문입니다. 그들은 마음이 내키는 대로 투자했습니다. 하지만 그들은 곤경에 빠지지 않습니다. 왜냐하면 진정한 사법제도가 없기 때문입니다. 그저 돈 없고 힘 없는 가난한 사람들만 다스리는 것입니다. 사실, 내 생각에 노동계는 당장 이 관행에 의문을 던져야 합니다. 가령, 재무부 장관 루빈은 1994년 12월의 멕시코 경제 붕괴만으로도 감옥에 가야 마땅합니다. 그가 그 사태를 야기했기 때문이죠.[30]

하지만 요점은, 노동조합이 실제로 자신의 자금을 통제할 수 있도록 노조를 충분히 민주화시켜야 한다는 것입니다. 이것은 아주 중요한 조치입니다. 이렇게 되면 노동운동과 민중을 기반으로 한 운동의 잠재력이 더 커지게 되는 겁니다. 그때는 노동자가 자신의 연금을 관리하는 데서 그칠 필요가 없습니다. 자신들이 일하는 공장을 직접 관리할 수 있습니다. 왜 공장이 개인 투자가의 수중에 있어야 합니까? 그건 자연법칙이 아닙니다. 왜 기업이 개인의 권리를 가져야 합니까?[31]

　기업은 공공의 자산입니다. 1세기 전으로만 거슬러 올라가도, 정부는 기업이 '공공의 이해관계'를 위반했다는 이유로 법인 허가를 취소하곤 했습니다.[32] 기업이라는 전체주의적 기구가 그 누구에게도 책임을 지지 않게 된 것은 아주 최근의 일입니다.

　그래요, 노동자는 연금 기금뿐 아니라 다른 것도 통제해야 합니다. 다시 말해, 사회는 민주화되어야 합니다. 이것은 실제로 과격한 사상도 아닙니다. 1세기 전, 미국노동총연맹(이하 AFL)을 세운 사람들만 해도 ─AFL은 과격 단체가 아닙니다─ 노동자들 자신이 일터를 통제해야 한다고 말했습니다. 어떤 돈 많은 부자가 공장에 투자했다고 해서 공장과는 아무 관련도 없는 그가 공장을 마음대로 통제해야 할 까닭이 없습니다.[33]

　그렇지 않습니까? 연금 기금 문제를 노동자가 직접 통제해야 하는 것처럼 공장도 노동자가 직접 통제해야 합니다. 늘 그랬지만 이것이 민주 사회로 나아가는 제대로 된 한 걸음입니다. 미국에서 독립적인 노동자계급의 문화가 사라지기 전까지는 누구나 이렇게 생각했지요. 따라서 노동자의 연금 기금 통제는 그런 움직임의 일부일 뿐입니다. 중요하지만 일부에 지나지 않는 것이지요.

청중1　당신은 그런 전반적인 통제 구도 내에서 법이 어떤 역할을 한다고 보십니까?

─ 글쎄요, 법은 다음과 같은 점에서 인쇄기와 좀 비슷합니다. 다소 중립적 물건인데, 이것으로 뭐든지 다 할 수 있습니다. 변호사들이 법학 전문 대학

원에서 배우는 것은 교묘한 속임수입니다. 어떻게 하면 종이(법전) 위의 문장을 권력의 도구로 바꿀 수 있을지를 배우는 것이지요. 권력이 어디에 있느냐에 따라, 법은 달라지는 것입니다.

청중1 그럼 당신은 미국 기업의 패권에는 그 어떤 법적 근거도 없다고 생각합니까? 수정헌법 제14조에 따르면, 기업을 개인적 권리를 가진 개인으로 볼 수 있다고 해석하는 사람도 있는데요.

— 음, 알다시피, '법적 근거'는 웃기는 개념입니다. 이것은 권력의 문제이지, 법의 문제가 아닙니다. 가령 수정헌법 제14조는 기업에 대해 아무것도 언급하지 않습니다. 19세기 동안 기업의 법적 지위가 변화했는데 만약 애덤 스미스, 토머스 제퍼슨, 아니면 다른 계몽 사상가들이 이 사실을 알았더라면 오싹 소름이 끼쳤을 것입니다. 사실, 스미스는 이에 대해 경고했고, 제퍼슨은 오래 살아서 기업이 해악을 끼치는 초창기 모습을 목격하기까지 했습니다.

제퍼슨은 이렇게 말했습니다. "만약 '은행과 돈 많은 법인(기업)'이 막강한 권리를 확보하게 된다면, 우리가 미국 독립전쟁 당시 맞서 싸웠다고 생각하는 것(군주제)보다 나쁜 절대주의 체제에 직면하게 되리라"고 말입니다.[34] 기업의 권리는 그냥 일방적으로 부여된 것과 다름없습니다. 의회나 국회가 그 권리를 승인한 것도 아니었습니다. 법관, 변호사, 회사 사장 등, 민주적 시스템 밖에 있는 소수의 사람들이 기업에게 권리를 부여했습니다. 그리하여 기업은 또 다른 세계를 만들어냈고, 아주 새로운 절대 권력의 세계를 창출했습니다.[35]

하버드 대학의 이른바 비판 법학 역사가인 모턴 호위츠와 다른 학자들이 이에 관해 저술한 명저가 많습니다. 게다가 옥스퍼드 대학 출판부에서는 캘리포니아 대학교 역사학 교수 찰스 셀러스의 《시장 혁명 _The Market Revolution_》을 출판했는데 이 책은 이 문제를 광범위하게 논의하고 있습니다.[36] 하지만 이 것은 웬만한 사람이면 다 아는 기본적인 얘기입니다. 기업 관련 법률은 민 중의 통제를 완전히 벗어난 권력 놀음에 의해 제정되었습니다. 그래요, 으 레 그렇듯이, 총을 가진 자가 법의 내용을 결정하는 거지요.

'음모'의 역설과 '참여'의 빈곤을 말하다

우리에게는 두 가지 선택이 있습니다.
한 가지 선택은 최악을 가정하고 그런 일이 일어날 거라고 확신하는 것입니다.
또 다른 선택은 변화의 가능성이 있다고 가정하고 그러한 변화를
앞당기는 데 힘을 보태는 것입니다.
즉 하나는 최악의 상황이 일어날 것이라고 장담하는 것이고,
또 하나는 상황이 개선될 가능성을 받아들이는 것입니다.
이 두 가지 중 어느 하나를 골라잡아야 한다면
양심적인 사람은 주저하지 않고 후자를 선택할 겁니다.

음모론

철훈1 노엄, 당신은 아까 좌파운동이 '음모론'에 빠져 있고, 특히 서부 지역에서 케네디 암살 사건을 파헤치려고 애쓰고 있는데 그것이 엄청난 헛수고라고 지적했습니다. 당신은 정말로 그런 조사가 아무 가치도 없다고 생각합니까?

— 이렇게 한번 봅시다. 사회 내의 모든 계획 결정은 어떤 사람들이 모여 무슨 권력이든 이용해서 성과를 얻으려고 하는 것, 바로 그것입니다. 그런데 음모론자의 말에 따르면 이것도 '음모'가 됩니다. 그러니까 세상에서 일어나는 거의 모든 일이 '음모'에 해당합니다. 만약 제너럴모터스 이사회가 열려, 내년에 어떤 종류의 차를 생산할지 결정한다면 그것 또한 음모입니다. 기업의 의사결정, 신문사의 편집 결정은 모두 음모입니다. 내가 근무하는 대학의 언어학부가 내년에 누구를 교수로 임명할지 결정한다면 그것도 음모입니다.

이처럼 모든 걸 음모로 본다면 좀 재미가 없지 않습니까? 모든 결정에는 사람들이 관련됩니다. 그래서 진짜 질문은 '사회의 주요 기관을 맴돌면서 비행기를 공중 납치하고, 사회를 해치고, 제도적 기반이 없는 다른 방침을

'음모' 조사가 성행하는 현대 미국사를 면밀히 살펴본다면,
음모론에 해당할 만한 사건이 없다는 데 놀랄 것입니다.
적어도 내가 관련 기록을 면밀히 읽어본 결과로는
거의 일어나지 않았습니다.

추구하는 단체가 있는가?' 하는 것입니다. 이건 사실상 문제입니다. 정말로 어떤 단체 혹은 하위 단체가 제도권 밖에서 비밀리에 활동하기 때문에 커다란 일이 일어나고 있는가 하는 것 말입니다.

그런데 역사적 사례를 훑어보아도, 나는 그런 경우를 별로 발견하지 못했습니다. 내 말은, 그런 경우가 없지는 않다는 뜻인데 가령 제2차 세계대전 중의 어떤 시점에서 나치 장군들이 히틀러 암살을 생각했습니다. 그래요, 그건 음모입니다. 하지만 이런 것은 내가 아는 한, 스크린에 반짝 떴다가 사라지는 한 점에 불과합니다. 이제는 어떤 사람들이 히틀러 제거를 결심한 나치 장군들을 연구하면서 시간을 보내고 싶다면 그건 특수 연구를 위한 좋은 주제가 될 것입니다. 어쩌면 누군가는 그에 관한 논문을 작성할 것이고요. 하지만 우리는 거기에서 세상에 관한 어떤 것도 배우지 못할 것이고, 일반화해 미래에 적용해볼 만한 것도 전혀 없을 것입니다. 이 모든 것은 역사에서 우발적으로 벌어진 단발 사건에 지나지 않습니다. 특정 단체 사람들이 특별한 상황에서 어떻게 행동했는지 알게 되는 것뿐입니다.

만약 당신이 '음모' 조사가 대단히 성행해 있는 현대 미국사를 면밀히 살펴본다면, 음모론에 해당할 만한 사건이 없다는 데 놀라게 될 것입니다. 적어도 내가 관련 기록을 면밀히 읽어본 결과로는 거의 일어나지 않았습니다. 즉흥적으로 파괴적인 테러 활동을 벌인 레이건주의자 등을 발견할 수 있지만 그것은 주변적인 활동에 지나지 않습니다. 사실, 많은 일들이 그토록 빨리 폭로되는 이유 중의 일부는, 제도권이 너무 강력하여 그것들을 참아주지 않기 때문입니다. 펜타곤에 관한 한, 군부가 자기 이익을 밀어붙이는 것은 사실이지만 그것은 상당히 투명하게 진행됩니다.

혹은 CIA를 예로 들어봅시다. CIA는 수많은 음모의 진원지로 알려져 있습니다. 우리는 그에 관한 정보를 산더미처럼 많이 갖고 있습니다. 내가 그 정보를 읽어보니 CIA는 근본적으로 백악관의 충실한 지부입니다. 내 말은, 물론 CIA가 세계적으로 여러 일을 하지만, 우리가 아는 한 CIA 혼자서는 어떤 일도 하지 않는다는 뜻입니다. 알다시피 CIA가 그 나름대로 일을 저지르는 악당이라는 증거 — 사실, 나는 알고 있는 것이 전혀 없는데 — 는 거의 없습니다. 기록에 따르면 CIA는 백악관의 지부이며, 가끔 행정부가 나중에 '그럴듯하게 부인'을 하며 도망갈 수 있도록 작전을 수행하기도 한다는 것입니다. 다시 말해, 만약 뭔가가 잘못되면, 행정부는 전혀 모르는 듯한 표정을 지으면서 CIA 직원들이 대신 떠맡는 겁니다. 그래서 필요하면 그들 가운데 일부를 희생양으로 만드는 겁니다.[37] 이것이 대개 정보 수집과 함께 CIA가 하는 기본적 역할입니다.

사람들이 음모론과 관련하여 열심히 추적하는 삼각위원회, 외교관계협의회, 그 밖의 모든 위원회들도 사정은 마찬가지입니다. 모두 '유명무실한' 단체입니다. 물론 존재하기는 합니다. 부자들이 모여 서로 얘기하면서 골프를 치고, 함께 계획을 세웁니다. 크게 놀랄 일도 아닙니다. 하지만 사람들이 헛되게 힘을 쏟고 있는 음모론은 제도권이 실제로 기능하는 방식과는 실질적으로 아무 상관이 없습니다.

케네디 암살 음모에 열광하는 것이 아마 가장 두드러진 예일 것입니다. 모든 사람이 엄청나게 학구적이고, 집중적으로 조사하고, 누가 누구와 얘

---

37 " '그럴듯한 부인'은 비밀 작전을 평가하고 승인하는 과정의 일부다. ……비밀 작전에 백악관이 개입했다는 사실이 밝혀지기 전에 미리 차단해버리는 장치다. 대통령과 여러 고위 관리들이 어떤 작전을 지시했다가 그것이 발각되면 부인하기 위한 완곡어법 또는 애매한 둔사다. 반대로 대통령이 완곡어법을 쓰면서 자신의 의사를 하부 집행기관에 간접적으로 알리는 방법도 있다." *Alleged Assassination Plots Involving Foreign Leaders*, Interim Report, U.S. Government Printing Office, 1975, pp. 11-12.

기했는지 알아내려 하고, 이런 고도의 음모에 대해 정확한 진상이 무엇인지 찾아내려 애쓰고 있습니다. 모두 말도 안 되는 짓입니다. 당신이 다양한 이론을 살펴보자마자, 이론은 무너져버리고 아무것도 남지 않게 됩니다.[38] 하지만 여러 곳에서, 좌파는 이런 열광적 추종 때문에 산산조각났습니다.

청중1 하지만 예외도 있는 것 같아요. 마틴 루서 킹의 암살은 어떤가요?

— 그건 흥미롭습니다. 잘 알다시피, 왜 사람들이 그를 죽이고 싶어 했는지 상당히 타당한 이유를 생각해볼 수 있는 사건입니다. 만약 사건의 배후에 진짜 음모, 고도의 음모가 있더라도 나는 그리 놀라지 않을 것입니다. 다시 말해, 모종의 메커니즘이 있었고, 어쩌면 마피아 몇을 고용하여 그 일을 맡겼을지도 모릅니다. 그 음모론은 정말 그럴듯합니다. 흥미롭게도 나는 그 사건을 깊이 조사했다는 얘기는 듣지 못했고, 혹시 조사했더라도 들은 적이 없습니다.[39] 하지만 모든 사람들이 흥분하는 케네디 사건의 경우, 아무도 그럴듯한 이유를 생각해내지 못했습니다.

　사실, 그것은 무척 대조적입니다. 그렇지 않습니까? 마틴 루서 킹의 암살 사건은 표면상 그럴듯하고, 케네디의 경우는 전혀 그럴듯하지 않지만 사람들은 영 다르게 취급합니다.

청중2 당신은 왜 그런지 알고 있습니까?

— 요즈음 케네디 암살을 매력적인 화제로 만드는 '음모설'에는 많은 요인이 있습니다. 케네디 행정부는 여러모로 —정책과 프로그램에서 —레이건

행정부와 닮았지만 레이건 때와 달리 영리하게 일을 처리했습니다. 케네디 정부는 지식층을 멸시했던 레이건 정부와 달리 다소간 지식층의 비위를 맞춰가며 일했습니다. 따라서 그들은 책과 기사를 쓰고, 영화를 제작하고 이런 온갖 일을 하는 사람들에게 (실제로 전혀 그렇지 않았지만) 권력을 분산하는 모습을 보여주었습니다. 그 결과, 캐멀롯Camelot(케네디 시대의 비유-옮긴이)은 늘 아름다운 이미지로 남았고, 대부분의 사람들로 하여금 케네디의 허상을 믿도록 하는 데 성공했습니다. 오늘날까지도 남부의 가난한 흑인 농촌 지역에 가보면, 벽에 케네디 사진이 걸려 있는 것을 볼 수 있습니다. 민권운동에서 케네디 역할은 별로 크지 않았습니다. 하지만 케네디는 현실과는 전혀 관련 없는 이미지를 만들어내는 데 성공했습니다.[40]

지난 30년 동안, 많은 일들이 온갖 서로 다른 이유들로 악화되었습니다. 민권운동이 큰 성과를 이루었지만 많은 사람들이 쏟아부은 기대와 희망에는 전혀 부응하지 못했습니다. 반전운동은 성과를 거두었지만 종전을 이끌어내지는 못했습니다. 실질임금은 지난 20년 동안 하락했습니다.[41] 사람들은 더 열심히 일하고, 더 오래 일하게 되었지만 고용 안정성은 낮아졌고 경제 상황은 많은 사람들, 특히 젊은이에게서 악화되었습니다. 부모 세대가 누렸던 것만큼 자녀의 미래가 밝다고 예측하는 사람들은 극소수입니다. 미국의 초봉은 지난 15년 동안 급격히 감소했습니다. 이를테면 여러분이 고등학교를 졸업하고 처음 받는 임금은 1980년에 비해 남성이 30퍼센트, 여성이 18퍼센트 하락했습니다. 이것은 당연히 사람들의 삶의 모습을 변화시켰습니다.[42] 이런 우울한 얘기를 얼마든지 이어갈 수 있습니다. 어쨌든 실

40   민권운동에서 케네디 행정부의 역할에 대한 평가는 다음 참조. Howard Zinn, *S.N.C.C.: The New Abolitionists*, Beacon, 1964.

제로 이처럼 좋지 않은 일들이 많이 발생했습니다. 이런 상황에서 사람들은 과거에 영웅이 있었고, 훌륭한 국가가 있었고, 우리를 이끌어줄 지도자가 있었고, 구세주가 있었다는 믿음에 빠지기 쉽습니다. 그런 시점에 케네디가 암살당했고 사람들은 케네디가 바로 그런 지도자요 구세주였다는 환상을 갖게 되었습니다. 그리하여 케네디가 암살당한 이후 모든 것이 엉망이라는 엉뚱한 생각마저 퍼지게 되었습니다. 그러니 한시바삐 이런 환상에서 벗어나야 한다는 게 내 생각입니다.

참여 의지

철준1 노엄, 우리는 많은 운동 전략과 문제를 논의했습니다. 나는 왜 사람들이 운동에 참여하지 않는지 그 이유를 잠깐 얘기하고 싶습니다. 당신의 일과 신념과 관련하여 어떤 사람이 당신을 이렇게 설득했다고 합시다. '이 나라는 바꿀 수가 없고, 지금의 기본 체제는 앞으로 200년 동안 유지될 것이다.' 당신도 알다시피, 미국은 다소 바뀌기는 했지만 기본 체제는 변하지 않았습니다. 당신이 누군가로부터 이렇게 설득당했다고 한다면 지금과는 다르게 행동할 것입니까?

— 전혀 아닙니다.

철준1 그렇다 하더라도 당신은 같은 길을 걸어갈 것입니까?

— 그렇습니다. 사실, 당신은 그런 가설을 내세우며 물어볼 필요도 없습니다. 처음으로 베트남전쟁 반대운동에 진지하게 참여했을 때 나는 아무 일도 일어나지 않으리라고 100퍼센트 확신했습니다. 1965년과 1966년 사이에, 우리가 보스턴에서 반전시위를 하려면 먼저 여섯 가지 주제를 내세워야 했습니다. '베네수엘라, 이란, 베트남, 물가 등에 대해 얘기해보자. 그럼 적어도 반전 운동가보다는 많은 청중이 모이겠지.' 그런 상태가 한동안 계속되었습니다. 거의 불가능해 보였지요.

청중 그러니까 당신은 현재의 상황이 영원히 지속된다고 하더라도, 시민운동을 계속할 생각이라는 겁니까?

— 그렇습니다.

청중 정확히 왜 그렇습니까?

— 몇 가지 간단한 이유들이 있습니다. 우선, 만약 누군가가 나를 그렇게 설득할 수 있었다면 그건 내가 전적으로 비합리적인 인간이기 때문일 겁니다. 합리적으로는 설득할 방법이 없습니다. 자, 이렇게 한번 얘기해봅시다. 비교적 간단한 일기예보도 2주 뒤의 날씨는 예측할 수 없는데, 하물며 인간 사회에 대해서는 무엇을 더 말할 수 있겠습니까.

청중 그건 가상의 질문이고, 동기부여와 관련된 것입니다. 나 또한 우리 가운데 아무도 그 설득을 믿지 않고, 아무도 그것을 증명할 수 없다고 생각합니다.

— 그것을 증명할 수 없을 뿐 아니라 어떤 얘기도 설득력 있게 할 수 없지요.

철준ㅣ 하지만 사실, 그런 논증을 이해하지 못하는 많은 사람들은 좌절을 느끼고 때때로 우울해하기도 합니다. 의아한 것은, 별로 전망이 밝지 않은데도 불구하고 선생님으로 하여금 매일 아침 일어나 이런 일을 하도록 만드는 힘은 무엇입니까? 미래가 좀 더 나아질 거라고 생각하기 때문입니까, 아니면 다른 어떤 것 때문입니까?

— 음, 자기반성은 어려운 일이지만 한번 해보자면, 우리에게는 두 가지 선택이 있습니다. 한 가지 선택은 최악을 가정하고 그런 일이 일어날 거라고 확신하는 것입니다. 또 다른 선택은 변화의 가능성이 있다고 가정하고 그러한 변화를 앞당기는 데 힘을 보태는 것입니다. 즉 하나는 최악의 상황이 일어날 것이라고 장담하는 것이고, 또 하나는 상황이 개선될 가능성을 받아들이는 것입니다. 이 두 가지 중 어느 하나를 골라잡아야 한다면 양심적인 사람은 주저하지 않고 후자를 선택할 겁니다.

철준ㅣ 하지만 양심적인 사람은 정말로 한길을 가는 게 사실입니까? 한 친구가 기억나는데, 그는 1960년대 운동권이었고 달동네로 들어가 민중운동까지 했지만 결국은 포기했습니다. 그 후 그는 의과 대학원에 입학했고 졸업 후 정신과 의사로 일하고 있습니다. 나는 지금도 그가 급진적인 가치관을 가지고 있다고 확신하지만 그는 그 어떤 의미 있는 정치적 활동에도 참여하지 않습니다. 하지만 당시 그가 내린 선택은 매우 의식적인 것이었습니다. 그는 주위를 돌아보며 이렇게 말했습니다. '내가 아무개 아무개 하는 유명 인사가 아니다 보니 사회에 미치는 영향력이 너무나 적다. 따라서 내가 추구할 수 있는 것을 포기하면서까지 이 생활을 추구할 가치는 없다고 본다.'

― 나 또한 그런 사람들을 많이 알고 있습니다. 하지만 보다시피, 그 사람은 이제 어딘가에서 부유한 정신과 의사로 일하고 있습니다. 좋아요. 그에게는 선택 사항이 많았고, 어느 시점에 이르러 자신이 기존에 선택했던 것을 더 이상 추구하지 않기로 결정했습니다. 또 다른 선택은 늘 할 수 있습니다. 이를테면 그 의사는 돈이 있습니다. 만약 직접 그런 일을 하고 싶지 않다면 그 일을 하는 사람들에게 돈을 줄 수 있습니다. 사실, 운동권은 다른 일을 하는 사람들이 기꺼이 자금을 댔기 때문에 존재할 수 있었습니다. 누구나 알고 있는 상식입니다. 당신은 그 이상도 할 수 있고, 물론 여전히 우아한 생활을 할 수 있고, 자신이 하고 싶은 일을 할 수도 있습니다. 나는 사실 그런 식으로 자기 생활을 두 개로 나눈 사람들을 많이 알고 있습니다.

물론 말하기는 너무나 쉽습니다. '빌어먹을! 이제 운동은 그만이야. 나는 권력과 권위 구조에 적응하고 그 안에서 최선을 다할 거야.' 물론, 당신은 그렇게 할 수 있습니다. 하지만 그건 고결한 인간의 행동이 아닙니다. 자, 당신은 거리를 걷다가 아이스크림을 먹고 있는 아이를 보았을 때, 주변에 경찰관이 없는 것을 확인하고 배가 고프다는 이유로 그 아이스크림을 빼앗아 먹을 수도 있습니다. 당신은 힘센 어른이니까 아이스크림을 빼앗아서 가버리면 그만입니다. 당신은 그렇게 할 수 있고, 어쩌면 그렇게 하는 사람들이 실제로 있을 것입니다. 우리는 그런 사람들을 정신병자라고 부릅니다. 그런데 웃기는 일이 있습니다. 어떤 자들이 기존의 사회구조 안에서 그런 행동을 하면 우리는 그들을 정상인이라고 부릅니다. 하지만 어떻게 부르든 그건 정신병이나 다름없고, 그런 행위를 허용하는 사회는 병든 사회입니다.

또다시 사람들은 선택할 수 있습니다. 당신은 비정상을 받아들이겠다고 선택할 수 있지만, 적어도 그 점에 대하여 솔직해야 합니다. 당신 내면에 정직함이 있다면 이렇게 말해야 합니다. '그래, 나는 까놓고 말해서 비정상이 되기로 결정했어.' 그게 아니라면 그런 비정상적 상황에 맞서서 그것을 깨트리려고 노력해야 합니다.

Man 하지만 많은 사람들은 전부를 선택하거나 아니면 전부를 포기하는 경향이 있는 것 같습니다. 사람들은 보통 '정상적인 것', 그러니까 선생님이 병적이라고 설명하신 것을 선택합니다. 일반적인 이득과 손실을 가지고 있는, 사회 내의 일반적인 존재 또는 엘리트적인 존재가 되는 것을 선택하는 것입니다. 그리고 '전부'라는 선택이 있습니다. 내 생각에, 사람들이 운동권의 전단을 받거나 재정적으로 부담이 되지 않는 비교적 소액의 기부금 — 주말 외식비보다도 훨씬 적은 돈 — 을 내기 어려워하는 것은 '전부'라는 선택 때문입니다. 말하자면 이런 심리적인 영향이 강력하게 작용하는 듯합니다. 어떤 수준의 사람들은 옳다는 것을 알고 있지만, 다음 행동으로 나아가야 한다는 것도 알고 있습니다. 그러므로 애초부터 싹을 잘라버리는 겁니다. 시민운동 조직가인 나는 이런 상황을 어떻게 극복해야 할지 난감합니다.

— 당신 지적이 타당하다고 생각합니다. 중앙아메리카 지원 센터에 100달러

를 기부하는 행동은 곧 중앙아메리카 지원이 옳은 일임을 당신이 알고 있다는 뜻입니다. 그것이 옳은 일이라고 인정하는 순간 이런 의문이 제기됩니다. '나는 수만 번 더 많이 기부할 수도 있는데 이번 한 번으로 끝내도 될까?' 그래서 이렇게 말해버리기가 쉽습니다. 이 문제는 건드리지 말아야겠는걸. 아예 싹 잊어버리는 게 좋을 것 같아.' 하지만 그것은 어린아이의 손에서 아이스크림을 빼앗는 것과 같은 행위입니다.

현실적으로 볼 때 전부全部와 전무全無의 사이에서 폭넓게 선택할 수 있습니다. 우리는 대부분 그 사이에서 선택을 내립니다. 우리는 성인聖人이 아닙니다. 적어도 나는 성인이 아닙니다. 나는 집이나 차를 포기하지도 않았고, 누추한 집에 살고 있지도 않고, 인류를 위하는 일에 하루 24시간을 내놓지도 않습니다. 사실, 나는 운동권의 발끝에도 따라가지 못하고, 엄청나게 많은 시간과 에너지를 학문 연구에 쏟아붓고 있습니다.

청중1 그런 것에 죄책감을 느끼지는 않는지요.

— 음, 분명치 않습니다. 하지만 나는 분명히 학문 연구 등 내가 좋아하는 일에 엄청나게 많은 에너지를 쓰며 활동하고 있습니다. 그 일을 좋아하고, 즐거운 마음으로 하고 있는 것입니다. 내가 알고 있는 다른 사람들도 마찬가지입니다.

Man 당신은 그런 학문 연구가 정치적 인물로서의 영향력을 높인다고 스스로를 속이고 있는 것은 아닙니까?

— 아니요, 그건 말도 안 됩니다. 학문 연구는 내 정치 활동에 아무런 영향도 미치지 않습니다. 또 그런 이유 때문에 학문을 하는 것도 아니고요. 좋아하기 때문에 열심히 연구하는 것뿐입니다. 또 연구한 만큼 결과가 있습니다.

자, 보세요. 당신이 만족스러운 일상생활을 영위하지 못한다면 정치운동가로서도 그리 큰 영향력을 발휘하지 못할 것입니다. 물론 이 세상 어딘가에 진짜 성인도 있을 수 있지만, 난 그런 사람의 이야기를 들어본 적이 없습니다. 그러니까 정치 활동이 아주 만족스럽기 때문에 그 활동을 하는 것이고 또 혼신의 힘을 바치게 되는 겁니다. 그건 정말 좋은 일입니다. 누구나 취미를 갖고 있습니다. 사람들은 음악을 듣기 좋아하고, 바닷가에서 산책을 하고 싶어 하고, 저녁노을을 보고 싶어 합니다. 하지만 인간은 너무나 다채롭고 또 복잡한 존재이기 때문에 이런 취미 활동만으로는 만족할 수 없습니다. 따라서 당신은 일종의 균형을 유지해야 합니다.

다양한 선택이 있지만, 왜 그것을 인정하기가 심리적으로 어려운지 당신은 정확히 확인해주었습니다. 폭넓은 선택이 있다는 것을 인정하기만 하면 늘 이런 의문에 직면하게 되는 것이지요. '왜 나는 이보다 더 많이 행동하지 않을까?' 인생의 현실은 그처럼 복잡합니다. 만약 당신이 정직하다면 늘 그런 의문에 직면하게 될 것입니다. 게다가 할 일은 많고, 또 성공 사례도 많습니다. 사실, 곰곰이 생각해보면 성공 사례가 정말 많다는 걸 알고 놀라게 될 것입니다.

예를 들어 동티모르 대학살 문제를 한번 살펴봅시다. 10여 년 전 내가 참여했던 당시, 누구도 그 얘기를 들어주려 하지 않았습니다. 그러나 운동권이 몇 년 동안 활동한 끝에, 상황은 드디어 미국 의회가 인도네시아에 군사 지원을 하는 것을 금지하는 데까지 발전했습니다. 그것은 엄청난 변화였고, 그렇게 하여 수십만 명의 생명을 구할 수 있었습니다. 과거를 되돌아보며 '나는 수십만 명의 생명을 구하는 일을 앞장서서 도왔어'라고 말할 수 있는 사람이 얼마나 될까요? 동티모르 문제는 미국에서 큰 쟁점이 아니었습니다. 그래서 모두가 은밀하게 진행되었습니다. 아무도 관심을 기울이지 않았고 권력층은 현재 상황이 유지되기를 바랐습니다. 하지만 소수의 사람들이 마침내 그 상황을 돌파했습니다.

청중1 나는 생각이 다릅니다. 동티모르 운동에 참여했던 사람들 대부분은 의기양양함이나 깊은 성취감을 갖기는커녕, 몇 년에 걸쳐 일했는데도 얻은 게 거의 없는 지루한 캠페인이었다고 생각하는 듯한데요.

— 여러분이 지금 임종을 맞았다고 한번 상상해보세요. 얼마나 많은 사람이 자기 삶을 되돌아보면서 이렇게 말할 수 있겠습니까? '나는 단 한 사람일지라도 그가 살해되지 않도록 도왔다.'

청중1 당신 의견에 반대하려는 것이 아닙니다. 우리 문화에는 좌파 사람들로 하여금 성공을 외면하게 만드는 어떤 것이 있다는 얘기입니다.

— 글쎄요, 나는 납득할 수 없습니다. 수많은 소요가 일어나기 시작했던 1960년대의 운동을 한번 되돌아보세요. 운동 참여자들의 압도적 다수가 젊은이였습니다. 그들은 악명 높을 정도로 단기적인 관점을 가지고 있습니다. 스무 살 청년들의 특징이지요. 내일 벌어질 일만 생각하고, 20년 후의

삶이 어떻게 바뀔지는 생각하지 않습니다.

　1968년에 큰 사건이었던 컬럼비아 대학의 항거(수백 명의 학생들이 8일 동안 컬럼비아 대학 건물을 점거하고 대학의 전쟁 관련 연구, 학교와 주변 지역사회와의 관계에 항의한 사건)를 한번 살펴봅시다. 당시 상황을 생생히 기억하는 분은 알겠지만, 컬럼비아 캠퍼스에서의 학생 의식은 이랬습니다. 미리 밝히지만 나는 있는 그대로 말할 뿐 과장하는 게 아닙니다. '만약 우리가 컬럼비아 대학 문을 닫고 3주 동안 연기를 피우며 야단법석을 벌인다면, 혁명은 이곳에서 일어날 것이고 곧 사태는 종결될 것이다. 그러면 우리는 일상적인 관심사로 돌아갈 수 있다.' 그래, 청년들이 3주 동안 기다려서 무슨 일이 벌어졌습니까? 경찰이 난입하여 학생들을 몰아냈고 달라진 것은 전혀 없었습니다. 그리고 그 항거에는 많은 결실이 있었습니다. 그 가운데 하나는 많은 사람들이 운동을 포기하고 이렇게 말했다는 겁니다. '젠장, 우리 힘으로는 할 수가 없구나.' 그런데 전 세계적으로 1968년이 아주 중요한 시기로 인정받고 있다는 건 놀라운 일입니다. 하지만 미국에서는 1960년대 운동의 종말을 의미했습니다.

　따라서 1960년대의 청년운동에는 좋은 면과 나쁜 면이 있습니다. 나쁜 면은, 만약 금방 성취감을 얻지 못한다면 그만두는 게 차라리 낫다는 인식입니다. 하지만 변화는 그런 식으로 찾아오지 않습니다. 노예제도를 철폐하려는 투쟁은 아주 오랫동안 계속되었고, 여성의 권리를 위한 투쟁은 몇백 년 동안 이어져왔습니다. '임금노예제'를 극복하기 위한 운동은 산업혁명 초기부터 계속되어왔으나 우리는 아직 한 발짝도 나아가지 못했습니다. 사실, 쟁점을 이해하고 보면 상황은 100년 전보다 악화되었습니다. 그래도 우리는 계속 투쟁해야 하는 것입니다.

5

인간의 본성과
도덕적 가치를 말하다

|

객관적인 상황이 오늘날보다 훨씬 더 나빴던 1930년대의
극심한 대공황 속에서도 민중은 결코 오늘날처럼 절망하지 않았습니다.
따라서 현대인들은 깊은 환멸, 나락까지 떨어진 절망, 대안의 부재 등이
마구 뒤섞인 현실을 맞닥뜨리고 있습니다. 바로 이런 상황이야말로 진지한 운동권이
적극적으로 개입하여 변화를 추구할 수 있는 출발점입니다.

|

'인간의 본성은 사악하다'

청중1 노엄, 나는 사람들이 정치적 활동을 주저하게 되는 이면에 인간의 본성은 비도덕적이라는 생각이 자리 잡고 있다고 봅니다. 이기적이고 자기중심적이며 반사회적인 것 따위 말이지요. 그 결과, 사회는 늘 억압하는 자와 억압받는 자가 있고, 계급제도가 있고, 민중을 착취하고, 이기심 등에 눈이 멀게 된다는 겁니다. 사람들은 종종 체제의 비인간성이나 전쟁의 불공평함, 또는 특정 정책의 부당함에 분개하지만 동시에 인간의 본성과 관련된 절망감 때문에 정치적 활동을 멀리하게 되는 것 같습니다. 물론, 이것은 핑계이며, 정치 활동과 엮이지 않기 위한 마지막 방어선입니다. 하지만 운동조직가로서 사람들의 이런 태도에 적절히 대응하려면 그런 주장 또한 극복해야 합니다. 당신이라면 이런 주장을 펴는 사람에게 어떻게 답변하시겠는지요.

— 그 주장에 확실히 일리가 있는 것 같군요. 무엇보다도 먼저, 우리는 인간의 본성에 대해 잘 모릅니다. 인간의 본성은 의심할 여지없이 다양하고 복잡하며, 다른 것들처럼 대개 유전적으로 결정됩니다. 하지만 우리는 인간의 본성이 어떠한지 정확하게 잘 모르고 있습니다. 아무튼 역사와 경험에 비추어 볼 때, 인간의 본성은 당신이 비도덕적이라는 것을 보여주는 충

분한 증거가 있습니다. 인간에게는 분명 그런 본성이 있지요. 우리가 알다시피 당신이나 나나 우리 인간의 본성에는 쉽게 유능한 고문자, 대량 학살자, 노예 감독자로 바뀔 수 있는 성질이 있습니다. 우리는 모두 알고 있고, 그 증거를 찾기 위해 멀리 바라볼 필요도 없습니다. 하지만 그게 무슨 의미가 있습니까? 그래서 우리는 고문을 철폐하려는 노력을 그만둬야 합니까? 어린이를 심하게 때리는 사람을 본다면, 이렇게 말해야 합니까? '음, 상관없어. 알다시피, 저런 게 인간의 본성이니까.' 인간이 그런 모진 본성을 가진 것은 사실입니다. 사람들이 그렇게 모질게 행동하는 상황이 분명 있습니다.

이러한 지적이 사실이라면, 그 지적과는 무관한 경우 또한 분명 있습니다. 인간의 본성은 이타심, 협력, 희생, 지원, 연대, 엄청난 용기, 그리고 많은 능력 또한 가지고 있습니다.

대체로 나는 시간이 지나면서 상당한 발전이 있었다고 느낍니다. 크지는 않지만 의미 있는 발전이었습니다. 때때로 극적인 발전도 있었습니다. 역사적으로 도덕의 영역은 폭넓게 확대되었고, 도덕의 행위자라고 간주되는 개인의 영역이 점점 더 넓어지게 되었는데, 그것은 개인적 권리를 뜻했습니다. 자, 우리는 언제나 자아를 인식하는 존재이지, 무념무상의 바윗덩어리가 아닙니다. 우리는 본성을 보다 더 잘 이해할 수 있고, 시간이 지나면서 더욱더 알아가고 있습니다. 우리가 관련 책을 읽었기 때문이 아닙니다. 누구도 이 주제에 대해 아는 것이 없기 때문에 책은 우리에게 아무것도 얘기해주지 않습니다. 하지만 경험을 통해 ─ 우리가 살고 있는 문화에 간직되어 있는 역사적 경험과 개인적 경험 덕분에 ─ 우리는 인간의 본성과 가치를 더 잘 이해하게 되었습니다.

도덕의 발견

과거에 어린이를 어떻게 대했는지 봅시다. 중세에는 부모가 어린이를 죽이거나, 던져버리거나, 어떤 야만적인 행동을 일삼는 것이 모두 합법적으로 간주되었습니다. 물론, 그런 일이 아직도 있긴 하지만 지금은 적절하지 않은 병적인 행동으로 여겨집니다. 그것은 우리가 중세 시대 사람들보다 더 도덕적이어서가 아니라 상황이 달라졌기 때문입니다. 물질적 생산수준이 낮은 사회에서 존재하지 않던, 사물들을 깊이 생각할 수 있는 기회를 가졌기 때문에 그렇게 된 것입니다.

내 생각에, 이것은 예전에 문제 삼지 않았던 것들을 직시할 수 있게 한 도덕적 발전의 일환입니다. 예를 들어, 나는 동물과 인간의 관계에 대해서도 그런 느낌을 갖습니다. 사실, 이 문제는 대단히 어렵습니다. 이것들은 도덕적 직관을 탐구하려는 시도인데, 만약 탐구하지 않는다면 우리는 그것을 알지 못할 것입니다. 낙태도 비슷한 경우입니다. 복잡한 도덕적 문제가 깔려 있습니다. 페미니스트 문제도 노예제도도 마찬가지입니다. 무슨 말이냐 하면, 지금은 우리가 문제를 해결했고, 일종의 공통의 합의를 본 후라서 쉬워 보인다는 것입니다. 그리고 요즈음에는 사람들이 동물의 권리에 대해 깊이 생각하는데, 매우 좋은 일이라고 생각합니다. 진지하게 생각해볼 문제입니다. 동물을 실험하고 학대할 권리가 우리에게 어느 정도까지 있습니까? 그러니까 인간의 질병을 예방하기 위해 동물을 실험하는 것이 어느 정도까지 허용되어야 합니까? 이런 문제는 어떻게 균형을 잡아야 합니까? 분명히 뭔가 대답이 있어야 합니다. 가령, 우리는 질병 연구를 위해 지나친 동물 학대를 일삼아서는 안 된다는 데 동의할 겁니다. 하지만 우리가 그런

예전에는 문제 삼지 않았던 것들을
직시할 수 있도록 유도한 도덕의 탐구 문제는 대단히 미묘하고 어렵습니다.
낙태, 실험용 동물 등이 그런 경우인데,
여기에는 복잡한 도덕적 문제가 깔려 있습니다.

결론을 내리게 하는 원칙은 무엇입니까? 이건 사소한 질문이 아닙니다.

청중1 육식肉食은 어떻습니까?

— 동물 학대와 농일선상에 있는 문제입니다.

청중1 당신은 채식주의자입니까?

— 아닙니다. 하지만 내 생각에 그것은 중요한 질문입니다. 만약 당신이 내 생각을 알고 싶다면, 내 생각은 이렇습니다. 만약 큰 재앙 없이 사회가 계속 발전한다면, 사람들은 동물의 권리를 보호하고 채식을 추구하는 방향으로 나아가게 될 것입니다.

자, 지금 이런 질문에는 의심할 여지 없이 위선, 혼동, 그 밖에 온갖 것이 한데 뒤섞여 있지만 그렇다고 해서 쟁점이 유효하지 않은 것은 아닙니다. 이런 질문에는 도덕적 힘이 깃들어 있습니다. 우리는 이런 문제에 마음을 열어야 합니다. 분명 우리는 이 질문들을 이해할 수 있습니다.

불필요한 동물 학대에 대해 알아보기 위해서는 긴 역사를 거슬러 올라갈 필요가 없습니다. 데카르트 철학은 인간에게만 정신이 있고 세상의 다른 모든 것은 기계에 불과하다고 주장했습니다. 따라서 고양이와 손목시계는 다를 것이 없는 겁니다. 말하자면 고양이는 좀 더 복잡할 따름입니다. 만약 17세기의 프랑스 궁전을 되돌아본다면, 궁정의 신하들 — 알다시피, 이 모든 것을 연구하며 다 이해한다고 생각했던 영리한 거물들 — 은 아무개 숙녀들이 좋아하는 개를 붙잡아 장난삼아 발로 죽도록 걷어차고는 웃으면서 이렇게 말하곤 했습니다. '하하, 봐라, 개 주인이라는 이 어리석은 숙녀는 최신 철학을 이해하지 못하는구나. 데카르트 철학에 따르면 이건 돌을 바닥에 떨어뜨리는 것과 마찬가지인데.' 여러분은 할 수 없겠지만 그건 바위를 걷어차는 것과 다름없는 행동으로 인식되었습니다. 하지만 어떻게 바위를 학대할 수 있겠습니까. 바위는 아예 감각이 없는데 말입니다. 아무튼 도덕 영역은 그런 면에서 확실히 바뀌었고, 불필요한 동물 학대는 더 이상 당연한 것으로 여겨지지 않게 되었습니다.

청중1 하지만 그 경우, 동물에 대한 우리의 이해가 바뀐 것이지, 근본적인 가치에 대한 우리의 이해가 바뀐 것은 아니지 않습니까.

— 아니, 이 경우, 가치에 대한 이해가 바뀐 것일 수도 있습니다. 데카르트 철학은 전통적 견해와의 결별이기 때문입니다. 데카르트 이전의 전통적인 사고방식은 쓸데없이 동물을 학대하는 걸 허용하지 않았으니까요. 반면, 동물을 학대하는 귀족 문화도 있습니다. 가령 여우 사냥, 곰 사냥 같은 동물 학대적 스포츠 등이 그것입니다. 귀족 문화는 불필요한 동물 학대를 완전히 합법이라고 보았습니다.

사실, 이런 문화를 바라보는 태도를 살피는 것도 다소 흥미롭습니다. 예를 들어 닭싸움을 한번 살펴봅시다. 싸움닭은 상대방을 완전히 갈가리 찢어놓도록 훈련받습니다. 서양 문화에서는 이것을 야만적인 것으로 봅니다. 반면, 우리는 인간을 서로 피터지게 싸우도록 훈련시킵니다. 이른바 권투 경기라는 것인데, 아무도 그것을 야만적이라고 생각하지 않습니다. 닭에게는 허용하지 않으면서 정작 인간에게는 그것을 허용하는 것입니다. 그러니 여기에는 기이한 가치관이 작동하고 있는 겁니다.

낙태

청중1 아까 낙태를 언급했는데, 그 모든 논쟁을 어떻게 생각합니까?

— 어려운 문제이고 해답은 단순하지 않습니다. 가치들이 서로 충돌하는 경우입니다. 보다시피, 대부분의 인간적 상황에서 무엇이 옳은지에 대해 간단하고도 명쾌한 해답이 있는 경우는 드뭅니다. 때때로 그 답은 매우 흐릿합니다. 다양한 가치가 있고, 그 가치들이 서로 충돌하기 때문입니다. 내 말은, 우리 자신의 도덕적 가치 체제를 이해하는 것은, 늘 한 가지 답만 있고 그 밖의 답은 없는 공식과는 다르다는 것입니다. 그보다 우리는 가치들이 서로 상충하는 것으로 보이는 문제들을 가지고 있는데, 그것은 흔히 우리를 다양한 해답으로 이끌어갑니다. 어쩌면 우리가 아직도 모든 가치를 제대로 이해하지 못했기 때문이거나 어쩌면 그런 가치들이 정말로 모순에 빠져 있기 때문일지도 모릅니다. 바로 낙태의 경우가 그러합니다. 어떤 관점에서 보면, 태아는 어느 정도까지 임신부의 신체기관이라고 볼 수 있기 때문에 임신부는 그에 대하여 자기 마음대로 결정할 수 있습니다. 또 다른 관점에서 보면, 이 유기체는 인간이 될 수 있는 잠재성을 가졌기 때문에 그 나름의 권리를 가지고 있습니다. 이러한 두 가치는 정말로 상반됩니다.

한편, 내가 알고 있는 어떤 생물학자는 이런 얘기를 했습니다. 앞으로는 여성이 손을 씻을 때에도 그런 똑같은 모순이 발생할지 모른다고 말입니다. 여성이 손을 씻을 때는 많은 세포 조각이 떨어져 나가는데, 원칙상 각각의 세포는 그 안에 인간의 유전인자를 가지고 있습니다. 그리고 이런 세포를 채취하여 인간을 복제할 수 있는 미래의 기술을 상상해볼 수 있는 것입니다. 그 생물학자는 극단적인 예를 들었지만 거기에는 일말의 진실이 있습니다. 많은 진실이 있는 건 아니지만, 그래도 점성술과는 다른 무엇이 있습니다. 그가 말한 것은 사실이니까요.

나의 개인적 판단을 물어본다면 나는 이렇게 말하겠습니다. 이 시점에서 합리적인 제안은 태아가 자생自生 능력을 갖출 때 기관이 아닌 인간으로 보자는 것이지만, 이것은 확실히 논란의 여지가 있습니다. 게다가 이 생물학자가 지적하듯이, 그 지점이 언제인지 별로 명확하지 않습니다. 기술 수준에 따라, 그것은 여성이 손을 씻을 때라고 볼 수도 있는 것입니다. 어느 경우든 이것은 생명을 다루는 문제입니다. 그런 생명의 문제에서는 어쩔 수 없이 어려운 결정, 모순적인 가치와 직면하게 됩니다.

도덕적 가치

청중1 당신은 '가치'가 어디에서 온다고 생각하십니까?

— 흥미로운 질문입니다. 우리가 내놓는 해답은 극히 단편적인 지식에 바탕을 두고 있고, 따라서 사람들의 얘기는 별로 중요하지 않습니다. 하지만 도덕적 판단의 조건에서 본다면, 나는 도덕적 가치가 근본적으로 우리의 천성에 뿌리를 내리고 있다고 생각합니다. 나는 그것이 진실이라고 생각합

니다. 그리고 내가 그렇게 생각하는 이유는 아주 간단합니다.

내 말은, 틀림없이 우리가 사물을 보고 판단하며 평가하는 방법에는 의미 있는 문화적 요인이 있다는 뜻입니다. 하지만 이와 달리, 우리는 완전히 새로운 상황에서도 도덕적으로 판단·평가할 수 있고, 또 누구나 그렇게 합니다. 우리는 항상 그렇게 합니다. 우리는 우리가 직면한 새로운 모든 상황을 언제나 의식적으로 판단하지는 않지만 적어도 우리가 전략적 평가를 내리는 것은 확실합니다. 그리고 그런 평가의 결과는 이런 일은 하지만 저런 일은 하지 않는 선택의 바탕이 됩니다. 따라서 우리는 끊임없이 갖가지 판단을 내리는데, 여기에는 새로운 사물과 새로운 상황에 대한 도덕적 판단, 미학적 판단, 윤리적 판단 등 온갖 판단이 들어 있습니다. 그것은 모자에서 물건들을 꺼내는 마술처럼 무작위로 이루어지는 행동일 수도 있고 ― 반성이나 관찰의 측면에서 볼 때 이것은 사실이 아닌 듯합니다 ― 또는 우리가 우리의 정신에 구축한 도덕적 체계의 토대 위에서 이루어지는 행동일 수도 있습니다. 그 도덕적 체계는 갖가지 새로운 상황에 적어도 부분적인 해답을 주고 있습니다.

물론, 아무도 그 도덕 체계가 실제로 어떤 것인지 알지 못하지만 ― 우리는 그것을 전혀 이해하지 못합니다 ― 그것은 아주 다양하고 복잡한 체계이기 때문에 새로운 많은 상황에 무한히 적용될 수 있습니다.

청중1 물론 그런 체계를 자세하게 설명할 수는 없겠지만, 그래도 개괄적으로는 설명해주실 수 있겠습니까?

― 거듭 말하거니와, 우리는 그것에 대해 정말 조금도 알지 못합니다. 하지

만 그런 체계를 진지하게 이해하는 데 있어서 우리가 갖고 있는 언어학적 지식이 뭔가 도움이 되지 않겠나 하고 생각합니다. 언어에 대해서는 많은 것이 알려져 있습니다. 이를테면 모든 언어에는 불변하는 기본적 원칙의 틀이 있고 그 원칙은 생물학적 본성과 연관이 있는 것처럼 보입니다. 이러한 원칙은 모든 언어에 유효하며 아주 제한된 변화만을 허용하는데, 그 변화는 아주 어릴 적의 경험에서 비롯됩니다. 이처럼 변화를 허용하는, 본성에 새겨진 선택권이 확립되자마자 어린이들은 언어의 전체 체계를 습득하게 되는데, 그것 덕분에 새로운 것을 말하고, 새로운 것을 이해하고, 아무도 예전에 들어본 적이 없는 새로운 표현을 해석할 수 있습니다. 다시 말해 언어를 능숙하게 구사할 수 있게 됩니다.

질적으로 말해 보자면, 도덕적 판단 체계가 이러한 언어 사용 체계와 비슷한 토대를 가지고 있다고 생각됩니다. 하지만 이것은 어디까지나 추측일 뿐이므로 보다 정확한 해답을 찾아내야 합니다.

청중1 분명, 인간 본성의 바탕에 깔린 원칙은 단순한 게 아니겠지요. '살인하지 마라'와 같은 간단한 계명이 아닐 겁니다.

— 그렇습니다. 우리는 그보다 훨씬 더 복잡한 것들을 결정하니까요. 우리는 도덕적 판단의 기본 원칙이 실제로 어떤 것인지 정말 잘 모르지만 그런 원칙이 있다고 믿어도 좋을 근거가 있습니다. 그건 우리가 비교적 일관되게 도덕적 판단을 내린다는 것입니다. 사람들은 서로 그런 판단을 이해하고 존중합니다(가끔 일치하지 않을 때도 있는데, 이런 경우 우리는 도덕적 논쟁을 벌이게 됩니다). 우리는 예전에 한 번도 본 적이 없는 새로운 상황에서도, 또 새

로운 문제에 직면했을 때에도 그렇게 할 수 있습니다. 그래요, 우리는 천사가 아니므로, 그런 기능을 맡은 구조가 이미 우리의 신체 안에 내장되어 있는 것입니다. 다른 복잡한 기능이 이미 우리의 두뇌 회로에 들어와 있는 것처럼 말입니다. 다시 말해서 그런 구조는 대개 유전적으로 결정된 틀의 일부이고, 아주 어릴 적 경험을 통해 아주 일부만 수정될 뿐입니다.

바로 이런 것이 도덕적 체계입니다. 이 체계는 얼마나 많이 변할 수 있을까요? 먼저 그 체계를 제대로 이해하지 못한다면, 그것을 알 수 없습니다. 언어는 얼마나 많이 바뀔 수 있습니까? 대상을 이해하지 못하면 우리는 이러한 질문에 대답할 수 없습니다. 내 말은, 언어의 경우 우리는 그것에 변화가 별로 없다는 것을 알고 있는데, 도덕적 체계의 경우에도 그러하다고 상당 부분 추측할 수 있습니다. 그 이유는 아주 단순합니다. 도덕적 체계는 복잡하면서도 이미 결정되어 있는 것처럼 보이는데, 이렇게 만든 요인은 두 가지뿐입니다. 하나는 고정된 생물학적 본성이고, 또 다른 하나는 개인의 경험입니다.

그런데 인간의 경험은 몹시 빈약하고 또 방향성이 별로 없습니다. 여기에 깔린 논리는 어떤 사람이 이렇게 질문할 때와 흡사합니다. "왜 아이는 특정 연령에 도달해야 사춘기를 겪을까?" 사실 아무도 그 해답을 알지 못하고 있습니다. 그건 미지未知의 주제입니다. 하지만 사춘기를 유발하는 두 가지 가능한 요인이 있습니다. 첫째, 어린이에게 사춘기를 유발시키는, 사춘기 이전의 경험입니다. 그러니까 같은 나이 또래 아이들의 압력 등의 환경적 영향이나, 누군가가 어린이에게 사춘기가 좋다고 얘기하는 것 등입니다. 둘째, 어떤 조건과 일정 수준의 성숙 하에서 호르몬이 나오고, 그 시점에서 사춘기를 겪도록 유전적으로 설계되었다는 것입니다. 다시 말해 사춘기가 인체의 회로에 미리 새겨져 있다는 것이지요.

사람들은 잘 알지 못하는 상태에서 두 번째 가능성만을 생각합니다. 가령 어떤 사람이 또래의 압력이 사춘기를 일으키는 요인이라고 말한다면 —그는 다른 소년들이 그 이유로 사춘기를 겪는 것을 보았기 때문에 그렇게 말하는지도 모릅니다—사람들은 잘 알지도 못하면서 그 주장을 비웃습니다. 그들이 비웃는 이유는 아주 단순합니다. 환경은 그런 구체적 변화를 일으킬 만큼 특별하지도 다양하지도 않기 때문입니다. 사람들은 이 논리가 성장과 발전 과정의 다른 모든 사항에도 적용된다고 봅니다. 그렇기 때문에 사람들은 구체적 배경 지식이 없는 상태에서도, 배아胚芽가 섭취하는 영양분보다는 생물학적 본성에 따라 인간이 되기도 하고 닭이 되기도 한다고 보는 겁니다. 영양분은 구체적인 변화를 일으킬 만큼 충분한 정보가 아니라는 것이지요. 음, 도덕적 가치와 도덕적 판단 체계 또한 이러한 성격을 갖고 있는 것 같습니다.

그런데 우리가 때때로 도덕적 논쟁을 벌인다는 사실이 이런 결론에 이바지하고 있습니다. 사람들의 의견이 정말로 엇갈리는 쟁점, 가령 노예제도를 한번 살펴봅시다. 그것은 지적 논쟁이라기보다 엄청난 투쟁의 역사였습니다. 하지만 이 문제와 관련된 지적 논쟁에는 확실히 공통적인 도덕적 근거가 깔려 있었습니다. 사실, 노예주의 주장은 간단히 무시해버릴 수 있는 것이 아니었습니다. 어떤 주장은 타당하고 시사하는 바가 많았습니다. 예를 들어, 19세기 후반의 미국 노동자들은 그 주장을 진지하게 받아들였습니다.

예컨대 노예주는 이렇게 주장했습니다. '당신이 노예를 빌리지 않고 아예 소유하고 있다면 노예를 더 잘 돌봐주게 마련이다.' 차를 빌릴 때보다 소유할 때 더 잘 관리하게 되는 것처럼, 노동자를 빌리기보다 소유할 때 더 잘 보살펴준다는 것입니다. 그들의 주장에 따르면 노동자를 소유하는 노예제도는 관대하고, 노동자를 빌리는 것에 불과한 '자유 시장'은 도덕적으로 잔인합니다. 노예주는 실제로 이렇게 말했습니다. '보라, 우리는 자본주의의 임금노예 체계를 유지하는 당신들보다 훨씬 더 관대하다.'

만약 19세기의 노동기사단Knights of Labor이나 기타 노동자 단체에 소속된 노동자들의 문헌을 살펴본다면, 그들의 입장에 위의 주장과 유사한 논리의 흐름이 있음을 알게 될 것입니다. 그들은 이렇게 말합니다. '우리는 노예제도를 끝장내기 위해 싸웠는데 또 다른 노예제도가 우리에게 부과되고 있다.'[산업 임금노동 체제는 남북전쟁이 끝난 뒤부터 지배적인 현상이 되었다.][43] 따라서 요점은, 이런 논쟁의 모든 측면에서 사람들이 똑같은 도덕적 원칙에 호소했다는 것입니다. 그들이 타락하고 부패했을지라도 말입니다.

내 말은, 나치 친위대나 고문자들이 '나는 악한이 되고 싶어 이런 행동을 하고 있다'고 말하는 경우는 극히 드물다는 것입니다. 우리 모두는 살면서 나쁜 짓을 저지르는데, 생각해보면 우리가 이렇게 말하는 경우는 아주 드뭅니다. '내가 좋아서 이런 행동을 한다.' 사람들은 그들을 도덕적 가치의 기본 틀에 맞추기 위해 상황을 재해석합니다. 그러니 사실상 우리는 그 가치를 공유하고 있는 겁니다.

물론 도덕적 가치가 획일적이라고 말하는 건 아닙니다. 여러 문화를 살펴보면 그 가운데서 다양성을 발견하게 됩니다. 하지만 다양한 언어를 살펴볼 때도 그러한 차이는 발견할 수 있습니다. 언어들 사이에 획기적 차이는 있을 수 없습니다. 만약 차이가 정말로 크다면 그 언어를 습득하는 것이 불가능하기 때문입니다. 차이가 있더라도 그것은 피상적인 것이므로, 상황의 기본적 논리를 가지고 진실을 증명하려는 것이 과학적 태도입니다. 내 생각에, 도덕적 판단의 경우도 마찬가지라고 봅니다. 원래의 질문으로 되돌아간다면, 나는 도덕적 가치가 우리의 본성에 뿌리를 내리고 있다는 사실을 의심하지 않습니다.

청중1 사람들이 그런 일련의 도덕적 가치를 공유하고 있음을 인정하더라도, 왜 만사가 부패하고 위계적이고 전쟁에 찌들어 있는지는 설명이 되지 않는데요.

— 하지만 왜 그와 정반대의 질문은 던지지 않습니까? 어떻게 그렇게 많은 동정, 배려, 사랑, 연대가 있는지는 왜 물어보지 않습니까? 내 말은, 인간 본성에는 그런 좋은 측면도 있다는 것입니다.

청중1 그건 민중운동에 대한 반론을 들을 때마다 내가 늘 써먹는 수법입니다. 제도권은 그런 좋은 가치를 만들어내지 않는 게 확실하므로 그런 것은 없어야 하는데 여전히 세상에는 좋은 측면이 있지 않느냐고 반격하는 거지요.

— '왜 이것은 이토록 많을까, 또 저것은 왜 저토록 많을까?' 하고 말할 필요가 없습니다. 있는 것은 있는 것이기 때문입니다. 하지만 존재하는 것은 틀림없이 기회와 선택에 의해 결정되고, 그 기회와 선택은 특정 사회·문화·경제·공간을 배경으로 하는 인간에게 부과되고 이용됩니다. 따라서 중요한 것은, 사람들이 더 건강한 대안을 추구할 수 있도록 선택의 범위를 최대한 넓히기 위해 사회와 그 모든 제도와 여건을 확립하려고 시도하는 것

입니다. 나는 현대 역사에서 바로 지금이 그것을 시도해볼 가장 적절한 시기라고 생각합니다.

내 말은, 전국적으로 엄청난 환멸이 퍼져 있다는 뜻입니다. 그것은 전 세계적인 현상입니다. 이에 대한 국제 비교 연구가 진행되고 있는데, 모든 산업 국가에서 비관주의는 놀랄 만한 수준입니다. 예를 들어, 미국 인구의 약 4분의 3은 미래가 과거보다 '객관적으로 악화'될 것이라고 생각하고 있습니다. 달리 말해, 자녀들이 부모 세대처럼 살지 못할 것이라고 믿고 있습니다.[44] 미국 인구의 약 절반은 공화-민주 양당 제도가 해체되어 무용지물이 될 것이라고 생각합니다.[45] 제도권에 대한 불만은 늘 높고, 예전부터 줄곧 높아져왔습니다.[46] 사회 변화를 위한 운동이 일어날 가능성이 아주 높아진 상황인데, 이때 우리가 실천에 나서지 않는다면 그건 우리의 잘못입니다. 지금까지는 이런 요소들이 성숙하지 않았습니다.

하지만 동시에 민중이 좌절한 것도 사실입니다. 내 말은, 이 환멸의 일부분은 그들이 그 밖에 다른 것을 알지 못하는 데서 오는 것입니다. 그들은 해결책이나 대안을 알지 못합니다. 객관적으로 상황이 오늘날보다 훨씬 더 상황이 나빴던 1930년대의 극심한 대공황에서도 민중은 결코 오늘날처럼 절망하지 않았습니다. 당시의 사람들은 상황이 호전될 거라고 생각했고, 호전되도록 기여할 수 있다고 보았고, 민중운동을 조직할 수 있다고 판단했으며, 다시 일을 할 수 있다고 생각했습니다. 내 말은, 그들 또한 루스벨트에 대한 환상 같은 걸 품고 있었지만, 그래도 그것은 당시의 현실과 연계

---

45 "[여론조사자 고든 블랙의] 전국 조사에 따르면, 미국 국민의 56퍼센트가 민주당과 공화당의 양당에 분노를 표시하고 있는 것으로 나타났다. 69퍼센트는 현 여당이 이러한 정당제도를 개혁하지 못한다고 생각하고 50퍼센트는 민주당과 공화당이 일을 제대로 못하기 때문에 새로운 정당이 출현해야 한다고 생각한다." Adam Pertman, "A public keen on politics fuels outsider groups", *Boston Globe*, March 5, 1993, p. 1.

되어 있었다는 것입니다. 오늘날 사람들이 주로 느끼는 것은 상황이 악화되어가고 있으며 우리가 할 수 있는 일은 없다는 것입니다.

따라서 현대인들은 깊은 환멸, 나락까지 떨어진 절망, 대안의 부재 등이 마구 뒤섞인 현실을 맞닥뜨리고 있습니다. 바로 이런 상황이야말로 진지한 운동권이 적극적으로 개입하여 변화를 추구할 수 있는 출발점입니다.

10

전환점에서 미래를 전망하다

※ 1994, 1996, 1999년 일리노이, 뉴저지, 매사추세츠, 뉴욕, 메릴랜드에서 진행된 토론회를 바탕으로 엮었다.

1

풍요 속의 빈곤과
왜곡된 복지를 말하다

미국은 영토가 아니라 부자를 지키고 있습니다.
부자는 가난한 사람들로부터 자신을 지키고 있으며
여기에 필요한 돈을 가난한 사람들이 부담하고 있습니다.
이 때문에 정부는 계속 군사비 지출을 늘려야 합니다.
펜타곤은 군수산업 계약, 기술 연구 등을 통해 납세자의 수천억 달러를
부자들에게 건네주는 수단인 것입니다.

미국 내의 제3세계 현상

청중 2 사람들이 사회에서 진정한 일, 가령 서로 협조하면서 어린이를 교육하는 일 등을 더 많이 할 수 있으려면 사회가 어떻게 변해야 합니까? 회사에서 따분한 일을 하면서 우리의 인생을 다 보내지 않으려면 말입니다.

— 실제로 오늘날 많은 국가들이 그런 것들을 강조하고 있습니다. 그 모델을 멀리서 찾을 필요도 없습니다. 예컨대 서유럽을 한번 살펴봅시다. 서유럽 사회는 미국과 별로 다르지 않고 기업 위주의 경제, 똑같은 제한된 정치 시스템으로 운영되지만, 갖가지 역사적 이유 때문에 미국과는 다소 다른 사회정책을 추구하고 있습니다. 독일에는 미국에는 없는 일종의 사회적 계약이 있는데, 예를 들어 독일 최대의 노동조합 가운데 하나는 주 35시간 근로계약을 얻어냈습니다.[1] 네덜란드는 노령 인구에 빈곤층이 거의 없다시피 하고, 아동 빈곤층도 약 4퍼센트로 거의 없다고 할 수 있습니다.[2] 스웨덴에서는 부모 둘 다 1년 정도 양육 휴가를 쓸 수 있습니다. 서유럽 사회에서는 미국과 달리 자녀 양육이 가치 있는 일로 여겨지기 때문입니다. 미국의 지도층은 가족을 싫어합니다.[3] 뉴트 깅리치(1994년 중간선거에서 공화당의 대승을 이끈 후 하원 의장을 지낸 강경보수파-옮긴이)와 그 밖의 사람들은 자신들이 '가

족의 가치'를 후원한다고 얘기할지 모르지만 그들은 사실 가족이 파괴되기를 바랍니다. 이윤 추구라는 관점에서 보면 가족은 합리적 단위가 아니기 때문입니다.

미국 사회와 거의 똑같은 기존 사회들 내에서도, 다양한 다른 사회 정책들이 많이 있을 수 있는 것입니다. 나는 미국의 체제도 그런 정책들을 수용할 수 있다고 보는데, 관건은 그런 사회 정책을 채택하기 위해 얼마나 많은 압력을 가할 수 있는가 하는 것입니다.

이와 관련하여, 유니세프^{UNICEF}〔유엔아동보호기금〕가 최근에 부자 국가들의 아동 처우에 관한 아주 흥미진진한 책을 발간했습니다. 《뉴욕타임스》나 미국의 다른 언론에서는 이 책의 서평을 실어주지 않았습니다. 하지만 이 책은 정말 많은 것을 밝혀주는 좋은 책입니다. 실비아 앤 휼렛이라는 우수한 미국 경제학자가 이 책을 저술했습니다. 그녀는 책에서 아동 처우에 관한 기본적인 두 유형, 즉 '유럽 대륙―일본' 모델과 '영미' 모델을 확인했는데, 두 유형은 근본적인 차이를 보입니다. 그녀의 결론에 따르면 유럽 대륙―일본 유형은 아동과 가족의 복지를 향상시킨 반면, 영미 유형은 이른바 아동과 가족에 대한 '전쟁'이었습니다. 특히 지난 20년 동안 심했는데, 1980년대에 정권을 잡았던 미국 '보수파'가 해외에서는 빈곤과 고문^{拷問} 정책을 추구하는 한편, 국내에서는 가족의 가치와 아동의 권리를 적극 반대하고 가정을 파괴하는 사회정책을 수행했기 때문입니다.[4]

하지만 이런 건 《뉴욕타임스》의 입맛에 맞는 이야기가 아니었습니다. 그

---

4 "미국은 가난 속에 살고 있는 아동의 비율이 20퍼센트로서 세계 최고 수준이다. …… 오스트레일리아, 캐나다, 영국은 9퍼센트 수준이다. …… 서유럽과 일본은 2~5퍼센트에 지나지 않는다. ……[미국 내에서] 아동 빈곤 비율, 학교 중퇴율, 10대 자살률은 증가세에 있다." Sylvia Ann Hewlett, *Child neglect in rich nations*, United Nations Children's Fund, 1993, pp. 1-2.

결과, 유니세프의 연구서는 결코 서평을 받지 못했습니다. 그 대신,《뉴욕타임스》편집자들이《뉴욕타임스 북리뷰 *The New York Times Book Review*》의 커버스토리로 삼은 주제는 미국이 안고 있는 또 다른 심각한 문제였습니다. 여러분이 그 기사를 아직 읽어보지 못했다면 꼭 읽어보실 것을 권합니다. 그 기사에 따르면 미국은 문제에 직면해 있는데, '나쁜 유전인자'가 나라를 점령해버렸다는 겁니다. 그 증거로 SAT(미국의 대학 입학 자격 시험 - 옮긴이)와 아이큐 테스트가 최근 들어 줄곧 하향 곡선을 그리고 있으며 학생들이 예전만큼 좋은 결과를 내지 못한다는 것을 들었습니다.

아무리 단순한 사람이라도 이 문제가 뉴욕 시 아동의 40퍼센트를 빈곤선 아래로 내몰았던 사회정책 탓임을 짐작할 것입니다. 하지만《뉴욕타임스》는 이 문제를 결코 제기하지 않습니다.[5] 그들에게 문제의 원인은 나쁜 유전인자입니다. 보다 구체적으로는 흑인들입니다. 그들은 아프리카에서 진화했고, 척박한 풍토에서 자랐으며, 따라서 흑인 어머니들은 자녀들을 잘 키우지 못하는 방식으로 진화했고, 게다가 토끼처럼 자식을 너무 많이 낳는다는 것이었습니다. 그 결과, 미국의 유전자풀[gene pool]이 오염되었고 그리하여 각종 표준 테스트의 성적이 떨어졌다는 것입니다.[6]

그리고 이런 설명이 객관적 사실이라고 우깁니다.《뉴욕타임스》의 서평은 이렇습니다. 유전자 운운한 그 책에 제시된 사실들이 상당 부분 옳지 않지만 그래도 한 가지는 분명하다는 겁니다. 유전자풀 오염에 따른 성적 저하는 분명 심각한 문제이고, 이를 무시하는 민주 사회는 결국 '위기'에 처하게 된다는 겁니다.[7] 반면, 사회가 한심한 사회정책을 실시하여 '위기'에 처하게 되는 것은 괜찮다는 듯한 태도입니다. 지금의 사회정책은 뉴욕 시 아동의 40퍼센트가 겪고 있는 빈곤, 궁핍, 폭력을 면하게 해주는 최소한의 물질적 조건들마저 어린이에게서 빼앗고 있습니다. 또 어린이들을 영양실조, 질병, 고통으로 내몰았습니다. 아이들이 '아이큐' 테스트를 한다면 성적이 어떻게 나올지 정확히 예측할 수 있을 정도입니다. 하지만《뉴욕타임스》는 이런 사회정책에 대해서는 전혀 언급조차 하지 않았습니다.

사실, 내가 최근에 살펴본 통계자료에 따르면, 3,000만 명의 미국인들이 굶주림에 시달리고 있습니다. 3,000만 명은 엄청난 숫자이고, 그 가운데는 아동이 많이 포함되어 있습니다.[8] 1980년대 들어 일반적으로 전 세계 기아飢餓 비율이 하락했는데 두 군데만 예외였습니다. 아프리카 사하라 이남 지역과 미국입니다. 세계에서 가장 빈곤한 지역과 부유한 지역에서 굶주림이 증가했던 겁니다. 사실상, 1985년부터 1990년까지 미국의 기아 비율은 50퍼센트까지 증가했습니다. 레이건의 보수주의적 '개혁'은 뿌리를 내리는 데 2년이 걸렸지만 그 영향은 1985년부터 느껴지기 시작했습니다.[9] 상식만으로는 확실하지 않지만 이런 종류의 궁핍이 아동에게 끼친 육체적·감정적·정신적 영향의 증거는 압도적으로 많습니다. 한 가지 예를 들어보면, 일반적으로 낮은 영양 수준과 양육 결핍은 신경 발달을 저하시킵니다. 따라서 아동이 영양실조에 걸리면, 그 악영향은 건강·생활·정신 모두에 지속적이고 장기적인 영향을 끼치게 됩니다. 이런 아이는 나중에 커서도 그런 악영향을 결코 극복하지 못합니다.[10]

미국에서 증가하는 굶주림은 아동만의 문제가 아닙니다. 노인층도 마찬가지입니다.《월스트리트저널》이 최근 1면에서 지적했듯이, 굶주림은 노인층에서 '급증'하고 있습니다. 60세 이상 인구의 16퍼센트인 약 500만 명의 미국 노인들이 굶주려서 영양실조에 걸리고, 많은 노인들은 말 그대로 굶어 죽고 있습니다.[11] 지금 미국은 아이티나 니카라과처럼 아사지경餓死之境은

'풍요로운' 미국 안에 비참한 '제3세계' 현상이
심화·확산되고 있습니다. 오늘날 3,000만 명의 미국인들이
굶주림에 시달리고 있고, 그 가운데는 아동이 많이
포함되어 있습니다.

아니지만 영양 결핍은 여전히 심각합니다. 많은 곳에서 영양실조 상태가 경제봉쇄 조치 때의 쿠바보다 더 심각합니다.

그럼 내가 살고 있는 보스턴을 예로 들어봅시다. 이곳은 아주 부유한 도시이고 세계적으로 손꼽히는 의료 중심지입니다. 호화로운 병원도 몇 군데 있지만 서민에게 봉사하는 시립 병원도 있습니다. 시립 병원은 그런대로 좋은 병원인데 몇 년 전부터 영양실조를 전문적으로 취급하기 시작했습니다. 레이건의 보수적 경제정책이 영향을 나타내기 시작하면서, 보스턴에서 제3세계 수준의 영양실조가 발견된 것입니다. 겨울이 닥치면서 상황은 더 심각해졌습니다. 당시 가난한 가족들은 내 아이를 굶겨 죽일까, 아니면 추위로 얼려 죽일까 사이에서 선택을 해야 할 정도였습니다. 그것도 세계에서 가장 부유한 도시 가운데 하나이자 의료 중심지라는 곳에서 말입니다. 국민을 이처럼 도탄으로 내모는 것은 미국 같은 부자 나라에서는 물론이고 다른 나라에서도 범죄행위입니다.[12]

문제는 굶주림만이 아닙니다. 미국에서는 1960년대부터 부모와 자녀가 함께 지내는 시간이 약 40퍼센트 줄어들었는데, 주당 평균 10시간에서 12시간 정도에 지나지 않습니다.[13] 이 영향 또한 너무나 분명한데, 부모 역할을 대신 떠맡은 텔레비전, 맞벌이 부부의 외로운 아이, 아동이 아동에게 저지르는 폭력의 증가, 마약 남용 등이 그것입니다. 이런 모든 현상은 충분히 예측 가능했습니다. 이 모든 것은 주로 미국의 맞벌이 부부가 (다른 나라와 달리) 자신들을 도와줄 자녀 양육 제도도 없이, 수입과 지출의 균형을 맞추기 위해 주당 50~60시간까지 일해야 했기 때문이었습니다.[14] 그런데 이것이 1990년대에 발생했다는 것을 유념할 필요가 있습니다. 당시 《포춘》이 지적했듯이, 기업 이익이 기록적으로 높았고, 급료로 나가는 기업 소득 비율

은 급감했던 시기였지요. 바로 이것이 이 모든 일이 발생한 맥락입니다.[15]

그런데 말이지요, 《뉴욕타임스 북리뷰》는 이 모든 것을 외면했습니다. 이런 사정이 내가 아까 말한 유니세프 보고서에 언급되어 있었지만, 《뉴욕타임스》는 그 책의 서평조차 싣지 않았습니다.

그럼 당신의 질문으로 되돌아가 봅시다. 당신은 이렇게 질문했습니다. "우리가 이 모든 것과는 다른 사회정책을 채택하려면 어떤 일이 벌어져야 합니까?" 나는 실비아 앤 휼렛이 정리한 영미 모델이 지속되어야 할 이유가 없다고 봅니다. 또 그런 모델이 미국과의 계약Contract With America[1994년에 시작된 공화당 의원총회 정강]과 복지개혁법Welfare Reform Act[클린턴 대통령이 1996년 8월에 서명한 '개인 책임과 근로 기회 조정에 관한 연방법']에 의해 확장될 필요도 없다고 생각합니다. 이런 것들은 자연법칙이 아닙니다. 사회정책에 의한 결정 사항이므로 얼마든지 바꿀 수 있습니다. 미국처럼 기업이 통제하는 사회에서도 이런 것을 바꿀 여지는 많습니다.

하지만 왜 또 다른 중요한 질문은 던지지 않습니까? 왜 절대적 조직(기업)이 존재할 권리를 가지는지에 대해서는 의문을 제기하지 않습니까? 내말은 이런 뜻입니다. 무슨 권리로 기업 — 엄밀히 말하면 거대 권력을 가진 파시스트 조직 — 이 당신에게 이런저런 일을 하라고 시키는 겁니까? 과거에 왕이 신하에게 일을 시킨 것과 무엇이 다릅니까? 민중은 왕권과 싸워 이겼습니다. 이제 우리는 거듭 기업 권력과 싸워 그것을 뒤엎어야 합니다. 우리는 충분히 그렇게 할 수 있습니다.

---

15 "포춘 500대 기업은 매출은 8.2퍼센트, 이익은 무려 54퍼센트 상승했다. 하지만 이들 회사의 지난해 임금 인상율은 겨우 2.6퍼센트였다." Richard S. Teitelbaum, "Introduction to the Fortune 500; Largest U.S. Corporations A Boom In Profits", *Fortune*, May 15, 1995, p. 226.

민중이 도전할 흥미진진하고도 생산적이며 즐거운 일은 많이 있고, 그런 일을 원하는 사람들도 많이 있습니다. 현재의 경제체제 아래에서 그런 기회를 얻고 있지 못할 뿐입니다. 물론 마땅히 끝내야 하는 허섭쓰레기 같은 일 역시 많지만, 합리적인 사회라면 그것을 모든 사람들에게 공평하게 분배하여 해내면 됩니다. 그런 일을 하는 로봇을 가질 수 없다면, 골고루 나눠서 함께하면 되는 것입니다.[16]

그래요, 나는 그것이 우리가 지금 나아가야 할 모델이라고 생각합니다. 솔직히 말해서, 왜 그것을 불가능한 목표라고 생각하는지 나는 그 이유를 모르겠습니다.

청중2 촘스키 씨, 나도 당신이 말한 《뉴욕타임스》 서평을 보았는데 온몸에 소름이 돋았습니다. 만약 내가 흑인 남성이었더라면 나는 어찌할 바를 몰랐을 겁니다. 마음속이 불타오르고, 분노가 머리끝까지 치밀어 올랐을 겁니다.

— 만약 당신이 흑인 여성이라면 어떻게 반응했겠습니까? 그 기사는 흑인 여성은 자녀들을 잘 키우지 못한다고 말했습니다. 흑인 여성이 환경이 열악한 아프리카에서 발전한 유전자를 물려받았기 때문에 그렇다는 것입니다. 그것은 나치와 다름없는, 노골적인 인종차별주의입니다.

하지만 잘 보세요. 그건 정말 거론할 가치도 없습니다. 적절한 대응 방법은 이런 질문을 던지는 것입니다. '그들은 무엇 때문에 이렇게 말할까?' 그 이유는 아주 간단합니다. 자 보십시오. 이 나라 인구의 3,000만 명이 굶주리고 있습니다. 뉴욕 시 아동의 40퍼센트는 대부분이 흑인이고 히스패닉인데 빈곤선 밑에서 살고 있습니다. 어린이들이 형편없이 망가졌다는 뜻 아닙니까? 그런데 이런 상태는 이른바 권력자들이 떠받치는 특정 사회정책의 결과입니다. 그들은 돈을 계속 벌고 싶을 뿐 그 밖의 다른 것은 쳐다보지도 않으려 합니다. 하지만 그런 열악한 상황에 대해서 핑곗거리는 마련해야 합니다. 그게 무엇일까요? 바로 '나쁜 유전인자'입니다. 그래요, 그들의 동기를 파악하면 당신은 그 문제에 적절히 대응할 수 있게 됩니다.

한때 나치가 '유대인은 우리 사회를 파괴하는 바이러스'라고 말하는 게 적절하다고 생각되던 시절이 있었습니다. 그런데 지금은 《뉴욕타임스》가 흑인 어머니들은 자녀를 제대로 키우지 못한다는 얘기를 버젓이 싣는 것이 적절하다고 생각하고 있고, 주류 문화의 지식인들은 아이큐에 관한 시시한 책들의 주장에 어떤 과학적 합법성이 있다고 생각하고 있습니다.[17]

하지만 이것은 너무나 속이 빤히 들여다보이는 이념적 무기일 뿐입니다. 그러니 우리가 이런 걸 따지면서 아까운 시간을 낭비할 필요도 없습니다. 우리는 그것의 정체만 명쾌하게 파악하면 됩니다. 그것은 세계에 관한 가장 기본적 진실을 눈가림하는 코미사르 문화의 산물이고, 아동을 굶어 죽게 만드는 사회정책을 추구하는 부유한 권력층의 자기 정당화이기도 합니다. 아무도 그 문제를 직면하지 않으려 하는 것은 이해할 만하지만, 동시에 우리가 그것을 어떻게 바꿀 수 있는지도 명확합니다.

복지: 콩 한 알과 산더미

청중2   당신은 '미국과의 계약'과 '복지개혁법'[부양 자녀를 둔 가족을 지원하는

'부양아동가족부조' 프로그램을 대체한 법으로서, 5년간 공적보조금을 받은 '신체 건강한' 모든 성인 수령자가 2년 안에 취직하도록 강제하는 법]을 언급했습니다. 그런데 한 가지 의문이 있습니다. 1994년 의회에서의 공화당의 대승리를 비롯하여 지난 몇 년 동안 워싱턴에서 우익이 급증한 사실을 어떻게 설명하시겠습니까? 또 우익이 내놓는 새로운 프로그램의 진의가 무엇이라고 생각합니까?

— 우선 1994년 선거와 이른바 '미국과의 계약'부터 얘기를 시작해봅시다. 언론에서 '보수파의 대승리', '정치적 지진'이라고 떠들어댄 것은 맞지만, 이런 미사여구를 좀 더 깊이 살펴보아야 합니다. 공화당의 의제, 이른바 '미국과의 계약'에 관한 흥미로운 사실이 있는데, 극소수의 투표자만이 그 내용을 알고 있었고, 사람들에게 대부분의 조항에 관해 질문하면 대다수는 반대했다는 것이 그것입니다. 따라서 진정한 투표는 없었다고 할 수 있습니다. 그 내용을 알고 있는 사람들이 없었으니까요. 집중적인 선전을 끊임없이 펼친 몇 달이 지나서도, 미국과의 계약에 대해 들어본 적이 있다고 말한 미국 인구는 절반이 채 되지 않았습니다.[18] 그것은 숨겨진 비밀이 아니었고, 매일 신문지상에 오르내렸습니다. 이것이 '보수파의 대승리'였습니다. 그것은 민주주의가 붕괴했다고 말하는 다른 방법이기도 했습니다.

그것이 무엇인지는 분명했습니다. 그들이 툭하면 꺼내드는 자유시장의 기본 원칙이었습니다. 하지만 말이 좋아 자유시장이지 부자에게 엄청난 국가보조금을 주면서 가난한 사람들에게 돌아갈 혜택을 삭감한 것에 지나지 않습니다. 이게 어떻게 자유시장입니까? 정말 뻔뻔스러운 일이었습니다. 특정 조항을 한번 들여다봅시다. 이를테면 '계약'에는 '일자리 창출과

가난한 사람들에게 돌아가는 소액의 복지는
산꼭대기 위에 놓인 콩 한 알과 같은데 그걸 깎으려고 하는 겁니다.
권력층은 '진짜' 복지를 계속 촉진했는데,
그리하여 부자에게 돌아가는 복지는 산더미처럼 많았습니다.

임금 촉진법'이라고 불리는 단락이 있었습니다. 그 안에는 기업에게 보조금을 주고 세금을 인하한다는 내용이 있는데, 그 밑에 다음 한 줄이 있습니다. "임금을 올리고 일자리를 창출하는 프로그램은 '재원 없는 위임'을 제거할 것이다." 이 위임은 국가가 사회 프로그램을 제공하고, 각종 규제를 실시하도록 보장하는 주요 메커니즘입니다〔'위임'은 의회가 국가와 주정부에게 이런저런 사회 프로그램을 부과하는 것〕.[19] 말이 좋아 '임금을 올리고 일자리를 창출하는' 프로그램이지 실은 국가의 규제를 받지 않고 자기 마음대로 하겠다는 것입니다. 이것은 그 프로그램의 본질을 잘 보여주는 사례입니다.

클린턴과 의회, 양쪽이 주요 삭감 표적으로 삼은 것은 이른바 '복지'입니다. 가난한 사람들에게 돌아가는 소액의 복지는 산꼭대기 위에 놓인 콩 한 알과 같은데 그걸 없애려고 하는 겁니다. 한편, 권력층은 '진짜' 복지를 계속 촉진했는데, 그리하여 부자에게 돌아가는 복지는 산더미처럼 많았습니다. 그들은 전통적인 두 가지 방법 — 첫째, 기업에게 직접 지원금을 주는 것, 둘째, 역누진적인 재정 수단 regressive fiscal measures〔가난한 사람들에게 부정적인 영향을 미치는 수단〕 — 을 통해 '진짜' 복지를 계속 촉진하고 있습니다.

그럼 복지의 대부분을 차지하는 직접적인 지원금 부분을 먼저 살펴봅시다. 이것은 국방비 지출과 같은 것입니다. 지금 미국은 다른 국가의 침공에 대비하여 영토를 방어한다고 말할 수가 없습니다. 그런 말은 썰렁한 웃음거리밖에 되지 않을 것입니다. 미국은 세계 군사비의 거의 절반을 지출하고 있는데, 어느 나라가 이런 나라를 공격하려 들겠습니까?[20] 미국은 1812년 전쟁 이래 영토를 공격받은 적이 단 한 번도 없으며, 미국처럼 국가 안

---

20 미국의 군사비 지출에 대해서는 이 책 제2권 8장을 참조할 것.

보의 위협이 없는 나라도 찾아보기 어렵습니다.[21] 미국은 영토가 아니라 부자를 지키고 있습니다. 이건 사실입니다. 부자는 가난한 사람들로부터 자신을 지키고 있으며 여기에 필요한 돈을 가난한 사람들이 부담하고 있습니다. 이 때문에 정부는 계속 군사비 지출을 늘려야 합니다. 펜타곤 시스템은 바로 그런 일을 하기 위해 존재하는 것입니다. 펜타곤은 군수산업 계약, 기술 연구 등을 통해 납세자의 수천 억 달러를 부자들에게 건네주는 수단인 것입니다.

보십시오. 펜타곤은 본연의 임무인 국방보다는 경제에 더 많은 관심을 쏟았습니다. 펜타곤은 공공 분야를 통해 일반 대중(납세자)이 연구 개발비를 몇십 년 동안 (국민의 세금으로) 지불하게 하여, 부자들이 컴퓨터를 가질 수 있게 해주었습니다. 또 IBM, 민간 기업 투자가들이 엄청난 이익을 올리게 해주었습니다. 또 보잉 사가 미국 최대의 민간 수출 업체가 되도록 해주었습니다. 세계 최대의 단일 산업인 관광산업이 주로 미국의 군사 시스템을 통해 개발된 기술 — 말하자면, 항공기 — 에 바탕을 두고 있으니까 보잉이 최대 수출 업체가 되었던 것입니다. 이처럼 펜타곤은 지난 수십 년 동안 엄청난 자금을 미국 경제 분야에 쏟아부었습니다.[22] 클린턴 행정부와 의회는 이 모든 보조금의 양을 늘렸는데, 사실 클린턴의 국방 예산은 냉전 시대의 평균 군사비를 훨씬 초과했습니다. 그 밖에도 '미국과의 계약' 프로그램은 다양한 형태의 직접적인 지원금과 보조금을 부자들에게 주고 있습니다.[23]

두 번째 복지 지출은 역누진적인 재정 수단인바, 이는 부자들에 대한 복

21　촘스키는 2001년 9월 11일 세계무역센터와 펜타곤을 강타한 납치된 비행기들은 '규모나 특징보다는 공격 대상에서 세계사에서 아주 새로운 일이며 미국으로서는 1812년 전쟁 이래로 처음 영토가 공격당한 것'이라고 말했다.

22　펜타곤의 진정한 목적에 대해서는 이 책 제1권 3장을 참조할 것.

지를 숨기는 또 다른 방법으로 지금도 늘어나고 있습니다. 가령 기업 지출 비용에 대한 세금 공제를 늘린다면, 그것은 재정적으로 복지 수표를 끊어 주는 것과 다름없습니다. 실직한 어머니가 여섯 아이를 데리고 있을 때, 그녀가 100달러 수표를 받는다면 그건 복지입니다. 지금 부유한 어떤 사람이 부동산 담보 대출을 받는다면 세금 공제를 100달러 받게 되는데, 이것 역시 똑같은 정부 지출입니다. 하나는 직접 돈으로 받는 것이고, 다른 하나는 재정 수단에 숨겨져 있습니다. 하지만 경제적 관점에서 본다면 그것들은 똑같은 복지 비용입니다. 반대로 정부가 그 부자에게 100달러를 현금으로 주고 실직한 어머니의 세금에서 100달러를 공제한다고 해도, 결과는 역시 같습니다.

이처럼 역누진적인 재정 수단을 통해 부자들에게 돌아가는 모든 복지 비용을 살펴보면, 그 규모는 정말 엄청납니다. 기부금 공제를 한번 봅시다. 모든 것이 부자들에게 돌아가고, 부자의 세금을 깎아주는 방법입니다. 그것은 복지 수표와 다름없는 보조금입니다. 또는 주택 담보 대출의 세금 공제를 살펴봅시다. 그 복지의 약 80퍼센트는 연봉이 5만 달러 이상인 사람들에게 돌아가고, 공제는 소득이 높을수록 훨씬 커집니다. 가령 100만 달러짜리 집을 소유한 사람은 20만 달러짜리 집을 소유한 사람보다 공제를 훨씬 많이 받게 됩니다.[24] 또는 기업의 지출에 대한 소득세 공제를 살펴봅시다. 이는 대규모 복지 프로그램이며 이 또한 모든 것이 부유층에게 돌아갑니다.

캐나다의 저술가인 린다 맥퀘이그가 쓴 책이 있습니다. 그의 책에 따르면, 이른바 '기업 접대비'—100달러짜리 야구 경기 입장권을 돌리고 최고급 식당에 데려가는 등—공제로 인한 캐나다의 세금 손실은 75만 명의 캐나다 불우 아동을 돌볼 수 있는 비용과 같은 규모입니다.[25] 캐나다는 미국보다 훨씬 작은 나라입니다. 그러니 미국이 어느 정도일지는 물어보지 않아도 뻔합니다. 이 모든 것이 복지지원금에 포함되는데, 부자를 지원하는 현상은 증가하는데도 빈민을 도울 수 있는 제도는 줄어들고 있습니다.

정부의 이런 행태를 살펴보면 그저 놀라울 따름입니다. 예를 들어, 그들은 당장 메디케어Medicare를 삭감하지 않기로 결정했습니다. 언젠가는 분명 삭감하겠지만 아무튼 지금은 그렇게 하지 않고 있습니다. 그 까닭은, 부유층이 메디케어를 제공받고 있기 때문입니다. 반면에 정부는 지금 메디케이드Medicaid를 삭감하고 있는데 이것은 가난한 사람들에게만 혜택이 돌아가는 의료 제도이기 때문입니다.〔메디케어는 노인과 장애인을 위한 연방 건강보험 프로그램이고, 메디케이드는 저소득층을 위한 연방 지원 건강보험 프로그램이다.〕 사실, 그들이 1994년 선거 때부터 삭감하려 했던 3대 프로그램이 있습니다. 하나는 메디케이드이고, 또 하나는 '부양아동가족부조Aid for Families with Dependent Children (이하 AFDC)'이고, 세 번째는 식량 배급권Food Stamps입니다. 무료식품교환권은 곧 삭감 명단에서 지워졌습니다. 왜 그럴까요? 그 배후에 농업 관련 대기업의 로비가 있었기 때문입니다. 자, 무료식품교환권은 가난한 사람들을 먹여 살리는 동시에 첨단 기업농과 대기업에게도 혜택을 줍니다. 그래서 이들 회사는 즉시 현상 유지를 위해 로비를 시작했습니다. 그 결과 명단에서 지워지게 된 것입니다.[26]

그런데 AFDC는 어떻게 되었을까요? 먼저 그것은 '복지 개혁' 없이도 1970년대부터 급감했습니다. 무슨 말이냐 하면, 1970년대에 비해, 평균 가족이 받을 수 있는 최대한의 AFDC 혜택은 그 실질 가치가 1995년까지 약 40퍼센트가 하락했다는 겁니다.[27] 우리는 늘 언론과 정치가들로부터 미국의 빈민 복지가 아주 풍성하다는 얘기만 들어왔습니다. 하지만 현실을 들여다보면, 미국은 이런 점에서 국제적인 기준에 한참 미달됩니다. 미국은 다른 선진국에 비하면 복지 예산이 훨씬 적습니다.[28]

AFDC는 여전히 약 900만 명의 아동에게 혜택을 주고 있는데, 정부는 그중에서 500만 명을 줄이고 싶어 합니다. 그래요, 그들은 아동이고, 평균 나이가 7세입니다.[29] 이 프로그램에서 복지 혜택을 받고 있는 가족을 살펴보면, 젊은 어머니들이 아주 많다는 것을 발견하게 됩니다. 그들은 강간이나 성폭행을 당했거나 아니면 정규 교육의 기회가 별로 없었던 사람들입니다. 현 정부의 원칙대로라면 그런 어머니들의 자녀, 그러니까 7세 어린이들이 직접 '재정적 책임'을 져야 합니다. 하지만 뉴트 깅리치의 지원 세력(기업들)은 그런 책임을 질 필요가 없습니다. 그들은 일반 대중(납세자)으로부터 계속 지원받고 있으니까요.[30]

따라서 클린턴과 그 밖의 모든 사람들이 요즈음 '복지 개혁'을 떠들고 있지만 아무도 '기업 임원들도 열심히 일해야 한다'고 말하지 않습니다. 임원들은 정부로부터 계속 복지 혜택을 받고 있는 상황에서, 가난한 어머니들만 '근로 의무'를 짊어지라고 강요받고 있습니다[부모는 일정 기간 동안 복지 혜택을 받은 뒤에 취직해야 하고, 그렇지 못할 경우 복지 혜택을 누리지 못한다]. 이제 겨우 일곱 살 먹은 어린이들도 이런 살벌한 가치를 배워야 살 수 있습니다. 그들에게는 인권이 없습니다. 인권이라는 것은 존재하지도 않고, 사람들이 가진 유일한 인권이라면 노동시장에서 스스로 벌어먹을 수 있는 능력뿐입니다. 어린이들은 일터로 내쫓기는 어머니에게서 그런 살벌한 교훈을 배우는 것입니다. 아이를 키우는 것은 일이라고 여겨지지도 않습니다. 자녀 양육을 '노동'이 아니라고 생각하는 우리 문화에 제도화된 성차별이 그저 놀라울 따름입니다. 그들이 주장하는 이른바 '노동'이라는 것은 금융시장에서 투기하는 일 따위를 말합니다. 자녀 양육에는 봉급이 나오지 않으니까 이 일을 공짜로 여기는 것은 너무나 당연하다는 겁니다.

2

폭력과 억압의 악순환을 말하다

사실 마약 유통을 막는 것과 별로 상관 없는 '마약 전쟁'은
대체로 빈민가와 가난한 사람들을 통제하는 데 집중되어 있습니다.
권력층의 시각에서 보면 도시 빈민은 쓸모없는 인구이고,
실제로 이윤 창출에 기여하지도 않는다는 것입니다.
따라서 권력층은 그들을 제거하고 싶어 하고 형사 사법제도는
이를 위한 최선의 방법 가운데 하나입니다.

범죄 통제와 '남아도는' 사람들

클린턴의 '새로운' 민주당과 깅리치의 공화당 양쪽 모두가 원했던 또 다른 목표는 범죄를 확실히 통제하는 것인데 그 이유는 아주 단순합니다. 미국 체제 내에 살려두고 싶지 않은 사람들이 많기 때문입니다. 당신이라면 그들을 어떻게 하겠습니까? 해답은, 그들을 가두는 것입니다. 따라서 레이건 행정부 시절 미국의 감옥 수감 인구는 무려 세 배 이상 늘었고, 그때 이래 계속 늘어나고 있습니다.[31] 1980년대 중반, 미국은 1인당 수감 인구가 주요 경쟁국인 남아프리카와 러시아를 넘어섰습니다(러시아가 미국의 가치관을 배운 지금, 그들은 미국을 다시 따라잡았습니다). 이 시점에서 150만 명 이상의 미국인들이 감옥에 수감되어 있고 —이것은 서방 국가의 1인당 수감 인구보다 훨씬 더 높은데 —그 숫자는 지금도 증가하고 있습니다. 이것은 1994년의 범죄를 다스리는 법이 무척 가혹하기 때문입니다.[32] 게다가 미국의 감옥은 너무 비인간적이기 때문에 국제 인권 단체는 미국의 감옥을 말 그대로 고문 공장이라고 비난하고 있습니다.[33] 그런데도 보수 반동 분자들은 수감 인구를 늘리려 하고 있습니다. 겉으로 하는 말과는 다르게, 그들이 진정으로 원하는 것은 아주 강력하고 난폭한 국가입니다.

게다가 수감 인구의 구성 비율을 살펴보면, 지금까지 강화되어온 범죄 통제 정책이 교묘하게도 특정 인구를 표적으로 삼았다는 것을 알게 됩니다. 예를 들어, 사실 마약 유통을 막는 것과 별로 상관 없는 '마약 전쟁'은 대체로 빈민가와 가난한 사람들을 통제하는 데 집중되어 있습니다. 사실, 지금까지 연방 감옥의 죄수 절반은 마약 범죄 때문에 수감된 것입니다. 주로 불법 소지로 걸려든 것이라 희생자가 없는 범죄인데 그 가운데 3분의 1 정도가 마리화나 불법 소지입니다.[34] 게다가 '마약 전쟁'의 두드러진 특징은 흑인과 히스패닉을 표적으로 삼는다는 것입니다. 예를 들어, 빈민가 사람들은 크랙 코카인crack cocaine을 복용하기 쉬운데, 그것 때문에 중형을 선고받습니다. 내가 살고 있는 보스턴 근교와 같은 백인 지역의 사람들은 분말 코카인powder cocaine을 복용하는데, 어느 곳에서도 중형은 받지 않습니다. 사실, 연방 법원에서 흑인 대 백인 선고 비율은 100 대 1입니다.[35]

이런 인구 통제의 기술은 정말로 새로울 것도 없습니다. 만약 미국의 마리화나 금지 역사를 살펴본다면, 그 역사가 남서부 주에서 시작되었다는 것을 알게 될 것입니다. 남서부 주에서는 유입돼 들어오는 멕시코 이민자들을 통제해야 했는데, 이들은 이마리화나를 자주 피웠습니다. 지금은 마리화나가 위험하다고 생각할 까닭이 없습니다. 분명, 부정적인 영향은 담배는 말할 것도 없고 알코올에도 미치지 못합니다. 하지만 그들이 우려했던 멕시코 이민자들을 통제하기 위해 이런 법이 제정되었습니다.[36] 사실 면밀히 살펴보면 알코올 금지법도 이런 요소를 가지고 있었는데, 아일랜드 이민자들을 통제하기 위한 노력의 일환이었습니다. 금주법〔1919년부터 1933년까지 미국 헌법의 일부였던 법〕은 뉴욕 주 북부에서의 음주를 막기 위해서가

---

[34] 촘스키는 '마약 전쟁'에 대한 일반 대중의 태도를 《민주주의를 단념시키기》(p. 120)에서 지적하고 있다.

아니라, 뉴욕 시의 술집을 폐쇄하기 위해 만들어졌습니다. 웨스트체스터 카운티와 그 비슷한 곳에서는 누구나 예전처럼 계속 술을 마셨지만 뉴욕 시는 사정이 달랐습니다. 가난한 이민자들이 도심의 술집에 모이면 불순 세력으로 변질할 수 있으므로 술집을 폐쇄하기 위해 금주법을 제정했던 겁니다.[37]

최근에 마약과 관련하여 벌어지고 있는 현상은 다소간 금주법과 비슷하지만 현재의 미국에서는 갖가지 이유에서 인종차별과 얽혀 있습니다. 따라서 그것은 대개 흑인과 라틴계 남자들을 표적으로 삼고 있습니다. 내 말은, 이것이 주로 가난한 노동계급인 남아도는 인구에 대한 전쟁이라는 뜻입니다. 인종과 계급의 상관관계가 빈민가에서 더욱 밀접하기 때문에, 가난한 노동자계급을 표적으로 삼다 보면 주로 흑인을 족치게 되는 것입니다. 그리하여 범죄 통계의 인종적 불균형은 전반적으로 놀라울 정도입니다.[38] 요점은, 권력층의 시각에서 보면 도시 빈민은 쓸모없는 인구이고, 실제로 이윤 창출에 기여하지도 않는다는 것입니다. 따라서 권력층은 그들을 제거하고 싶어 하고 형사 사법제도는 이를 위한 최선의 방법 가운데 하나입니다.

몇 년이고 계속되어온, 이 그럴듯한 '마약 전쟁'에도 불구하고 한 번도 제기된 적이 없는 뜻깊은 질문을 하나를 던져봅시다. 얼마나 많은 은행가들과 화학 회사 임원들이 마약 관련 위법 행위로 감옥에 갔습니까? 경제협력개발기구(이하 OECD)가 최근에 국제적인 불법 마약 거래를 조사한 결과, 국제적으로 해마다 약 5,000억 달러의 마약 자금이 세탁된다고 추정했습니다. 그런데 이 가운데 절반 이상이 미국 은행에서 세탁됩니다. 누구나 콜롬비아가 마약 자금 세탁의 중심지라고 얘기하지만 사실 조무래기에 불과합니다. 고작 100억 달러를 거래하지만 미국 은행은 약 2,600억 달러를 주무릅니다.[39] 보십시오. 이건 분명 심각한 범죄이고 식품점을 터는 것과는 경우가 다릅니다. 미국 은행들은 엄청난 마약 자금을 세탁해주고 있고, 누구나 그 사실을 알고 있습니다. 그런데 은행가들이 감옥에 갑니까? 단 한 사람도 가지 않습니다. 하지만 흑인 어린이는 마리화나를 소지하고 있다가 붙잡히면 감옥에 갑니다.

실제로 그럴 마음이 있다면, 마약 자금의 세탁을 추적하는 것은 아주 쉬운 일입니다. 연방준비제도이사회는 은행에게 1만 달러 이상의 모든 현금예금을 신고하도록 할 수 있습니다. 만약 마약 자금 거래를 조사하기 위해 충분한 노력을 기울인다면 모든 자금의 흐름을 단번에 알 수 있습니다. 공화당은 1980년대에 금융 규제 조치를 완화했고 그래서 이사회는 은행을 감시하지 않았습니다. 사실, 조지 부시는 레이건 정부에서 '마약 전쟁'을 지휘하던 당시, 예금 감시를 위해 존재했던 연방 프로그램인 이른바 '그린백 작전' 프로젝트를 취소했습니다. 전체적으로 볼 때는 사소한 조치였습니다. 레이건-부시의 전체 프로그램이 감시를 해제하는 쪽으로 설계되어 있었으니까요. 그래서 레이건의 '마약 전쟁 총책'인 부시는 그 프로젝트를 취소할 수 있었습니다.[40]

또 이런 질문을 왜 던지지 않습니까? 미국의 화학 기업 임원들이 감옥에 갔습니까? 1980년대에 CIA는 라틴아메리카로 향하는 화학제품의 수출을 조사하도록 요청받았고, 90퍼센트 이상이 산업 생산에 쓰이지 않았다고 추정했습니다. 살펴보면 그 화학제품들이 마약 생산에 이용되었다는 것이 너

39 "OECD에 따르면 전 세계적으로 마약 밀매에 의하여 발생하는 돈은 1993년 현재 4,600억 달러. 이 가운데 2,600억 달러가 미국 금융시장에서 이런저런 방식으로 돌아다니고 있다. 마약 생산국이자 수출국인 콜롬비아는 50억~70억 달러를 버는데 이것은 미국 내에 예치된 돈의 2, 3퍼센트에 지나지 않는다. 그러니 미국이 가장 큰 마약 사업국인 것이다." Apolinar Biaz-Callejas, "Violence in Colombia, its History", *Latin America News Update*, December 1994, pp. 19-20.

무나 분명합니다."[41] 그런데 미국에서 얼마나 많은 화학 기업 임원들이 감옥에 갔습니까? 거듭 말하거니와 아무도 없습니다. 이 나라의 사회정책이 부유층이 아닌 빈민을 겨냥했기 때문입니다.

실제로, 상당히 유명한 범죄학자 윌리엄 챔블리스가 최근에 조지워싱턴 대학교에서 수행한 흥미진진한 도시 경찰 연구가 있습니다. 지난 2년 동안, 그는 워싱턴 D. C.의 경찰과 협력하여 프로젝트를 진행했고, 법과 대학생과 사회학과 학생을 순찰차에 동승시켜 순찰 중 발생하는 모든 상황을 기록하게 했습니다. 여러분, 이 기록을 한번 읽어보기 바랍니다. 조사 결과, 경찰관의 모든 행위는 흑인과 히스패닉 사람들을 직접 표적으로 삼았습니다. 그들은 범죄자 취급조차 받지 못했는데, 범죄자는 그래도 헌법상의 권리를 누릴 수 있기 때문입니다. 그러면 어떤 대접을 받았을까요? 군사 점령 하의 포로와 같은 취급을 당했습니다. 실제 법이 집행되는 과정은 이렇습니다. 경찰관이 누군가의 집에 가서 문을 부수고, 사람들을 패고, 원하는 아이를 마음대로 붙잡아 감옥에 집어넣는 것입니다. 경찰관이 모두 나쁜 사람이기 때문이 아니라 상부에서 지시한 대로 한 것입니다.[42]

'미국과의 계약'은 이 모든 현상을 증가시킵니다. 그들은 1994년 범죄 법 Crime Bill에 만족하지 않았습니다. 그 이유는, 1994년 범죄 법이 여전히 수감된 사람들에게 펠 그랜트Pell Grant〔재능 있는 저소득층 학생들에게 수여하는 대학 보조금〕같은 것을 허용하기 때문입니다. 사실은 큰 금액도 아닌데 말입니다. 자, 감옥에 갇힌 사람들 대부분은 고등학교를 졸업하지 못했는데, 펠 그랜트가 그들이 어느 정도 교육을 받을 수 있도록 도와주었습니다. 그래요, 이에 관한 연구가 많이 있는데, 펠 그랜트의 영향으로 상습범이 줄어들고, 폭력이 감소한 것으로 드러났습니다. 하지만 깅리치 공화당원과 같은 사람들에게 그런 보조금은 말도 안 되는 얘기입니다. 그들은 빈민을 감옥으로 보내고 싶어 하고, 빈민들을 더욱 강력하게 찍어 누르기를 원합니다. 따라서 권력층은 더 많은 사람들을 감옥으로 보낼 수 있도록 그런 소규모 지출을 삭감하려 드는 것입니다.[43]

'범죄 통제'에 관련된 이 모든 지출은 세금으로 경제를 부양하는 방법 중 하나입니다. 그 혜택은 주로 건설업 일부, 변호사, 또 다른 전문직에게 돌아갑니다. 그건 대중(납세자)이 부유층에게 돈을 내도록 강요하는 또 다른 유용한 방법이고, 지금 '범죄 통제' 지출의 규모는 펜타곤 예산에 못지않습니다. 그래도 이 지출이 펜타곤의 국방비 지출만큼 선호되는 것은 아닙니다. 혜택이 부유층에게 일방적으로 쏠리지는 않기 때문이지요. 그래도 그들은 이것을 유용한 방법이라고 생각하고 있는 겁니다.[44] 그리고 미국 사회가 점점 더 제3세계의 특징을 보이기 때문에 억압이 계속될 것이라고 예측할 수 있습니다. 또 '미국과의 계약'을 통해 혹은 권력층이 생각해낼 수 있는 또 다른 기술을 통해, 억압은 계속 확대되고 지원될 것입니다.

폭력과 억압

청중 1 촘스키 박사님, 내가 운동조직가로 일하고 있는 캘리포니아 주의 프레즈노 지방 정부는 이런 치안 정책을 세웠습니다. 폭력을 줄이기 위해 SWAT(FBI 등의 특수 기동대-옮긴이) 세 팀이 소총을 들고 거리를 순찰한다는 것입니다. 내 질문은 이렇습니다. 사람들이 이런 것을 원하는 상황에서 운동조직가는 어떻게 대응해야 합니까?

— 뭐라고요? 그게 사람들이 진정으로 원하는 것이라고요? 정말 SWAT를 원합니까?

<u>청중1</u> 그래요.

— 그걸 원하는 사람들은 빈민가 사람들인가요?

<u>청중1</u> 글쎄요. 시장은 이 문제를 가지고 선거 캠페인을 이끌어갔습니다. 그 건 캘리포니아의 시범 사업이었어요.[45]

— 그에게 표를 던진 사람들은 빈민가 사람들인가요?

<u>청중1</u> 잘 모르겠는데요······.

— 음, 고려할 점이 두 가지 있습니다. 먼저, 나는 프레즈노를 구체적으로 알지는 못하지만 대부분의 지역에서 선거는 아주 편향된 사건입니다. 부유 층은 대개 기업 프로파간다 덕분에 엄청난 영향력을 가지고 있습니다. 게 리맨더링(특정 정당이나 후보자에게 유리하도록 자의적으로 선거구를 획정하는 것 – 옮 긴이)을 비롯한 다른 광범위한 수단 또한 가지고 있습니다. 그것이 한 가지 고려 사항입니다.

또 다른 고려 사항은, '폭력과의 전쟁'에 관련된 이 모든 방식이 정말로 깊이 살펴보아야 할 문제라는 것입니다. 나는 당신이 얘기하는 그 지역에 대해서는 잘 모르지만, 사실 대부분의 지역 주민이 남아도는 인구로 여겨지고 있습니다. 그들이 이윤 창출 역할을 담당하지 않기 때문입니다. 그들은 점점 더 강제수용소에 갇히게 되는데, 우리가 '빈민가'라고 부르는 곳입니다. 지금, 그런 강제수용소에 폭력이 많은 건 사실입니다. 하지만 그런 폭력은 가족이나 그 유사한 단위의 내부에도 있습니다. 반면에 부유층은 폭력과 완전 격리되어 있습니다.[46]

저를 한번 예로 들어봅시다. 나는 유색인이 거의 없고 자유주의적인 전문직들이 모여 사는 보스턴 외곽의 렉싱턴이라는 곳에 거주하고 있습니다. 우리에게는 사설 경비원이 있고, 그들은 주로 길 잃은 고양이를 찾아주는 일 따위를 합니다. 또 하나가 있는데 그것은 구역 순찰입니다. 아무도 당신에게 말하지 않겠지만 혹시 알아내고 싶다면, 한번 당신의 흑인 친구를 망가진 중고차에 태워서 렉싱턴으로 달리게 해보세요. 그러면 그 흑인 친구가 순식간에 쫓겨나는 장면을 목격하게 될 것입니다.

하도 폭력과의 전쟁을 내세우다 보니 사람들이 그런 패닉 반응을 보이는 겁니다. 하지만 미국의 일반적인 폭력 수준에 관한 '사실'을 꼼꼼히 살펴보면 지난 20년 동안 폭력이 증가했다는 증거는 별로 없습니다. 통계에 따르면 범죄 수준은 실제로 감소했습니다.[47] 게다가 많은 사람들의 생각과 달리, 미국의 범죄율은 외국에 비해 그리 높지 않습니다. 오스트레일리아, 프랑스 등의 선진국과 비교하면 미국의 범죄율이 좀 높지만 그리 큰 차이가 나는 건 아닙니다. 사실, 미국에서 발생율이 특히 높은 범죄는 총기 살인인데, 이것은 어리석은 총기 규제법 때문이지, '범죄'와는 아무 상관이 없습니다.[48]

오늘날 민중은 폭력이 전보다 더 심해졌다고 인식하지만 그건 주로 프로파간다 때문입니다. 겁먹게 해서 사람들이 스스로 권리를 포기하게 만들려는 전체주의적 노력의 일환입니다. 물론, 그 모든 것에는 인종차별적 저의 가 깔려 있습니다. 가령 모든 사람들로 하여금 백인의 딸을 강간하려 드는 흑인들이 있다고 생각하도록 만드는, '윌리 호튼' 같은 것이 있습니다.〔호튼 은 휴가를 받아 외박 나와 있는 동안 백인 여성을 강간한 흑인 죄수인데, 공화당은 민주 당이 '범죄에 유약하다'는 인상을 주기 위한 TV 광고에 호튼의 이미지를 사용했다.〕 그 래요, 그건 사람들을 분열시키고 사회 내의 억압을 더욱 강화하려는 세력 이 즐겨 써먹는 이미지입니다. 또 지난 몇 년 동안 그런 작전은 커다란 성 공을 거두었습니다.

사실, 폭력이 증가했다는 인식은 복지와 관련해 발생한 일들과 비슷합니 다. 사람들은 복지가 증가했다는 이미지를 가지고 있지만 현실은 오히려 훨씬 감소했습니다.[49] 혹시 여러분이 이에 대한 여론조사를 살펴보았는지 잘 모르지만 민중의 태도는 정말 놀랄 만합니다. 예를 들어, '우리가 복지 예산을 너무 많이, 아니면 너무 적게 지출하고 있지 않습니까?'라는 질문 을 던졌을 때, 지나치게 지출한다는 답변은 44퍼센트이고 너무 적다는 답 변은 23퍼센트입니다. 하지만 만약 똑같은 질문에서 '복지'를 '빈민 지원' 으로 바꾸면 ―이제 '빈민을 너무 많이, 아니면 너무 적게 지원하고 있지 않습니까?'라고 묻는다면 ―그 숫자는 급변합니다. 너무 많다는 답변은 13 퍼센트이고, 너무 적다는 답변은 64퍼센트입니다.[50] 정말 재미있는 일이 아 닐 수 없습니다. 복지가 무엇입니까? 빈민을 지원하는 일입니다. 그럼 이 이상한 결과는 어떻게 된 노릇입니까? 사람들이 인종차별적인 프로파간다 에 넘어가기 때문입니다. 그들은 '복지' 하면 흑인 어머니가 고급 캐딜락을 몰고 일하는 중인 가난한 백인 남성 옆을 지나가는 그런 이미지를 떠올립 니다. 레이건의 프로파간다인 것이죠. 내 생각에, 폭력이 늘어났다는 인식도 이와 마찬가지라고 봅니다.

자, 홍보 산업은 그저 재미삼아 수십억 달러를 쓰지는 않습니다.[51] 다 까닭이 있습니다. 이미지를 주입하고, 사회 통제 수단을 부과하기 위해서입니다. 민중을 통제하는 가장 좋은 방법 가운데 하나는 늘 두려움을 유발하는 것이고 두려움의 구체적 대상을 제시하는 것입니다. 히틀러에게는 그 대상이 유대인, 동성애자, 집시였고 미국에서는 흑인입니다.

그래요, 분명 폭력은 있지만 그건 주로 강제수용소에 갇혔을 때 생기는 그런 폭력입니다. 제2차 세계대전 때의 히틀러 강제수용소를 살펴보면 역시 내부에 폭력이 있었습니다. 모든 것을 빼앗기면 사람들은 서로 공격하게 됩니다. 하지만 캘리포니아의 프레즈노 사람들이 SWAT를 원한다고 당신이 말했을때 나는 과연 강제수용소에 있는 사람들도 그랬을까 의심했습니다. SWAT는 수용소의 재소자들과 전쟁을 벌이는 존재이기 때문입니다. 미국에서 실제로 결정을 내리는 사람들은 '일반 대중'의 일부가 아닙니다. 더 강력한 계층이 정책을 결정합니다. 렉싱턴의 자유주의자들이 구역 순찰을 원하듯이, 힘 있는 계층도 똑같은 이유로 그런 결정을 내립니다. 물론 드러내놓고 말하지는 않겠지만요. 그들은 자기 가족이 영향을 받지 않도록, 폭력을 어딘가 다른 곳에 국한시키고 싶어 합니다.

가령 뉴트 깅리치의 선거구인 애틀랜타 외곽의 부유한 근교, 조지아 주의 코브 카운티를 예로 봅시다. 그곳은 미국의 그 어떤 근교 카운티보다 연방 보조금을 많이 받고 있습니다. 그 주의 지도자(깅리치)가 '연방 정부는 우리를 그만 갉아먹어라'라고 요구하고 있는데도 말입니다. 코브 자치주는 펜타곤의 본거지인 버지니아 주 알링턴과 케네디 우주 센터가 있는 플로리다 주 브레바드 카운티에 이어 보조금 수령 순위가 전국 3위입니다. 확신하거니와, 코브 카운티 사람들도 폭력을 두려워하고 SWAT가 도시의 오염 세력으로부터 자신들을 격리해주기를 원했을 겁니다. 그런 오염 때문에 애틀랜타의 도심에서 빠져나온 사람들이니까요.[52] 그래요, 전국 어디에서나 똑같은 일이 벌어졌습니다. 따라서 당신이 프레즈노에서 본 광경도 마찬가지라고 생각합니다.

자, 만약 당신이 정말로 폭력을 얘기하고 싶다면, 그 사례는 얼마든지 있습니다. 하지만 당신이 말하는 그런 폭력과는 종류가 다릅니다. 예를 들어, 모든 폭력 중 최대의 살인자인 담배를 한번 살펴봅시다. 담배에 비하면 중독성 있는 마약은 그야말로 아무것도 아닙니다. 담배로 인한 사망은 마약으로 인한 사망을 모두 합친 것을 훨씬 능가하는데, 아마 100배도 넘을 겁니다.[53] 감옥에 갇힌 제시 헬름스(미 공화당 상원의원-옮긴이)를 본 적이 있습니까? 내 말은, 전에는 그 누구보다도 담배 산업을 규제했던 하원위원회를 담배 산업이 완전히 장악했습니다. 위원회의 마지막 모임에서 한 위원이 담배 관련 연구 자료를 배포했는데 그것이 신문의 구석진 자리에 실렸습니다. 아주 흥미로운 자료였습니다. 지난 2년 동안 간접흡연의 영향에 대해 누구나 인용해온 자료가 실은 담배 산업의 연구 보고서에 따른 것으로 완전히 날조된 것이라는 사실입니다. 그래서 사람들은 다시 조사해 그것이 전부 가짜였음을 확인했습니다. 간접흡연의 문제를 별것 아닌 듯이 만든 것 말입니다.[54] 그래요, 다시 말하면, 담배 산업 임원들과 미국 정부의 꼭두각시들이 수많은 사람들을 죽이고 있다는 뜻입니다. 그들은 흡연자인 어머니의 어린아이들을 죽이고 있습니다. 그런데 감옥에 갔습니까? 왜 이것은

---

53 담배와 마약에 의한 죽음을 서로 대비한 것에 대해서는 이 책의 제1권 2장 주석 32를 참조할 것.

폭력이라고 하지 않습니까?

사실, 지금 미국 정부는 아시아 국가들에게 미국산 담배 광고를 허용하라고 압력을 가하고 있습니다. 예를 들어, 미국은 중국에게 이렇게 말합니다. '중국은 여성과 청년이라는 신흥 담배 시장에서 미국산 담배 광고를 허용하지 않으므로, 미국은 중국산 수출품을 받아들일 수 없다.' 그래서 중국은 담배 광고를 해야만 합니다. 그래요, 최근에 옥스퍼드 대학교가 수행한 연구가 있습니다. 이 연구에 따르면, 오늘날 중국의 20세 미만 청소년 중 약 5,000만 명이 담배 관련 질병으로 죽는다는 것입니다.[55] 5,000만 명의 사망이라는 것은 20세기 기준으로 봐도 엄청난 것입니다. 왜 이것은 '폭력'이 아닙니까? 이것은 미국 담배 제조 업체의 이익만 앞세우는 미국 정부의 폭력입니다. 이것은 SWAT의 단속을 받지 않을 뿐 아니라 아예 법망을 피해 있습니다. 문제는, 법을 집행하는 사람들이 부유한 권력층이고, 그들은 자신들에게 불리한 법을 스스로 적용하지 않는다는 겁니다.

청중 2   노엄, 당신은 조지아에서 깅리치의 카운티가 연방 정부의 보조금을 많이 받는 지역이라고 지적했습니다. 의아합니다. 왜 민주당은 1994년 선거 때 그것을 쟁점으로 삼지 않았을까요? 이런 얘기를 나는 지금까지 들어본 적이 없지만, 깅리치 조직의 선거 전략을 감안한다면 그것이 민주당이 당시 써먹을 수 있는 강력한 전술이 아니었을까요?

---

55   "서구 담배 회사들은 중국의 12억 명 인구를 애연가로 만드는 데 점점 더 적극적이다. 중국은 이미 3억 명이 애연가인데 이는 미국민 전체보다 더 많은 숫자다. …… '현재 20세 미만의 중국 청소년 중 5,000만 명이 흡연으로 인해 사망할 것'이라고 옥스퍼드 대학 전염병학자 리처드 피토는 말했다." Rajiv Chandra, "China: Trying to Stop Nation's Future From Going Up In Smoke", Inter Press Service, July 28, 1993.

— 그건 1994년 선거를 이해하는 데 도움이 되는 흥미로운 정보입니다. 민주당은 그 사실에 대해서 완전 침묵으로 일관하지 않았습니까? 선거운동 내내 뉴트 깅리치는 '민주당은 복지 정부', '유약한 정부' 운운하면서 정부 지출을 맹렬하게 비난했습니다. 하지만 언론계나 정치계의 그 누구도 깅리치를 단숨에 날려버릴 말은 단 한 번도 하지 않았습니다. 사실 뉴트 깅리치는 미국 전역을 통틀어 손꼽히는 복지국가 지지자였습니다. 만약 이 사실에 대해 시원하게 한마디 했더라면 모든 논쟁에 종지부를 찍을 수 있었을 겁니다. 하지만 민주당은 한마디도 못했습니다. 마찬가지로 누구도 코브 카운티 최대의 고용주가 공적 보조금을 받는 민간 기업인 록히드 사[군수 업체]라는 사실을 제기하지 않았습니다. 이 회사는 납세자의 보조금이 없었다면 오래전에 사라졌을 기업입니다. 또, 아무도 코브 카운티 일자리의 72퍼센트가 전자 산업과 컴퓨터 산업의 사무직이라고 지적하지 않았습니다. 이 산업은 '복지국가'가 아주 신중하게 관리해온 분야였습니다. 지난 수십 년 동안 펜타곤의 군수 산업 체제를 통한 엄청난 공적 보조금이 없었다면 가장 먼저 사라졌을 회사들입니다.[56]

나는 그런 비판이 나오지 않은 이유가 분명하다고 생각합니다. 계급의 이해가 편협한 정치적 이해를 완전히 압도한 것입니다. 미국에서 전반적으로 공유하고 있는, 아주 중요한, 진짜 계급의 이해가 하나 있습니다. 그것은 강력한 복지국가가 반드시 시장 원칙으로부터 부유층을 보호해야 한다는 생각입니다. 이에 대해 의문을 제기할 수조차 없습니다. 빈민이 시장에 종속되는 것은 상관없지만, 부자들은 시장의 원리를 따르지 않겠다는 것입니다. 그들은 코브 카운티에서처럼 일관된 보조금과 보호를 필요로 합니다.

물론 이런 얘기를 드러내놓고 하지는 않습니다. 그럼 사람들이 진상을 파악하게 될 것이고 그 후에 어떤 위험한 일이 벌어질지 모르기 때문입니다. 그래서 민주당은 선거에서 참패하는 일이 있더라도 진상을 말하고 싶지 않은 겁니다. 뉴트 깅리치는 복지 예산을 삭감해야 한다고 주장하면서도 실은 '복지국가^{nanny state}'를 크게 옹호하는 사람이며, 부유층에게 경제 보조금과 보호를 끊임없이 제공하는 크고도 강력한 정부를 원하는 사람입니다. 1994년 선거는 이런 점을 잘 보여준 완벽한 사례였습니다. 이것이 이른바 '미국에서 실시되고 있는 민주주의'의 실상이지만 아무도 지적하지 않습니다.

3

새로운 제국주의 시대와
국제적 연대를 말하다

알다시피, 금융 투기자들은 성장을 원하지 않습니다.
그들이 원하는 것은 통화 안정인데, 다시 말하면 성장이 없어야 한다는 뜻입니다.
통화 투기자들은 경제 발전 같은 신호를 보기만 해도 그 나라에 투자한 자금을
회수해갑니다. 그들이 돈을 조금만 빼가도 아주 간단하게
그 나라에 불경기를 안겨줄 수 있습니다.

국제 자본: 새로운 제국주의 시대

^{참조1} 지난 25년 동안, 투자와 무역이 아닌 국제 증권시장의 투기에 이용된 다국적 금융자본은 엄청나게 팽창했습니다. 지금 미국은 국제 자본의 이동에 짓눌린 식민지처럼 보입니다. 누가 정부를 맡고 있는지는 별로 중요하지 않고, 정부 관리들은 더 이상 의제를 결정하는 사람이 아닙니다. 지금 국제 무대에서 벌어지고 있는 이런 현상의 의미는 무엇입니까?

— 무엇보다도 먼저 우리는 어휘를 좀 더 신중하게 사용해야 합니다. 나 또한 항상 그런 식으로 얘기하기 때문에 나부터 조심해야 합니다. 가령 우리는 '미국'이라는 말을 써서는 안 됩니다. 그건 '영국'이나 '일본'이라는 말과 같이 실체가 없는 것입니다. 미국의 국민은 '식민지'화 될 수 있지만 미국에 기반을 둔 기업들은 전혀 '식민지'화되지 않습니다. 가끔 '미국의 몰락'이라는 얘기가 들려오곤 하는데, 미국 내에서 이뤄지고 있는 제조업 생산이 전 세계에서 차지하는 비율을 살펴본다면 쇠퇴하는 것이 사실입니다. 하지만 미국에 본사를 둔 기업의 제조업 생산 비율은 전 세계적으로 전혀 쇠퇴하고 있지 않습니다. 실제로는 아주 양호합니다. 생산이 이제는 주로 제3세계에서 이뤄지고 있기 때문입니다.⁵⁷ 따라서 지리적 실체로서 '미국'을 언급할 수는 있

겠지만, 국제 정세에서는 기능하지 않습니다. 간략하게 말해서, 기본적인 계급 분석을 하지 않는다면, 그것은 제대로 된 현실 세계의 파악이라 할 수 없습니다. '미국' 같은 용어는 실체가 없기 때문입니다.

하지만 미국 국민 대부분이 어느 정도 '식민지'화된 제3세계의 상태로 내몰리고 있다는 당신의 얘기는 옳습니다. 우리는 이것을 기억해야 합니다. 세계에는 또 다른 부문이 있는데, 부유한 기업 임원과 투자가, 그들의 사업을 대리하는 러시아의 마피아 같은 제3세계의 사람들, 상파울루의 부자들 등이 그런 부문에 속합니다. 이 사람들은 현재 아주 잘나가고 있습니다.

그리고 투기 자본은 이들에게 아주 중요한 부분입니다. 투기 자본이 국가 정부에게 엄청난 영향을 준다는 당신의 얘기는 옳습니다. 이것은 정말 중요한 현상입니다. 수치만 보아도 아주 극적입니다.

1970년대를 돌이켜보면, 국제 경제 교류에 투입된 자본의 90퍼센트는 생산과 무역 등 생산적인 상업 목적을 위한 것이었고, 약 10퍼센트가 투기를 위한 것이었습니다. 오늘날에는 그 숫자가 역전되었습니다. 1990년 기준으로, 약 90퍼센트가 투기에 이용되는데 이것이 1994년에는 95퍼센트까지 올라갔습니다. 게다가 투기 자본의 절대 액수가 급증했는데 내가 세계은행World Bank 자료에서 읽은 최근의 추정치는 약 14조 달러였습니다. 그러니까 지금 14조 달러가 국경을 자유롭게 넘나들고 있다는 뜻으로, 이것은 어떤 국가 정부의 재원도 압도하고, 정책을 수립할 때 정부가 고를 수 있는 선택의 폭을 아주 좁게 만듭니다.[58]

왜 이런 거대 규모의 투기 자본이 성장했을까요? 두 가지 중요한 이유가 있습니다. 첫 번째 요인은 1970년대 초에 발생한 전후 경제 시스템의 붕괴와 관련이 있습니다. 보다시피, 제2차 세계대전 때 미국은 세계경제 시스템을 근본적으로 재편했고(1944년 브레턴우즈에서 개최된 유엔 통화금융 회의), 일종의 '전 세계의 은행가'로 자임했습니다. 그리하여 미국 달러는 세계의 기축통화가 되었으며, 금의 가치와 고정 연계되었고, 다른 나라의 통화는 달러와 연동되었습니다. 이 시스템은 1950년대와 1960년대의 상당한 경제성장률을 뒷받침했습니다. 그런데 1970년대부터 '브레턴우즈' 체제는 유지할 수 없게 되었고, 미국은 더 이상 전 세계 은행 역할을 맡을 만큼 경제력이 강하지 않게 되었습니다. 그것은 주로 베트남전쟁에 따른 엄청난 재정 부담 때문이었습니다. 그래서 당시 미국 대통령 리처드 닉슨은 모든 협의의 폐기를 결정했습니다. 1970년대 초에 미국은 금본위제도를 중지하고, 수입관세를 올렸으며, 전체 시스템을 전반적으로 허물어버렸습니다. 이런 국제적 규제 장치가 사라진 뒤에 전례 없는 규모로 통화에 대한 투기가 시작되었고 환율이 변동되었으며, 그에 따른 제반 사항들이 계속 성장해왔습니다.

투기 자본의 폭발적인 증가 뒤에 깔린 두 번째 중요한 요인은 전자 통신의 기술혁명입니다. 이 혁명은 브레턴우즈 체제 철폐와 동일한 시기에 일어났는데, 덕분에 갑자기 국제간 통화 송금이 대단히 쉬워졌습니다. 이를테면 오늘날 뉴욕 증권거래소의 모든 자금이 밤새 도쿄로 이동합니다. 그러니까 낮에 뉴욕에 있는 자금은 밤마다 도쿄로 전신 송금되는데, 일본이 뉴욕보다 14시간 앞서기 때문에 똑같은 자금이 양쪽에서 이용되고 있는 것입니다. 지금, 하루 약 1조 달러가 이처럼 국제 투기시장에 돌고 있고 그것은 각국 정부에 엄청난 영향을 줍니다.[59] 이 시점에서 그것은 국제 투자업계가 사실상 각국 정부 정책을 뛰어넘는 거부권을 가지고 있다는 의미입니다.

우리는 실제로 지금 미국에서 이 현상을 지켜보고 있습니다. 미국은 지난 불경기 이래 무척 부진한 회복세를 보이고 있는데 역대 가장 더딜지 모릅니다. 확실히 제2차 세계대전 이래로 가장 더뎠습니다. 하지만 오직 한 측면에서만 더뎠는데, 경제성장률이 무척 낮고 일자리 창출은 미미했지만 (사실, 오랫동안 임금은 이 '회복세'에서도 계속 내려갔습니다), 기업 이윤은 급등했던 것입니다.[60] 해마다 《포춘》지는 세계 중요 인물의 재산 규모를 다루는 기사, '포춘 500대 기업'을 싣는데, 이 기간에 보도된 내용에 따르면 이익이 천정부지로 치솟았습니다. 1993년, 그들은 행복했고, 1994년에는 도취감에 사로잡혔고, 1995년에는 모든 기록을 깰 만큼 많은 수익을 올렸습니다. 반면에 실질임금은 내려갔고, 성장률은 아주 낮았고, 생산은 바닥을 기었습니다. 그나마 낮은 성장률이 가끔 멈출 때조차 있었는데, 그것은 채권시장이 성장을 싫어한다고 '신호'를 보낼 때입니다.

알다시피, 금융 투기자들은 성장을 원하지 않습니다. 그들이 원하는 것은 통화 안정인데, 다시 말하면 성장이 없어야 한다는 뜻입니다. 사실, 경제 신문들은 지금 '고성장의 위협'과 '지나친 고용의 위협'을 공개적으로 앞다투어 얘기하고 있습니다.[61] 그 까닭은 통화 투기를 하는 사람들이 인플레이션을 두려워하기 때문입니다. 인플레이션은 통화가치를 떨어뜨리기 때문에 그들에게 큰 위협이 됩니다. 경제성장, 경제 자극, 실업 감소는 종류를 불문하고 인플레이션을 일으키는 위험 요소입니다. 통화 투기자들은 그런 것을 좋아하지 않기 때문에 경제성장을 초래하는 것이나 경제 발전 같은 신호를 보기만 해도 그 나라에 투자한 자금을 회수해갑니다. 그들이 돈을 조

---

59 투기 자본의 흐름에 대해서는 다음 참조. John Eatwell, "The Global Money Trap", *American Prospect*, Winter 1993, p. 118.

하루 약 1조 달러가 국제 투기시장에 돌면서 각국 정부에 엄청난 영향을 줍니다.
이제 국제 투자 업계는 각국의 정부 정책에 대하여
사실상의 거부권을 가지고 있습니다.

금만 빼가도 아주 간단하게 그 나라에 불경기를 안겨줄 수 있습니다.

이 모든 현상이 빚은 결과 때문에 국제경제는 크게 요동치면서 저성장, 저임금, 고이익의 경제로 바뀌었는데, 각국 정부가 지금과는 다른 경제 및 사회 정책을 추진하려고 해도 속수무책입니다. 만약 추진한다고 해도, 그런 정책은 자본 도피 탓에 엉망이 되고 말 것입니다. 내 말은, 이 시점에 제3세계 정부가 정책을 추진할 기회는 전혀 없다는 뜻이고 사실상 그들에게는 국가 경제 정책을 수행할 가능성조차 없습니다. 미국을 비롯한 강대국 또한 과연 그런 정책을 추진할 수 있는지 의문입니다. 여지껏 미국 국민이 선택한 그 어떤 정부도 현행과 다른 것은 원하지 않았습니다. 설사 미국 정부가 변화를 꾀한다 해도, 내 생각에 불가능하진 않더라도 무척 어려울 것입니다.

여기서 구체적 사례를 하나 들지요. 《월스트리트저널》은 1992년 선거 직후의 1면 기사에서 이런 정보를 알려주었습니다. 클린턴 주변의 이른바 '좌파'들이 입각한다고 하더라도 그들이 지금까지와 다르게 일을 처리하지는 못할 것이라고 말입니다. 물론, 기업계는 이것을 이미 알고 있었습니다. 선거운동 후반기의 증권시장을 살펴보기만 해도 알 수 있습니다. 아무튼 《월스트리트저널》은 우연히 클린턴이나 또 다른 후보가 미국의 사회 개혁 프로그램을 시도한다고 해도, 왜 그것이 즉각 중단될 수밖에 없는지 그 이유를 설명했습니다. 그들은 구체적 숫자를 제시하면서 분명한 것들을 들어 설명했습니다.

미국의 부채 규모는 천문학적인데 그것은 사실 레이건-부시 프로그램의 유산입니다. 국가 부채 규모가 너무 큰 탓에, 사실상 정부는 더 이상 사회 개혁 프로그램을 감당할 예산이 없습니다. '부채가 있다'는 것은 재무부가 산더미 같은 유가증권 —국채와 채권 등—을 투자자들에게 팔았다는 뜻인데, 투자자들은 증권시장에서 국채를 여기저기에 매매했습니다. 《월스트리트저널》에 따르면, 지금까지 하루 약 1,500억 달러 규모의 채권이 시장에서 거래되고 있습니다. 그 기사는 이 의미를 이렇게 설명했습니다. 만약 유가증권을 가지고 있는 투자 업계가 정부 정책이 못마땅할 경우, 약간의 재무부 채권을 팔아버리는 것으로 간단히 정부에게 경고하는 신호를 보낼 수 있습니다. 그러면 자동적으로 이자율이 높아질 것이고, 그에 따라 국가의 부채 규모는 더욱 커질 것입니다. 이 기사는 만약 이런 '신호'가 1퍼센트의 이자율 상승으로 나타난다면 하룻밤 새 적자가 200억 달러 늘어날 것이라고 계산했습니다. 만약 클린턴이 200억 달러의 사회복지 프로그램을 제안한다면(이건 꿈속에서나 가능한 얘기지만), 국제 투자 업계는 단지 경고 신호로써 그것을 곧장 400억 달러짜리 프로그램으로 바꾸어놓을 수 있다는 겁니다. 이렇게 되면 사회복지 프로그램은 저절로 중단되는 것입니다.[62]

마찬가지로, 런던의 《이코노미스트》지에, —자유무역을 신봉하는 대중적 이념의 영국 잡지— 동유럽 국가들이 사회주의자와 공산주의자가 다시 권력을 잡도록 투표했다는 기사가 있었습니다. 하지만 기사는 기본적으로 '우려하지 마라'라고 얘기합니다. 그들이 즐겨 말하는 것처럼 '정책은 정치와 떨어져 있기' 때문입니다. 동유럽 국가의 정치인들이 정치 무대에서 어떤 게임을 펼치든 이미 투자자들이 그들을 장악했기 때문에, 정책은 정해진 길을 따라갈 수밖에 없다는 겁니다. 즉, '우리는 국제통화를 통제하고 있고, 유일하게 동유럽 국가들에게 돈을 빌려줄 수 있고, 마음만 먹으면 동유럽 경제를 무너뜨릴 수 있기 때문에 그들이 할 수 있는 일은 없다'는 겁니다. 그러니까 동유럽의 정치인들은 원한다면 얼마든지 정치적 게임을 펼칠 수 있고, 민주주의든 뭐든 그들 마음대로 실천할 수 있다고 허세를 부릴 수 있습니다. 단 여기에는 전제 조건이 하나 있는데 그건 '정치와 정책은 별개'라는 것입니다.[63]

현 시대에 눈앞에서 벌어지고 있는 것들은 정말로 역사상 초유입니다. 최근 들어 완전히 새로운 형태의 정부가 출현하고 있으며, 그것은 지배계급인 이 새로운 국제적 기업의 증가하는 욕구에 이바지하도록 설계되어 있습니다. 그것이 바로 떠오르는 '사실상의 세계정부'라는 것입니다. 그것의 구체적 표현이 NAFTA와 GATT 등 새로운 국제무역협정이고, 유럽 경제공동체^{EEC} 같은 경제 공동체인 것입니다. 그것은 다른 국제적 경제 조직에서도 점점 형태를 갖추어가는데, 예를 들어 국제통화기금^{IMF}, 세계은행, 미주개발은행, 세계무역기구^{WTO}, 선진국들의 G-7회의 등이 그것입니다. 이것은 '정치와 정책은 별개'라는 세계경제 시스템을 확대하기 위한 집중적 노력인 것입니다. 달리 말해, 세계의 민중이 의사결정 과정에서 역할을 하지 못하도록 배제하고, 정책 계획의 수준을 민중이 가지고 있는 지식 수준보다 높은 곳에다 두어서 민중이 그 정책을 알지도 이해하지도 못하게 하려는 것입니다. 그런 식으로 민중들의 삶에 영향을 주는 다양한 의사결정에서 민중을 완전 소외시킴으로써 민중이 그 어떤 경우에도 정책에 끼어들지 못하게 하려는 교묘한 장치인 것입니다.

세계은행에는 이 현상을 지칭하는 자체 용어가 있는데, 그것은 '테크노크라트적 고립$^{technocratic insulation}$'입니다. 세계은행의 조사보고서를 읽어보면 '테크노크라트적 고립'의 중요성이 언급되어 있는 걸 볼 수 있습니다. 근본적으로 다국적기업의 직원인 일단의 테크노크라트가 어딘가에서 민중을 '고립'시켜가면서 모든 정책을 세우고 있다는 뜻입니다. 만약 민중이 그런 정책 과정에 참여하게 된다면, 이익보다는 경제성장을 원하는 것처럼 엉뚱한 아이디어를 내놓을지 모르기 때문에 고립시키려는 것입니다. 일단 민중이 충분히 고립되면 '민주주의'든 뭐든 그들(민중) 마음대로 떠들어도 상관없습니다. 그래봐야 아무런 차이도 만들어내지 못할 테니까요. 국제 언론은 이 모든 현상을 '새로운 제국주의 시대The New Imperial Age'라고 솔직하게 묘사했습니다. 정말 정확한 말입니다. 확실히 모든 것이 그쪽으로 향하고 있습니다.[64]

환상적 경제

청중1 좀 전에 당신은 1990년대 경제를 저성장과 저임금의 부진한 경기회복이라고 설명했습니다. 그런데 우리는 정반대로 그것이 '환상적fairy tale' 경제이고 모든 것이 훌륭하다는 얘기를 듣고 있습니다. 이에 대해 하실 말씀이 있습니까?

— 음, 《일하는 미국의 현황The State of Working America》이라는 아주 중요한 책이 2년마다 나오고 있습니다. 이 책은 일하는 사람들 — 경제의 모든 주체를 뜻하는데 — 이 어떻게 살고 있는지 기록해놓은 표준적인 데이터베이스입니다.

---

64 "자유시장의 복음을 전파하는 도구인 '구조조정 프로그램'은 부자 나라의 언론에서는 거의 조명을 못 받는 대신, 가난한 나라의 언론에서는 대서특필된다. …… [IMF와 세계은행은] 대부분의 개발도상국과 동유럽에 이 구조조정 프로그램을 강요한다. …… 개도국은 이런 조건을 받아들여야만 값싼 대규모 차관을 들어올 수 있다. …… 이것을 새로운 제국주의라 불러도 무방할 것이다. …… 그것은 각국의 자유로운 선택을 통해서가 아니라 강제로 세계경제를 통합시키려는 것이다. 영국인들은 100년 전에 이것을 문명화시키는 힘이라고 말했는데, 아마 미국인들도 그렇게 말하고 싶을 것이다." James Morgan, "Rip van Winkle's new world order: The fall of Soviet bloc has left IMF and G7 to rule the world and create a new imperial age", *Financial Times*, London, April 25, 1992, p. 1.

최근의 자료는 1997년까지에 해당됩니다. 이 책은 '환상적' 경제가 어떤 것인지 밝혀줍니다. 또 사람들이 잘 모르는 자료를 세세하게 제시하고 있습니다.

1970년대부터 경기가 부진했는데, 전후 시기보다 성장률이 훨씬 더 낮았습니다. 축적된 부寣의 소득분배는 편중되어, 사실상 모든 것이 소득 분포의 최상층에 있는 사람들에게 돌아갔습니다. 전형적인 가족은 이제 20년 전보다 더 많은 시간, 1년에 약 15주 정도 더 일하고 있는데, 실질임금은 그대로이거나 낮아지고 있습니다. 미국은 선진국 중에서 업무량이 가장 많은 나라입니다. 게다가 선진국 중에서 법정 휴가 제도가 없는 유일한 나라이기도 합니다. 국민 대다수의 소득은 기껏해야 제자리걸음입니다.[65]

그런데 이런 게 이른바 '환상적' 경제라는 것입니다. 국민의 상위 몇 퍼센트까지는 소득이 천정부지로 치솟았기 때문에 이른바 '환상적' 경제가 된 겁니다. 이 책이 지적한 바에 따르면, 과거 20년 동안의 수익은 본질적으로 CEO에게만 돌아갔고, 주 수입원은 증권시장의 자산 인플레이션이었습니다. 증권시장의 자산을 잘 살펴보면 그 수치를 대략 알 수 있습니다. 주식의 약 절반을 국민의 상위 1퍼센트가 소유하고 있는 것으로 판명되었고, 그 주식 대부분은 최상위 0.5퍼센트가 소유하고 있습니다. 따라서 상위 1퍼센트가 주식의 절반을 소유하고 있고, 상위 10퍼센트는 나머지 대부분을 소유하고 있습니다. 주식시장이 호황일 때 상승된 주가 가치의 약 85퍼센트는 상위 10퍼센트에게 돌아갔고, 주로 최상위 0.5퍼센트가 실익을 차지했습니다.[66] 사실, 두 번째 계층 —소득 수준에서 90퍼센트부터 80퍼센트까지—은 실제로 클린턴 시절의 경기 회복 때 순자산 가치가 내려갔습니다 (순자산 가치는 자산에서 부채를 뺀 숫자). 그 이하의 소득 계층은 대개 사정이 악화되었습니다.[67] 가장 타격을 입은 것은 청년들이었습니다. 그들의 초임 수준은 20년 전보다 약 20~30퍼센트 낮아졌는데, 이는 앞으로 어떤 일이 벌어질지를 알려줍니다. 사무직 종사자, 과학자와 엔지니어도 마찬가지였습니다. 비교적 고소득층을 빼놓고는 임금과 소득이 낮아지고 있습니다.[68] '환상적' 경제의 실체가 바로 이것입니다.

클린턴 시절의 경기회복 ─ 일종의 경이로움 ─ 전후 역사상, 어쩌면 미국 역사상 최초로 국민 대부분을 저버렸습니다. 1997년 말에 가서야 평균 실질소득이 1989년 수준(마지막 경기순환의 정점)에 도달했습니다.[69] 이런 사례는 일찍이 들어본 적이 없습니다. 경기가 회복되면 통상적으로 평균 소득은 마지막 경기순환의 정점을 지난 후 몇 년 동안은 훨씬 높아지기 때문입니다. 하지만 일부 부문에서 정말 환상적이었습니다. 그 이유 가운데 하나는 취업 불안으로 노동자를 위협할 수 있다는 사실이었습니다.

아무튼 경제정책연구소Economic Policy Institute가 출판한 이 책은 훌륭합니다. 페이퍼백으로도 나왔고, 가격도 그리 비싸지 않습니다. 이 자료가 당신을 놀라게 하지는 않을 것인데, 여러분이나 이웃의 생활 등에서 몸소 겪었을 테니까요.[70] 하지만 여러분이 《뉴욕타임스》와 《월스트리트저널》에서 보는 것과는 다를 것입니다. 실제로 《월스트리트저널》에는 가끔 이런 기사가 실리기도 하지만 일반 신문에는 전혀 언급되지 않습니다.

국제 노동조합의 창설

^{참조 2} 노엄, 당신이 설명하는 것과 같은 국제적 권력 체제는 장악력을 계속 키워나갈 뿐 약화될 징조를 보이지 않습니다. 이에 대응해 노동자들이 국제적인 규모로 단결하고 통합해야만 합니다. 하지만 우리가 직면한 문제와 임무의 크기를 감안하면, 솔직히 말해 그것은 거의 불가능해 보입니다. 하다못해 미국에서 추진해야 할 노동조합의 결성도 전망이 어두워요. 당신은 진정으로 그것이 오늘날의 세계에서 가능하다고 생각합니까?

― 그러니까 미국에서 민주적 산별노조를 재건하는 것 말입니까? 물론, 나는 불가능한 임무라고 보지 않습니다. 예전에 이미 이루어졌습니다. 하지만 그것이 결코 단순하지 않다는 당신의 얘기는 옳습니다.

한 가지 예를 들면, 현대에 분명히 요구되는 사항은 ― 예전보다 성취하기가 훨씬 더 어려워졌는데 ― 진정한 국제적 노동운동을 추진해야 한다는 점입니다. 예전에도 노동운동가들이 '인터내셔널'을 얘기하곤 했지만 그건 주로 농담이었습니다. 이제 노동운동은 반드시 국제적으로 나가야 하는데, 왜냐하면 예를 들어 다임러벤츠를 막아야 하기 때문입니다. 벤츠는 생산 기지를 아예 앨라배마로 이전함으로써 독일의 근로 기준을 파괴해버렸습니다. 앨라배마는 임금수준이 훨씬 낮고, 노동조합이 없으며, 노동자를 위한 법적 보호가 매우 허약했습니다. 또는 [1989년에 실시된] 캐나다와 맺은 자유무역협정 초기를 살펴봅시다. 처음 실시된 몇 해 동안, 캐나다는 같은 이유로 20만 개의 제조업 일자리를 미국 동남부에 빼앗겼습니다.⁷¹

사실, 어떤 대기업들은 심지어 파업을 더 이상 걱정하지 않는 지경까지 이르렀습니다. 오히려 그들은 파업을 노동조합을 파괴할 수 있는 기회라고 봅니다. 이를테면 캐터필러 사는 최근에 일리노이 주 디케이터에서 벌어진 18개월[1994년 6월부터 1995년 12월까지]의 파업을 교묘히 돌파했는데, 그 방법의 일부는 잉여 생산 시설을 아예 외국에 설립한 것입니다. 알다시피, 대기업은 이제 엄청난 자본을 가지고 있고, 그런 자본으로 해외에 잉여 생산 시설을 얼마든지 세울 수 있습니다. 따라서 캐터필러는 브라질에 공장을 세웠고 그곳에서 미국보다 훨씬 값싼 노동력을 얻었습니다. 미국에서 파업이 일어날 경우, 국제 주문을 이행할 생산 기지로 해외 공장을 활용할 수도 있습니다. 따라서 그들은 디케이터의 파업을 별로 개의치 않았는데, 이런 국제적 전략을 통해 노동조합을 파괴하는 능력을 얻었기 때문입니다.[72] 이는 비교적 새로운 현상인데, 이렇게 점점 집중화되는 국제 경제력을 감안하면, 또 세계적인 근로 기준을 저하시키기 위해 각국의 노동력들을 서로 경쟁시키는 다국적기업의 능력을 감안하면, 오늘날 노동자의 국제적 연대가 반드시 있어야 합니다. 조그마한 희망이라도 놓치지 말아야 합니다. 즉 진정한 국제적 연대가 필요하다는 뜻입니다.

내 생각에 국제적 직종별 노조운동이 진정한 성공을 거두려면, 완전히 처음부터 다시 시작해야 하고 노동자가 직접 조직을 운영해야 합니다. 사실 이런 조직을 만들어내기는 아주 어렵습니다. 특히 미국에서는 까다로운데, 미국 노동운동 지도자들은 전통적으로 노동자들과 단절되어 있기 때문입니다. 그럼 제2차 세계대전 이후의 세계적인 노동조합 파괴 현상을 한번 살펴봅시다. 이는 세계적으로 노동조건에 정말 큰 영향을 끼쳤습니다. 그

---

71 NAFTA에 대해서는 이 책 8장과 그 장의 주석18 참조.

런데 당시 미국 노동운동 지도자 일부가 그 일을 했습니다. 그것은 이탈리아 노동조합, 일본 노동조합, 프랑스 노동조합 등을 쳐부수려는 노력의 일환이었습니다.[73]

제2차 세계대전 이후 유럽이 재건한 역사를 돌이켜본다면, 미국의 정책 입안자들은 예전의 반파시스트 저항에 바탕을 둔, 당시 명망 있는 유럽 민중민주주의 운동의 상승을 막지 못해 안달이었습니다. 종전 이후 반파시스트 투쟁의 결과로 사회민주주의가 널리 퍼져 있었기 때문입니다. 전통 질서를 불신하는 급진적 민주주의 사상이 주위에 퍼지자, 영향력 있는 미국 회사들은 독일이나 일본 같은 곳에서 단합된 노동운동이 벌어질까 봐 노심초사했습니다.

비슷한 문제가 당시 미국에도 실제 존재했습니다. 미국 국민은 종전 이후 매우 사회민주주의적인 태도를 보였습니다. 무척 친노동조합적이었고, 산업 규제를 위해 정부가 더 많이 개입하기를 원했고, 많은 사람들이 공공 산업이 있어야 한다고 생각했습니다. 미국 기업계는 그 사실에 경악했고 겁을 먹었습니다. 그리하여 미국 기업들은 '이제 민간 기업 시스템을 살릴 수 있는 시간은 불과 5, 6년밖에 없다' 같은 말을 사보 같은 데 싣습니다.[74] 그래서 그들이 행한 한 가지는 대대적인 프로파간다 프로그램을 시작하여 민중의 태도를 바꾸려 든 것입니다.[75] 이것은 당시 '사람의 마음을 사로잡기 위한 끝없는 투쟁'의 일부라고 불렸는데 사람들에게 '자본주의 이야기를 계속 주입'시켜 자본주의 쪽으로 마음을 돌려놓아야 한다는 것이었습니다. 당시 홍보 산업은 노골적으로 그런 얘기를 했습니다.[76] 1950년대 초, 미

---

73 제2차 세계대전 이후의 노조 파괴에 대해서는 이 책 제2권 5장 참조.

국의 광고협의회^{Advertising Council}[제2차 세계대전 때 시작된 조직으로, 미국 내 프로파간다 업무로 정부를 지원하며 기업계가 자금을 댄다]는 이른바 '미국적 방식'을 선전하기 위한 자금을 대대적으로 지출하고 있었습니다.[77] 전미제조업자협회에 관한 홍보 예산은 약 20배나 증액되었습니다.[78] 업계는 각급 학교의 교과서 3분의 1을 공급했습니다.[79] 업계는 2,000만 명의 노동자에게 매주 프로파간다 영화를 보게 했습니다. 1947년의 태프트하틀리법^{Taft-Hartley Act}(미국의 노사관계법-옮긴이)은 회사원들에게 프로파간다 영화를 일방적으로 보여주는 것을 허용했던 것입니다.[80] 그들은 지난 1930년대에 개발한 '파업을 분쇄하는 과학적 방법'을 계속 사용했습니다. 그러니까 폭력단을 동원하여 노동자의 무릎을 쳐부수는 일을 그만둔 대신, 엄청난 자금을 프로파간다에 쏟아부은 것입니다.[81] 이는 모두 당시에 '반공산주의' 십자군 운동과 관련이 있었습니다. 이것이 바로 '매카시즘'이라 불린 것의 진짜 의미였습니다. 반공주의는 조지프 매카시가 개입하기 훨씬 전에 시작됐고, 실제로는 민주당의 자유주의 멤버와 기업계 등에 의해 시작되었습니다.[82] 이것은 두려움과 맹목적 애국주의에 호소하여, 노동권과 민주주의의 기능을 해치는 하나의 방법이었습니다.

여기서 요점은, 미국 노동운동 지도자들이 전후 국제적으로 노동조합을 파괴하는 핵심 세력이었다는 점입니다. 그들의 기록 중에 아주 재미있는 게 있는데 그들이 이탈리아 노동조합을 분쇄할 때 가장 두려워했던 것 가운데 하나는 이탈리아의 노동조합이 너무 민주적이라는 것이었습니다. 그들은 이탈리아의 노동조합이 미국의 노동조합을 더 많이 닮기를 원했고, 또 공공연히 그렇게 말했습니다. '미국의 노농조합'이라는 말의 구체적 의미는 이런 것입니다. AFL 지도부가 밀실 어딘가에 앉아 있다가 노동조합원들이 전혀 사태를 알지 못하는 상황에서 일방적으로 의사결정을 내리고, 그다음엔 정부나 기업의 책임자들과 함께 외출하여 점심을 먹는 것이지요. 그것이 미국의 노동조합 지도부가 일하는 방식이었습니다. 문제는, 이탈리아 노동조합은 그렇지 않았다는 것입니다. 내가 좀 과장했을지 모르지만, 여러분이 그들의 기록을 살펴본다면 대충 그 비슷한 얘기가 들어 있음을 발견할 겁니다.[83]

우리는 바로 이런 노동계 지도부의 역사를 가지고 있기 때문에 앞으로 노동운동이 재조직한다면 완전히 처음부터 다시 시작해야 하는 것입니다. 나는 불가능한 일이라고 생각하지 않습니다. 우리가 직면한 여건보다 훨씬 더 가혹한 조건에서도 이루어졌습니다. 엘살바도르에서는 죽음의 특공대가 노조원의 뒤를 쫓아다니며 죽이려 했는데도 노동조합을 결성했습니다. 그렇다면 우리는 당연히 이렇게 질문해야 합니다. '이것이 과연 우리에게 너무 어려운 일인가?' 이것은 말이 되지 않습니다. 만약 여기 미국에서 이루어지지 않는다면 그건 사람들이 열심히 노력하지 않기 때문입니다. 일이 너무 어려워서가 아니라, 사람들의 노력 부족인 것입니다.

자, 서반구의 최빈국인 아이티를 한번 봅시다. 여러분 가운데 아이티를 여행한 분이 있는지 모르겠지만 만약 그곳에 간다면, 여러분은 눈을 의심할 것입니다. 나는 제3세계의 여러 곳을 다녀보았지만 아이티는 그중에서도 정말 열악한 곳입니다. 하지만 1980년대 후반, 가난에 찌들고 억압에 짓눌린 여건 속에서도 아이티 농부들과 빈민가 거주자들은 시민사회를 조직할 수 있었습니다. 그들은 노동조합, 풀뿌리 조직, 민중 조직 네트워크를 만들어내어 단결을 과시했고, 맨주먹으로 정부를 인수할 수 있었습니다. 미국이 지원한 군사 쿠데타로 곧 전복되기는 했지만, 그들은 민중이 이 세상에서 무엇을 할 수 있는지 우리에게 보여주었습니다.[84] 아이티의 쿠데타 정부가 무너진 1994년, 미국 언론은 입을 모아 이렇게 말했습니다. '자, 우리가 가서 아이티 사람들에게 민주주의의 교훈을 가르쳐야 한다.' 하지만 골수 코미사르를 제외하고 그 누구도 그런 썰렁한 이야기에 웃음을 터트리지 않았습니다. 오히려 우리가 아이티 사람들로부터 민주주의를 배워야 할 판입니다. 아이티 농부들은 우리에게 민주주의를 많이 가르쳐주었고 민주주의가 진정으로 어떻게 움직이는지 보여주었습니다.

여기서 요점은 이런 겁니다. 만약 민중이 아이티에서 그렇게 할 수 있었다면, 또 엘살바도르에서도 그렇게 할 수 있었다면, 당연히 여기 미국에서도 그렇게 할 수 있습니다. 왜? 우리는 그들보다 여건이 훨씬 좋기 때문입니다.

당신 말이 맞습니다. 물론 간단한 일이 아닙니다. 하지만 그것이 우리 손이 닿지 않는 곳에 있다는 말에는 수긍할 수 없습니다. 만약 그것이 정말로 우리 힘이 미치지 않는 곳에 있다면, 우리 모두는 무척 곤란한 상태에 처하게 될 것입니다. 만약 국제적 규모의 진정한 민중운동을 이룩할 수 없다면, 인간의 문명이 얼마나 오래 갈 수 있을지도 분명하지 않습니다. 왜냐하면 자본주의 윤리는 오로지 내일 얼마나 많은 돈을 벌게 될지만 따지기 때문입니다. 내일의 이익은 자본주의 시스템에서 가장 중요한 가치입니다. 이익뿐 아니라 재무제표의 결산 사항도 내일 좋아 보여야 합니다. 사정이 이렇기 때문에 미래에 대한 계획은 물론이고 환경을 장기적으로 보존하려는 그 어떤 규제도 할 수 없습니다. 이것은 다시 말해 지구가 곧 파괴된다는

---

84   미국이 아이티의 쿠데타를 지원한 것에 대해서는 이 책 제2권 5장 참조.

미국 언론은 입을 모아 '아이티 사람들에게
민주주의를 가르쳐야 한다'고 헛소리를 지껄였지만
오히려 우리가 아이티 사람들로부터 민주주의를 배워야 할 판입니다.
아이티 농부들은 민주주의가 진정으로 어떻게 움직이는지
보여주었습니다.

뜻입니다.

사실 얼마 전 이것이 미국 내에서 극적으로 증명되었습니다. 1994년, '깅리치 집단'이 공직에 진출하고 앞으로 국가의 환경 규제 시스템을 철폐하겠다고 밝힌 직후, 상당한 의미를 지닌 과학 보고서가 여러 건 발표되었습니다.[85] 그 가운데 하나는 뉴잉글랜드, 아니 전 세계와 관련이 있었습니다. 그것은 뉴잉글랜드 해안에서 좀 떨어진 앞바다의 조지스뱅크 어장과 관련된 보고서였습니다. 조지스뱅크는 늘 세계에서 가장 고기가 많이 잡히는 어장으로, 1970년대 내내 그러했습니다. 하지만 1980년대에 레이건 행정부는 수산업의 규제를 철폐함과 동시에 보조금을 주었습니다. 이른바 '자유시장'이 움직이는 방법이었습니다. 정부는 업계가 원하는 건 무엇이든 할 수 있도록 규제를 철폐하고, 민중은 업계가 사업을 할 수 있도록 돈을 대주는 것입니다. 정부가 이처럼 규제를 풀고 수산업에 보조금을 지급하면 어떤 일이 벌어질지는 바보가 아니라면 누구나 알 수 있습니다. 그들은 씨가 말라버릴 정도로 고기를 남획했습니다.

그 결과 뉴잉글랜드는 이제 노르웨이에서 대구를 수입하고 있습니다. 뉴잉글랜드 사람들은 너무나 어이없어하면서 어떻게 이런 일이 벌어진 건지 의아해합니다. 미국이 노르웨이에서 대구를 수입하는 이유는 간단합니다. 노르웨이는 계속 어장을 규제했기 때문입니다. 미국은 규제하지 않아서 어장을 망쳐버린 것입니다. 지금 조지스뱅크 어장의 많은 부분이 폐쇄되었는데, 언제 다시 열릴지 아무도 모릅니다.[86]

만약 정부가 다른 규제 장치마저 없앤다면, 다른 분야에서도 똑같은 일이 반복될 것입니다. 민주적 사회를 조직하는 것이 불가능한 일로 판명된다면, 우리 모두는 아주 심각한 문제에 빠지게 될 것입니다.

초창기의 운동과 다가오는 위기

청중1 당신은 이런 국제적 운동을 구축하기 위해 현재 어떤 조치가 취해지고 있다고 봅니까?

— 뭔가 일이 벌어지고 있습니다. 그 일이 좀 더 큰 규모로 확대될 수도 있습니다. 여러분이 오늘날 보고 있는 대부분의 현상은 너무 미미하여 제대로 영향을 끼치지 못하지만, 아무튼 이 현상은 분명히 있고, 이것이 언젠가 더 큰 일의 발단이 될 수 있습니다.

이를테면 NAFTA 체결 직후의 노동조합 운동에서 최초의 긍정적인 조짐 (1993년)이 나타났습니다. NAFTA가 통과되자마자 몇 주 만에 제너럴일렉트릭과 하니웰 두 회사는 멕시코 북부의 공장에서 노동조합 결성을 시도하려던 노동자들을 해고했습니다. 예전에는 이런 일이 벌어지면 으레 그걸로 끝이었습니다. 하지만 이번엔 달랐습니다. 사상 처음으로 미국의 두 노동조합, 전기노동조합과 트럭운전자조합이 중재에 나서 해고 노동자들을 변호하고 클린턴 행정부에 항의했습니다.

미국의 노동조합들은 어느 정도 영향력이 있습니다. 그들은 기업 같은 힘은 없지만 멕시코의 노동조합보다는 훨씬 많은 힘을 가지고 있습니다. 뭐라고 할까, 멕시코는 일종의 파시스트 국가이기 때문에 진정한 의미의 노동조합은 없습니다. 구소련에서와 같이 어용 노동조합만 있고 그것도 저마다 떨어져 있습니다. 물론 멕시코 노조는 NAFTA를 반대했지만 엄격한 규제를 받기 때문에 아무 일도 할 수 없었습니다. 하지만 미국의 큰 노동조합은 무시할 수 없습니다. 이 경우, 미국 노조는 미국 노동부로 하여금 멕시코의 해

고 사태를 조사하게 만들 수 있었습니다.[87]

  그렇게 하여 사건은 미국 노동부로 넘어갔고, 그들은 기업이 노동의 권리를 침해한 사실이 있는지를 알아내야 했습니다. 물론, 로버트 라이시가 있는 노동부는 위반은 없었다고 말했습니다. 해고된 노동자들은 멕시코 법을 적용받는 만큼 멕시코 법에 따라 미국 기업에 대응할 수 있으므로, 미국 노동부에게는 문제가 없다는 것이었습니다. 여러분은 이 사태를 잘 읽어야 합니다. 여러분 가운데 멕시코 노동법을 숙지하고 있는 사람이 얼마나 있는지 모르지만 이건 정말 웃음거리조차 되지 못합니다. 하지만 그것은 결정된 것이었고, 그리하여 해고는 용납되었습니다. 해고된 노동자들은 퇴직수당 신청이 허용된 것에 무척 기뻐했습니다. 물론 제너럴일렉트릭은 한탄했지요.[88] 하지만 적어도 이 경우, 미국 노동조합 측은 처음으로 멕시코 노동자의 권리를 옹호했는데 이것은 일종의 동병상련 때문이었습니다. 미국 노조들도 자신들이 탄압당하고 있다고 생각하던 시점이었으니까요. 하지만 이런 항의가 의미 있는 운동으로 발전하려면 여러 사람들이 참여하는 대규모 운동이 되어야 합니다.

  그 밖에, 경제의 심각한 변화는 모든 개인 권력의 해체를 요구할 것입니다. 결국 이것을 피할 수 있는 길은 없습니다. 나는 여기저기에서 이런 움직임의 초기 단계를 볼 수 있다고 생각합니다. 철강 업체 위어턴 스틸의 최근 조치[노동자들이 종업원지주제도를 통해 회사의 지분을 소유하는 것]는 그런 구체적 사례였고, 의미 있는 행동이 될 수 있는 또 다른 사례들도 있었습니다. 유나이티드항공 협상도 의미 있는 초기 사례가 될 수 있지만, 결국 그것은 종업원지주제도 또는 근로자 경영 중 어떤 조건으로 협상이 타결되느냐에 달려 있습니다. 어느 쪽으로 결론 나든 예전과는 사뭇 다를 것입니다

〔1994년, 유나이티드항공의 종업원들은 임금을 대폭 삭감하여 55퍼센트의 회사 주식과 맞교환했고, 이사회 12명 중 3명의 자리를 얻어냈다〕.

따라서 진정한 변화를 향해 나아가기 시작하는 방법은 아주 분명하고, 그건 충분히 많은 사람들이 그것을 기꺼이 추구하느냐 마느냐의 문제일 뿐입니다. 민중운동을 이루어내는 방법에는 온갖 선택 사항들이 있고, 그런 사항들은 상당한 규모로 발전될 수 있습니다. 만약 민중이 내부에 있는 자원을 잘 조정하고 공동체적 노력을 기울이면서 협력하고 나아가 국제적으로 연대가 이루어진다면 무슨 일이든 가능할 거라고 생각합니다. 그래요, 규모가 너무 크지요. 하지만 모든 사회 변화의 규모는 언제나 컸습니다. 가령 여성운동이나 1790년 아이티의 노예제도 철폐를 한번 보십시오. 당시 그런 운동은 불가능하다고 생각되었습니다. 그런 느낌은 오래전부터 있었던 것입니다.

참조] 환경 재앙을 겪은 뒤에야 이 분야에서 대규모 민중운동이 펼쳐지지 않을까 하는 생각이 듭니다.

— 환경 재앙을 기다리는 것은 시기적으로 너무 늦습니다. 사실 우리는 이렇게 마냥 기다려서는 안 됩니다.

그런 위협이 점점 커지면서 사람들의 열의를 북돋게 될 것은 분명 확실합니다. 하지만 그런 일이 일어나기를 기다려서는 안 됩니다. 먼저 기초 작업을 준비해야만 합니다. 예를 들어 온실효과가 지금까지 너무 과소평가되었고, 재앙이 실제로 지금부터 100년이 아니라 10년 뒤에 닥친다는 사실이 내일 밝혀진다고 생각해봅시다. 이때 오늘 우리의 민중운동 상태를 감안한다면, 어쩌면 파시스트 혁명이 일어날지 모릅니다. 위기 속에서 뭔가 해낼 수 있는 유일한 방법이 그것이기 때문에 모두가 동의할지도 모릅니다. 나조차도 그런 혁명에 동의할 텐데, 그 밖에 다른 대안이 없기 때문입니다.

따라서 재앙이 닥치기를 기다려서는 안 되고, 먼저 기초 작업을 해야 합니다. 지금 당장 씨앗을 뿌려야 합니다. 그래야 기회가 찾아왔을 때 ─ 그것이 멕시코 노동자의 해고든 환경 재앙이든 ─ 그 기회를 살려 생산적인 일을 할 수 있기 때문입니다.

청중1 촘스키 박사님, 실제로 기업 엘리트가 환경 재앙을 이용해 이익을 챙기지 않을까 궁금합니다. 환경 재앙을 납세자들의 보조금을 받는 새로운 기술로 삼거나 당신이 설명한 또 다른 형태의 복지로 바꾸지 않을까요? 그럼 민중은 환경을 지키기 위해 환경을 파괴한 장본인인 기업에게 돈을 대줄까요?

─ 그래요, 물론이지요. 그건 예언이라고 할 수 없어요, 이미 벌어지고 있는 일이니까요. 듀폰(미국의 화학 회사─옮긴이)을 예로 들어봅시다. 그들은 플로로카본(오존층을 파괴한다는 이유로 1980년대 후반부터 엄격하게 규제된 화학물질)을 더 이상 판매할 수 없다는 사실에 별로 당황하지 않았는데, 그것을 대체하는 또 다른 물질을 생산하기 위해 공적 보조금을 타낼 수 있기 때문입니다.[89] 적어도 이런 측면에서 기업은 합리적입니다. 그들은 민중에게서 계속 보조금을 얻을 수 있게 보장해주는 기술이라면 그 어떤 것이라도 이용할 것입니다. 만약 환경 위기로 변화의 도입이 불가피한 지경에 이른다면, 기업은 과거에 그렇게 했듯이 그 변화로부터 이익을 얻어내려 할 것입니다.

실제로 사람들은 오존층 파괴를 우려하고 있습니다. 보통은 이런 쟁점에 지면을 할애하지 않던 《월스트리트저널》 편집자들조차 이 문제를 염려하기 시작했습니다. 오존층 파괴가 남극〔오존층의 첫 번째 구멍이 발견된 지역〕과 가까운 칠레와 아르헨티나 사람들을 죽음으로 몰았을 때 그건 별로 심각한 문제가 아니었지만, 북극의 오존층에도 구멍이 뚫렸다는 사실이 알려지자 — 백인도 언젠가 피해를 입을 것이라는 뜻 — 이들도 결국 문제를 직시한 것입니다.[90] 해수면이 그들이 있는 빌딩 높이까지 치솟고, 그들이 편집 기사를 쓰고 있는 층까지 차오른다면, 그들은 온실효과의 위협에 동의하고 뭔가 조치를 취해야 한다는 입장을 보일 것입니다. 그래요, 아무리 어리석다 하더라도 어느 시점에 이르면 그들도 환경에 문제가 있다는 것을 인정하고 재빨리 문제 해결에 나설 것입니다. 그들은 다음과 같은 질문을 던질 것입니다. '좋아 해결안을 만들어내자고. 어떻게 하면 이런 변화에서 돈을 벌 수 있을까?' 사실, 그런 질문을 던지지 않는 경영진은 업계에서 생존할 수 없습니다. 그것이 자본주의 제도가 움직이는 방법이기 때문입니다. 내 말은, 만약 어떤 임원이 다가와, '나는 그렇게 보지 않으니, 달리 일하겠소'라고 말한다면, 그 변화로부터 더 많은 돈을 벌려고 애쓰는 다른 사람에게 자리를 내놓아야 한다는 것입니다. 이것은 제도적 사실이고 제도권의 현실이기도 합니다. 만약 당신이 이런 현실을 좋아하지 않는다면 — 좋아하지 않기는 나도 마찬가지지만 — 그 제도를 바꿔야 할 것입니다. 그 밖에는 다른 방법이 없습니다.

그래서 현존하는 제도의 틀에서 보면, 환경 위기는 민간 기업의 이익을 보장하기 위한, 또 다른 공적 보조금 지급의 계기가 될 것입니다. 당신이 말한 대로 기업은 그 기회를 계속 이용할 것입니다.

4

엘리트들의 궤도 이탈과
다가오는 혼란을 말하다

당신은 대부분의 국민이 당신의 눈부신 이익 창출에
도움이 되지 않는다는 이유로 그들을 필요 없는 사람들이라고 여기고
소외시킬 수 있습니까? 억압받는 사람들이 권리를 누리지 못한 채,
극도로 유연화된 노동시장에서 세계적인 부자의 행복을 위해
일하는 세상, 그것이 과연 제대로 된 세상입니까?

엘리트들의 사회 계획, 궤도를 이탈하다

청중1 당신은 그 가운데 얼마나 많은 부분이 음모론 탓이라고 봅니까? 또 자본의 근시안적 특성과 기득권 세력의 이해관계로부터 얼마나 많은 부작용이 생겨났다고 생각하십니까?

― 그 '음모론'이라는 말은 좀 재미있는 용어입니다. 예를 들어, 만약 내가 소련의 계획을 얘기하면서 '자, 이것이 소련의 정치국이 결정하고 크렘린이 행동에 옮긴 일입니다'라고 말한다면 아무도 그것을 '음모론'이라고 부르지 않을 것입니다. 누구라도 내가 정책 계획을 말했다고 생각할 겁니다. 하지만 당신이 서구의 권력층이 추진하는 뭔가를 얘기하기 시작하면, 누구나 그것을 '음모론'이라고 부릅니다. 그러니까 당신은 서방 국가의 계획을 얘기하면 안 되고, 그런 계획은 존재해서도 안 됩니다. 만약 당신이 정치학도라면, 당신은 ―그런 이론을 이미 습득하지 않았다면 대학원에도 들어가지 못합니다 ―서구에서는 누구도 계획을 세우지 않는다는 것을 배웁니다. 그러니까 우리는 일종의 박애정신 때문에 행동에 나서면서 이곳저곳에서 돌부리에 걸려 넘어지고 가끔 잘못을 저지를 뿐이라고 배웁니다. 하지만 권력층은 결코 바보가 아닙니다. 사람들이 어떻게 믿고 있든 그들은 계

획을 세웁니다. 사실, 그들은 신중을 기하여 복잡한 계획을 세웁니다. 하지만 이런 사실을 지적하고, 그것을 뒷받침하기 위해 정부의 기록 등을 인용하는 것은 '음모론'으로 매도됩니다.

기업도 마찬가지입니다. 기업은 박애정신에 입각하여 활동하고, 모두가 최상의 품질을 가진 염가 제품을 구입하도록 도와주는 일을 한다고 여겨지고 있습니다. 만약 당신이 '봐라, 크라이슬러는 수익과 시장점유율을 극대화하기 위해 애쓰고 있다'고 말한다면 그건 '음모론'입니다. 달리 말해, 당신이 최소한의 현실을 설명하고 권력층이 합리적 존재라는 말을 하자마자 ―그러니까 그 상대방이 적이라면 괜찮지만 만약 그 권력층이 국내 권력의 일부라면 ―그건 '음모론'이 되므로 조심해야 합니다. 이상이 이른바 음모론의 개요입니다. 정말 우스꽝스럽지 않습니까?

나는 먼저 이 용어를 쓰지 말자고 제의하고 싶습니다. 두 가지 질문만 던지는 겁니다. 하나는, '다른 모든 곳에서 그렇듯이 얼마나 많이 의도적인 계획인가'이고, 또 다른 하나는 '얼마나 많이 나쁜 계획인가'입니다.

그런데 계획이라고 하는 것은 모두 의도적입니다. 권력을 극대화하려 하는 똑똑한 사람들이 의도적인 계획을 많이 추진한다는 사실은 맞습니다. 그렇게 하지 않는다면 어리석은 것입니다. 일류 편집자, 고위 공직자, 대기업 임원들이 함께 회의를 갖는다는 것은 그리 새로울 것도 없는 사실입니다. 그들은 회의만 함께하는 게 아니라, 같은 골프 클럽에 다니고, 파티도 함께 가고, 같은 대학을 다녔고, 정부와 민간 부문의 이런저런 자리를 돌아가면서 맡습니다. 달리 말해 그들은 같은 사회적 계급을 대표한다는 것입니다. 이런 사람들이 서로 의사소통하면서 계획을 세우지 않는다면 그건 미친 짓일 것입니다.

당연히 제너럴모터스 이사회는 계획을 세우고, 국가안전보장회의도 그렇고, 전미제조업자협회의 광고대행사 역시 계획을 세웁니다. 내 말은 이것이 고전경제학자 애덤 스미스에게도 자명한 이치였습니다. 애덤 스미스의 글을 읽어보면 알겠지만 그는 이렇게 쓰고 있습니다. '기업인 두 명이 한 방에 모일 때마다 민중을 해치려는 모종의 계획을 꾸민다.' 그래요, 달리 무엇을 할 수 있을까요? 여기에는 새삼스러운 게 전혀 없습니다. 애덤 스미스가 200년 전에 지적했듯이, 그가 지칭하는 '인류의 주인들'은 '우리가 모든 것을 갖고, 다른 사람들에게는 아무것도 주지 마라'라는 '비열한 원칙'을 따를 뿐입니다." 그래요, 그들이 국가안전보장회의, 비즈니스라운드테이블〔200개 대기업의 CEO들로 이루어진 전국 조직〕, 그 밖의 엘리트 계획 토론회에 참석할 때 그 뒤에는 강력한 권력이 있습니다. 그래요, 그들은 계획, 그것도 아주 신중한 계획을 세웁니다.

이런 상황에서 물어야 할 질문은 이런 것입니다. 그건 영리한 계획인가? 그 대답은 목표가 무엇이냐에 따라 다릅니다. 가령 목표가 내일의 기업의 이익을 극대화하는 것이라면 그건 무척 영리한 계획입니다. 만약 목표가 아동이 살아남을 수 있는 세상을 만들자는 것이라면 그건 완전히 어리석은 계획입니다. 후자는 아예 게임의 일부가 될 수 없는 겁니다. 사실, 그것은 제도화되었습니다. 그들이 어리석어서가 아니라, 민간 기업이 자원을 통제하는 경쟁 시스템을 가지고 있는 한, 단기 이익을 극대화해야 하기 때문입니다. 그건 제도적 필연입니다.

좀 더 구체적으로 말씀드려보겠습니다. 자동차 회사들이 크라이슬러, 제너럴모터스, 포드 이렇게 세 군데만 있다고 해봅시다. 그들 가운데 한 회사가 지금부터 10년 후에 완성할 계획을 가지고, 연비가 높고 사용자 친화적이며 환경에 미치는 악영향이 훨씬 줄어든 자동차 생산에 자금을 투입했다고 가정합시다. 포드가 자금의 일부를 그 분야에 투입하기로 결정했다고 해봅시다. 그러면 크라이슬러는 자금을 거기에 투입하지 않을 것입니다. 그 얘기는 크라이슬러가 같은 시기에 포드보다 차를 싼값으로 판다는 뜻이 되고, 그러면 포드는 지금부터 10년이 지나면 아예 게임에서 탈락할 것입니다. 이게 경쟁 시스템의 본질입니다. 그렇기 때문에 경영자는 바로 다음 분기의 실적이 좋게 나오도록 노력해야 합니다. 그 노력이 1년 뒤에 아주 나쁜 결과를 가져온다고 하더라도 말입니다. 이게 바로 경쟁 시스템의 제도적 비합리성입니다.

사실, 나는 이 자리에서 《Z 매거진》의 최근 표지에 대해 불평하고 싶습니다. 그 잡지에 내 기사를 하나 실었는데, 표지에는 '기업의 탐욕'이라는 제목이 붙어 있었습니다. 하지만 그건 어리석은 표현입니다.[92] '기업의 탐욕'이라고 말하는 것은 '군사 무기'나 '역전 앞'이라고 말하는 것처럼 동어반복입니다. 기업은 원래 탐욕스러워서 권력과 이익을 극대화하려 합니다. 기업의 탐욕은 일시적 '현상'이 아닙니다. 우리는 그런 용어를 잘못 써서 사람들의 오해를 불러일으켜서는 안 됩니다. 그것은 '강도의 탐욕'이라고 얘기하는 것과 마찬가지로 의미 있는 얘기도 못되고 결국 사람들의 생각만 현혹시킵니다. 기업의 목적은 이윤과 시장점유율, 투자자의 수익, 이 모든 것을 극대화하는 겁니다. 만약 경영자들이 그런 목표를 추구하지 않는다면, 그들은 당연히 법적인 책임을 져야 합니다. 이 점에서 나는 밀턴 프리드먼[우익 경제학자]과 그 동료들의 생각에 동의합니다. CEO는 마땅히 그렇

---

92 1996년 6월 자 《Z 매거진》의 표지 제목은 "촘스키, 기업의 탐욕을 논하다"이다. 대안 정치 월간지인 《Z 매거진》에 대해서는 이 책 제2권 6장 참조.

게 행동해야 하고 그렇게 하지 않는 것은 직무유기이며 공식적인 의무를 저버리는 것이 됩니다.[93] 그 밖에도, 그 경영자는 주주나 이사회에 의해 쫓겨날 것이고, 아무튼 오랫동안 그 자리에 붙어 있지 못할 것입니다.

어떤 의미에서 보면 계획은 좋기도 하고 나쁘기도 합니다. 가령 앞으로 5년 후를 내다본다면, 조지스뱅크 어장을 파괴하는 행위는 어리석은 짓입니다. 하지만 만약 내일의 이익을 생각한다면 그건 어리석은 짓이 아닙니다. 내 생각에, 우리가 던져야 하는 질문은 이런 것이 되어야 합니다. '우리는 어떤 것에 관심을 더 기울여야 하는가?'

사실, 이런 맥락에서 미국의 정부 규제 시스템의 역사 ─ 주간통상위원회[ICC] 같은 것 등 ─를 살펴보는 것은 무척 재미있습니다. 정부 규제 기관의 설립을 주도한 측은 주로 기업인데, 특히 국제적이고 자본집약적인 대기업이었습니다. 그들은 규제 없이는 본질적으로 탐욕스러운 자본주의가 모든 것을 파괴할 것임을 인정했기 때문입니다. 따라서 어느 정도 조직적인 규제를 원했습니다. 가령 그들은 노동조합을 원했고, 뉴딜 정책을 바랐습니다. 사실, 1930년대의 뉴딜 정책처럼 이 나라를 발전시켰던(적어도 부분적으로 미국을 사회복지 측면을 가진 산업구조로 진입시켰던) 조치들을 살펴보면, 그 배후에 깔린 욕망은 대부분 중소기업이 아니라 대기업으로부터 나왔다는 것을 알 수 있습니다.

잘 알다시피, 제너럴일렉트릭 같은 대기업 ─자본집약적이고, 비교적 노동력이 적게 들고 국제 지향적인 대기업 ─은 뉴딜 정책을 지지했습니다. 뉴딜 정책을 반대한 쪽은 전미제조업자협회에 가입한 회사 등 중소기업이었습니다. 그들은 자본집약적이지 않았고, 노동력이 많이 들며, 해외 시장에 제품을 판매하지 않았고, 따라서 뉴딜 정책의 혜택을 받지 못했기 때문입니다. 하지만 제너럴일렉트릭과 같은 대기업에는 무모한 파업을 일으키지 않는 조직된 노동자들이 오히려 더 나았습니다. 또 좀 더 많은 돈을 주더라도 노동자들이 정규적으로 일하게 될 거라고 확신할 수 있는 상태를 더 선호했습니다.⁹⁴ 그렇기 때문에 대기업은 노동조합의 존재 — 미국식 노동조합 — 를 어느 정도까지 지지하는 경향이 있습니다. 그들은 규제 장치가 주위에 없다면 자본주의 시스템이 자멸할 거라고 생각했기 때문입니다.

사실상, 미국의 정계에서 현재 벌어지고 있는 변화의 추세는 대기업에게 그리 득이 되는 것이 아닙니다. 1994년, 의회를 차지한 세력은 친대기업적이지 않습니다. 그들은 잘 조직된 계획 사회를 원하는 사람들이 아닙니다. 알다시피, 대기업은 공산주의자와 비슷합니다. 그들은 장기적인 이해의 관점에서 사태를 강력하게 틀어쥐는 힘센 국가를 원합니다. 1994년에 뉴트 깅리치와 함께 권력을 잡은 사람들은 약간 다른 부류입니다. 그들은 뉴딜 정책을 반대했던 예전의 전미제조업자협회와 비슷한 사람들이고, 그들 중에는 변덕스러운 과격분자들이 있는데, 이들은 미국에서도 아주 강력한 집단입니다. 그런데 이것이 깅리치 본인에게는 적용되지 않습니다. 깅리치만 해도 꽤 합리적이고, 대기업을 그런대로 이해하는 사람입니다. 하지만 그가 조직한 사람들은 광신자, 특히 이른바 '기독교 우파Christian Right'입니다. 그들은 내일 당장 돈을 원하고, 가까운 미래의 세상에 무슨 일이 벌어질지 신경 쓰지 않고, 다른 사람들에게 무슨 일이 생기는지에 관심도 없는, 아주 비합리적인 사람들입니다. 또 그들은 전체주의자입니다. 말은 다르게 할지 몰라도, 그들은 강력한 국가를 원합니다. 주위 사람들에게 어떻게 살라고 명령하기 위해서, 사람들이 다른 길을 걸어가려고 하면 감옥에 보내기 위해서 근본적으로 안보 국가National Security State를 지지하는 것입니다. 그건 파시즘으로 가는 밑바탕이고, 대기업과 다른 많은 권력층이 그것을 우려하고 있습니다.

사실, 깅리치 운동의 선거지원금 현황을 살펴보는 것은 아주 흥미진진합니다. 《월스트리트저널》은 1994년 의회 선거가 끝난 뒤 선거 기사를 실었는데 그 기사에 따르면, 깅리치 측에게 자금을 댄 주요 계층은 경제의 주변부에 있는 사람들로 드러났습니다. 내 생각에 최대의 자금 제공자는 암웨이[다단계 직판 회사]라는 엉터리 회사이고, 또 다른 대규모 자금 제공자는 '헤지펀드'와 같은 것인데, 진짜 증권회사가 아니라 위험한 분야에 대규모 자금을 대출해주는 월스트리트 주변부의 자금이었습니다. 또 총기 관련 회사, 주류 업체, 도박 업체 등에서 나오는 자금이 많았습니다. 내 말은, 이것들은 돈을 산더미처럼 쌓아놓는 사업 분야이지만 주류 경제의 한 부분은 아니라는 뜻입니다. 깅리치 집단은 말하자면 제너럴일렉트릭으로부터 자금을 지원받지 않았습니다. 사실, 그들에게 자금을 댄 대기업은 필립모리스[담배 회사]뿐인데, 필립모리스는 사실상 국민 건강을 해치는 학살자입니다. 따라서 그들은 정부의 보호가 필요했기 때문에 뉴트 깅리치 그룹에 자금을 제공했습니다.[95] 하지만 누가 깅리치를 지원하는지를 살펴보면 주로 '중소기업인'들입니다. 그들은 소득 수준이 최상위 0.5퍼센트가 아니라 상위 2퍼센트인 사람들입니다. 그들은 약 50명의 종업원들을 데리고 있는 이른바 '메인 스트리트' 업체입니다. 이 사람들은 정말로 정부의 간섭을 원하지 않고, 돈을 많이 벌지 못하게 막는 여러 규제를 싫어합니다.

구체적 사례로, 우리 집에 페인트칠을 해주는 도급업자를 보겠습니다. 그와 얘기를 나눠 보니 그는 깅리치 집단이 대표하는 유의 사람이었습니다. 그는 페인트에 납을 사용하는 것을 금지했기 때문에 정부를 싫어합니다. 종업원들이 다치는 경우에 보상하도록 규정한 정부 조치도 못마땅하게 생각합니다. 그는 현장에 나가 돈을 많이 벌 수 있도록 이런 모든 간섭이 없었으면 하고 바라고 또 자기 마음대로 행동하고 싶어 합니다. 그에게 이렇게 말해봅시다. '당신이 납이 든 페인트를 사용한다면 아이들은 납중독으로 죽게 될지도 몰라요.' 그는 이렇게 대답할 겁니다. '아, 많은 정부 관료들이 그런 규제를 만들어놓았지요. 하지만 그들이 뭘 알겠습니까? 나는 평생 납을 마시고 살아왔는데, 나를 보세요, 황소처럼 건강합니다.' 바로 이런 사람들이 깅리치 선거운동을 지원했습니다. 내 생각에 대기업은 그것을 우려하고 있는 겁니다.

도대체 그게 어떤 문제인지 알고 싶다면, 《포춘》지 1995년도 2월 호를 읽어보기를 권합니다. 표지 기사에서 워싱턴에서 일어나는 일들에 대한 CEO들의 태도를 다루었습니다. 이 사람들이 우려하는 까닭은 아주 단순합니다. CEO들은 이른바 '자유주의자'들입니다. 그들은 임금이 내려가고, 이윤이 천정부지로 올라가고, 환경 규제법이 완화되고, 복지가 삭감되는 것을 좋아합니다. 이 모두가 그들에게는 아주 좋은 것들입니다. 하지만 그들의 개인적 태도를 면밀히 살펴보면, 그들은 하버드의 교수진 못지않게 기독교 우파와 동떨어져 있다는 것을 알 수 있습니다.[96]

CEO들은 적극적인 친낙태주의자입니다. 여성의 권리가 중요하다고 생각하고 그들의 딸이 사회에 나와 경력을 쌓기를 원합니다. 그런 만큼 자녀들이 학교에서 루시퍼와 짐승 666(기독교에서 말하는 말세의 증상 – 옮긴이)을 배우는 것을 원하지 않습니다. 그들은 검은 헬리콥터들이 외계인을 싣고 지구를 쳐들어올 것이기 때문에 지구를 지켜야 한다며 자동소총을 들고 거리를 배회하는 미치광이들을 원치 않습니다. 하지만 CEO들이 동원해온 사람들은 이들입니다. 기독교 우파는 다른 어젠다를 가지고 있습니다. 내 생각에 대기업은 그들을 우려하고 있는데, CEO들은 파시즘을 원하지 않기 때문입니다. 그렇기 때문에 지금 주위를 둘러보면, 대기업들이 클린턴 행정부와 한편이 되려 하는 흐름을 엿볼 수 있습니다.

자, 이제 과학 정책에 대해서 한번 알아봅시다. 이 '깅리치 집단' 유형은 과학을 별로 중요하다고 생각하지 않습니다. 그들이 보기에 과학자들이란 아는 체하는 지식인 부류일 뿐입니다. '누가 그들을 필요로 합니까?'라고 생각합니다. 한편, 대기업은 지금으로부터 5년 뒤에 이익을 얻으려면 오늘 당장 과학에 투자하는 것이 좋다는 것을 알고 있습니다. 물론, 그들은 그 돈을 직접 낼 생각은 없고, 대학 연구 기관 등을 통해 납세자가 대신 내주기를 바랍니다. 대기업은 정부가 과학을 계속 지원하기를 원하고, 그리하여 새로운 과학적 발견이 나왔을 때, 그것을 훔쳐 그로부터 돈을 벌려고 합니다. 얼마 전에 일단의 대기업 회장들은 합동 서신을 하원과학위원회에 보내, 산학협동 연구 프로그램 재정 지원 수준 ― 공화당 의원들이 삭감하려는 예산 ―을 계속 유지해달라고 요청했습니다. 그들의 직업은 누군가의 집에 납 페인트를 칠하는 것이 아니기 때문입니다. 그들은 만약 미국 과학계가 기업이 이용할 수 있는 것들을 계속 생산하지 못하면 자신들이 지금부터 2, 3년 뒤에 게임에서 퇴장당할 것임을 알고 있습니다. 이 시점에서 그들은 뉴트 깅리치 유형의 사람들이 지나치게 밀고 나가, 기업에게 일종의 복지인 국가 시스템을 줄일까 봐 우려하고 있습니다. 물론 그들로서는 그것을 받아들일 수 없습니다.

그런데 실제로 벌어진 일은 꽤 흥미롭습니다. 지난 50년 동안 미국의 기업은 계급 전쟁을 벌여왔는데 그 전쟁을 수행해줄 부대가 필요했습니다.

하지만 4년마다 한 번씩 투표가 있기 때문에 그들은 유권자 앞에 나가서 이렇게 말할 수는 없었습니다. '저를 찍어주십시오, 그러면 당신을 엿 먹이겠습니다.' 그래서 그들은 다른 기반에서 국민에게 호소해야 했습니다. 하지만 그런 다른 기반은 많지 않았습니다. 히틀러든 누구든 모두가 늘 똑같은 것, 즉 맹목적 애국주의, 인종차별주의, 두려움, 종교적 근본주의를 선택합니다. 이런 것들이 어떤 정책들 — 알고 보면 민중을 탄압하는 정책들 — 에 민중의 대대적 지원을 이끌어내는 좋은 방법인 것입니다. 정치가들은 그렇게 해왔고, 기업도 그렇게 할 수밖에 없었는데, 이제 50년이 지난 뒤 그들은 호랑이 등에 올라탄 격이 되었습니다.

실제로 히틀러를 지원했던 독일 기업인들은 1937년과 1938년에 똑같은 생각을 했을지 모릅니다. 그들은 나치가 독일 노동운동을 진압하고 공산주의자를 궤멸하기 위해 두려움, 증오, 맹목적 애국주의를 기반으로 국민을 통합할 때 뒷돈을 대면서 무척 기뻐했습니다. 하지만 나치가 권력을 잡았을 때는 그들 나름의 어젠다를 따로 가지고 있었습니다. 독일의 대기업은 서방과의 전쟁을 원하지 않았지만 때는 너무 늦었습니다.

미국의 상황이 나치 독일과 똑같다고 말하고 싶지는 않지만 그래도 유사성이 있습니다. 또 지금의 미국은 호메이니 이후의 이란과도 유사성이 있습니다. 이란 기업들은 샤[1979년까지 이란을 통치했던 군주]를 적극 반대했습니다. 그들은 샤가 국가 전매사업, 특히 이란 국영 석유 회사를 통제한다는 사실을 좋아하지 않았습니다. 그 결과, 기업인들은 왕의 퇴위를 바랐고 그 자리를 누군가 대신 맡기를 원했습니다. 당시 그들이 유일하게 호소할 수 있는 세력은 거리의 운동 세력이었고, 근본주의 종교 지도자들이 운동권을 조직했습니다. 그 결과, 그들은 샤를 몰아내는 데 성공했지만 호메이니와 거리를 배회하는 이슬람원리주의 미치광이들이 등장했고, 기업인들은 그런 상황을 좋아하지 않았습니다.

미국에서도 이와 유사한 사태가 진행되고 있고 사람들은 그것을 우려하고 있습니다. 내 생각엔 이것이 반문화counter-culture를 변호하는 《뉴욕타임스》 편집자들이 등장하기 시작한 이유이기도 합니다.[97] 내 개인적인 일을 하나 얘기해보자면, 최근 《보스턴글로브》는 내 책에 대한 우호적 서평을 실었습니다. 정말 믿을 수 없는 일입니다.[98] 2년 전이라면 있을 수 없는 일이라는 뜻입니다. 언론에 '계급투쟁'에 대한 논쟁 기사가 실리기도 했습니다. 그것은 미국에서 입 밖에 낼 수 없는 개념들입니다.[99]

내 생각에, 많은 엘리트들이 요즈음 겁에 질려 있기 때문인 듯합니다. 그들은 이렇게 생각합니다. '봐라, 우리는 괴물을 풀어놓았다. 이제 그것이 부자들의 회사를 접수하려 들 것이다.' 기업들이 지금껏 권력을 유지할 수 있었던 것은 엄청난 프로파간다 전쟁을 벌였기 때문이었습니다. 그런데 그 전쟁이 이제 자살 폭탄 테러범 같은 자들을 만들어냈습니다. 그런 자들은 여성들을 다시 가정에 처박아 입을 꼭 다물게 해야 한다고 생각하고, 벽장에 자동소총 열두 자루를 비치해두었다가 수틀리면 폭력을 사용해야 한다고 생각하는 자들입니다. 엘리트들은 이런 현상에 경악하면서 겁먹기 시작했습니다.

---

99 계급투쟁에 대해서는 다음 참조. Jason DeParle, "Class is No Longer a Four-Letter Word", *New York Times Magazine*, March 17, 1996, p. 40. 특히 다음 기사는 계급투쟁과 관련하여 대기업의 각성을 촉구하고 있다. "대부분의 미국 국민들은 경제가 나쁠 때 정부를 탓해왔다. 그러나 이것이 바뀌고 있다. 경제가 나쁜 것이 대기업 탓이라고 생각하는 것이다. …… 기업이 행동 양태를 바꾸어야 한다는 것이다. 이제 한 가지 사실이 분명해졌다. 미국 대기업은 이윤 추구와 사회적 책임 사이에서 적절한 균형을 잡아야 한다." Editorial, "The Backlash Building Against Business", *Business Week*, February 19, 1996, p. 102.

혼란스러워하는 국민들

촘스키2 그렇다면 그 모든 것은 어떻게 될 거라고 생각합니까. 미국 정치 시스템이 내전으로 치닫는다고 봅니까?

— 일반적으로 그 문제는 예측이 불가능하고 생각합니다. 보통 사람들의 예측이라는 것은 곧 그 사람들의 직관을 의미하는데, 나의 직관이 다른 사람들보다 낫다고 할 수 없습니다. 하지만 나는 지금 이 시기가 일종의 전환점이라고 생각합니다. 무슨 말이냐 하면, 정책이 사람들을 어디로 끌고 가는지 명확히 볼 수 있고, 또 그 정책의 목표가 무엇인지 정확히 알 수 있다는 것입니다. 우리가 정확히 알 수 없는 유일한 사항은, 국민이 문전에서 퇴짜를 당할 때 어떤 반응을 보이느냐 하는 것입니다. 실제로 국민은 문전에서 퇴짜를 맞고 있습니다. 그들이 나아갈 수 있는 방법은 CIO〔1935년에 결성된 대규모 조합인 산업별노동조합회의〕의 설립 같은 것입니다. 또는 시민권 운동이나 여성운동 또는 프리덤 라이드〔1961년, 인종차별법에 도전하기 위해 흑인과 백인이 버스에 동승하여 남부로 떠난 여행〕 같은 것일 수 있습니다. 또 다른 방법으로는 나치주의, 호메이니의 이란, 알제리의 이슬람원리주의가 있습니다. 이것들이 모두 민중이 나아갈 수 있는 길들입니다.

　하지만 미국은 크게 당황하고 있습니다. 여론조사에서도 알 수 있고, 여행하면서도 확실히 엿볼 수 있습니다. 나는 여행을 많이 다니면서 보았습니다. 만사에 불만이 쌓여 있습니다. 사람들은 누구도 신뢰하지 않고, 저마다 자신들을 상대로 거짓말을 늘어놓고 있다고 생각하며, 모든 사람이 남의 앞잡이에 지나지 않는다고 생각합니다. 시민사회는 전반적으로 붕괴되었습니다. 사람들의 이런 분위기에 대해서 얘기하면 ―그것이 우파의 대담 방송이든, 학생들 사이에서든, 일반 대중 사이에서든 ―좋은 대접을 받는데 특히 요즘 내 이야기가 환영받고 있습니다. 하지만 동시에 좀 겁나는 일이기도 합니다. 왜냐하면 '지구를 침공하여 대량 학살을 벌이려는 외계인에 맞서서 클린턴이 유엔군을 조직중이다. 그러니 여러분은 산으로 도망치는 게 낫다' 따위의 황당무계한 말을 해도 민중은 호의적으로 반응할 것이기 때문입니다. 이건 문제입니다. 내 말은, 당신이 이 나라의 골수 반동분자 지역이나 또 다른 지역에 찾아가서, 천여 명 정도 참석한 연설회에서 그 어떤 얘기를 해도 그들은 당신의 얘기에 흥분할 것이라는 뜻입니다. 이런 무조건적인 반응은 곤란합니다. 그들에게 내용은 중요하지 않습니다. 지금 사람들은 너무나 깊은 환멸을 느끼는 탓에, 아무거나 믿으려는 마음가짐을 갖고 있습니다.

'의용군'을 예로 들어봅시다. 분명히 그들은 수정헌법 2조의 의미에서 조직된 주 방위군이 아닙니다. 그들은 주 방위군이라기보다 준군사조직입니다.[100] 하지만 그 구성원을 살펴보면, 그들은 지난 20년 동안 심하게 고통받아온 계층의 사람들입니다. 그들은 고졸이고 주로 백인 남성이며 정말로 박대받은 사회 세력입니다. 미국의 평균 실질임금은 1973년부터 약 20퍼센트 하락했는데, 이는 상당한 삭감입니다.[101] 그들 아내들이 이제, 먹고 살기 위해 일을 해야 합니다. 가족은 해체되었습니다. 아이들은 난폭해지지만, 그들을 도와줄 사회 지원 시스템은 어디에도 없습니다. 그들은 '포춘 500대 기업'을 읽지도 않고, 모여서 세상이 어떻게 돌아가는지 분석하지도 않으며, 머릿속에 '연방 정부는 당신의 적'이라는 생각뿐입니다. 당신이 그들을 생산적 변화로 이끌 수 있는 정치적 틀을 가지고 그들에게 접근한다고 해도, 그들이 볼 때 그것은 또 다른 권력 놀음에 지나지 않습니다. 그들이 그런 반응을 보이는 것은 당연합니다. 이제껏 헛소리만 들어왔습니다. 그러니 왜 그들이 당신의 얘기를 믿겠습니까? 당신은 그들에게 비밀해제된 국가안전보장회의의 문서를 읽어보거나 그들에게 중요할 수 있는 경제 신문 기사를 살펴보라고 말합니다. 하지만 많은 사람들이 글을 읽지도 못합니다. 우리는 사회의 문맹률이 아주 높아졌다는 걸 유념해야 합니다. 정말 어려운 상황입니다.

그러니 이들은 분명 어떤 흐름을 대표합니다. 급격히 악화되는 상황에 대한 반응으로 이들이 등장한 겁니다. 그들은 '우익'이라고 불리지만 내 생각에 그들은 정치와 무관합니다. 좌파에도 이런 사람들이 있을 수 있습니다. 이 모든 것은 케네디 암살이나 삼각위원회[엘리트 싱크탱크], CIA 또는 그밖의 모든 것들에 관한 음모론을 믿는 사람들과 다를 것이 없습니다. 이런 것들이 좌파를 산산조각내고 있습니다.

혹은 '유나바머Unabomber'[반산업적 세계관을 신봉한 연쇄 우편 폭탄 살인범]라는 사람의 사례를 한번 살펴봅시다. 그의 선언문을 읽었을 때, 나는 그 사람은 잘 몰라도 그의 친구들은 알고 있다고 생각했습니다. 그 친구들은 내가 좌파 조직에서 내내 만나던 종류의 사람들일 것입니다. 그들은 사기가 꺾이고 싫증이 났고 절망에 빠졌지만, 우리가 직면해야 하는 문제에 대한 건설적 대안이 없었습니다. 1992년의 LA폭동은 거듭 말하거니와 건설적인 반응이 아닙니다. 사실, '의용군', 음모론, 유나바머, LA폭동 등의 반응은 미국의 시민사회가 붕괴된 탓입니다. 사회적으로 응집되고 기능적이며 어느 정도의 연대성과 지속성을 가진 통합 사회의 자취는 미국에서 이미 사라졌습니다. 하루에 7시간씩 TV만 들여다보게 하는 것보다 더 사람들의 사기를 꺾어놓는 방법이 어디에 있겠습니까. 하지만 많은 사람들이 그렇게 하면서 살아가는 존재로 전락했습니다.

사실, 이 모든 현상은 미국과 같은 염세적 사회와 제3세계와 같이 여전히 응집력 있는 사회와의 차이를 보여주고 있습니다. 절대적 조건에서 볼 때, 멕시코 치아파스의 마야 원주민들(1994년에 사파티스타 운동을 일으킨 사람들)은 로스앤젤레스의 남중부 지역 또는 미시간이나 몬태나 사람들보다 훨씬 가난합니다. 하지만 원주민들에게는, 우리가 과거 미국에 있던 노동자계급 문화를 보존하는 시민사회가 있습니다. 치아파스는 서반구에서 가장 가난한 지역 가운데 하나입니다. 하지만 자유와 사회조직이라는 문화적 전통을 가진 활기 넘치는 사회가 여전히 살아 있기 때문에 마야 원주민 농부들은 대단히 건설적인 방법으로 사회 변화에 대응할 수 있었습니다. 그들은 치아파스 봉기를 일으켰고, 정책과 입장을 표명했으며, 민중의 지원을 얻고, 다른 곳으로 퍼져나갔습니다. 반면, 로스앤젤레스의 남중부 지역에서 있었던 일은 폭동에 지나지 않았습니다. 그것은 결집하지 못한 채 망연자실하여 사기가 꺾인 가난한 노동자계급의 반응이었습니다. 사람들은 모두 이유 없이 날뛰면서 상점을 약탈했습니다. 그 폭동의 결과는 감옥을 더 많이 짓는 것뿐이었습니다.

따라서 당신의 질문에 답해보자면, 미국이 앞으로 어떻게 될지는 알 수 없다고 생각합니다. 보십시오. 어떤 실험이 진행되고 있습니다. 그 실험의 질문은 이것입니다. 당신은 대부분의 국민이 당신의 눈부신 이익 창출에 도움이 되지 않는다는 이유로 그들을 필요 없는 사람들이라고 여기고 소외시킬 수 있습니까? 억압받는 사람들이 권리를 누리지 못한 채, 극도로 유연화된 노동시장에서 세계적인 부자의 행복을 위해 일하는 세상, 그것이 과연 제대로 된 세상입니까? 당신은 중국 여성들을 공장에 가두어놓고 일을 시킬 수 있습니까? 그 여공들은, 뉴욕과 보스턴의 상점에서 팔리는 장난감 ─ 부자들이 크리스마스 선물로 자녀들에게 사주는 것 ─ 을 만들다가 화재가 발생하면 불에 타서 죽기도 합니다.[102] 당신은 모든 것이 이런 식으로 돌아가는 경제를 계속 유지할 수 있습니까? 극빈자들이 노동을 착취당하면서, 국제적으로 부유한 특권층을 위해 물건을 생산하는 경제가 정의로운 경제입니까? 대부분의 일반 대중은 경제 시스템에 기여하지 못하기 때문에 소외되고 있습니다. 콜롬비아에서는 살해되고, 뉴욕에서는 투옥됩니다. 과연 이것이 제대로 된 경제요, 제대로 된 세상입니까? 아무도 이 질문의 답을 알지 못합니다. 당신은 아까 미국 정치 시스템이 내전으로 치달을 것으로 보냐고 물었습니다. 확실히 그럴 가능성이 있습니다. 봉기와 폭동이 일어날 수 있습니다.

5

파시즘으로 치닫는 미국과
역사의 미래를 말하다

|

사람들은 환멸을 느끼고, 겁에 질리고, 의심하고, 분노하고 있으며,

어떤 것이든 믿지 않고, 뭔가 개선을 원하고, 만사가 부패했다는 걸 잘 알고 있습니다.

그건 운동조직가가 앞에 나서서 이렇게 발언할 수 있는 최적의 조건입니다.

"그래요, 상황은 아주 나쁩니다. 그렇지만 뭔가 해봅시다.

그들이 엘살바도르의 언덕에서 뭔가 행동에 나설 수 있었다면,

우리도 확실히 이곳에서 행동에 나설 수 있습니다."

|

파시즘의 전야

우려해야 할 현상은 여러 가지가 있습니다. 가령 미국이 극단적인 근본주의 국가라는 사실 같은 것 말입니다. 동시에 미국은 이례적일 정도로 겁먹고 떨고 있다는 것입니다. 미국은 1980년대에 세계 다른 나라들의 웃음거리였습니다. 레이건이 리비아 테러리스트의 행위 따위를 발표할 때마다 유럽의 관광 산업이 붕괴하곤 했습니다. 미국의 전 국민이 유럽 여행을 두려워했기 때문입니다. 사실 유럽은 미국의 그 어떤 도시보다 백 배 정도 안전했는데도 골목에 잠복한 아랍 테러리스트에게 살해될까 두려워 미국인은 여행을 하지 않으려 했습니다. 그것은 있는 그대로의 사실이고, 전 세계적으로 웃음거리가 되었습니다. 그것은 미국 국민들에게 극단적인 비합리성과 두려움이 얼마나 많은지 보여주는 또 다른 징표입니다.

그건 무척 위험한 현상입니다. 그런 지나친 비합리성은 뉴트 깅리치 같은 선동 정치가에게 쉽사리 악용당할 수 있기 때문입니다. 이들은 두려움을 불러일으키고, 증오를 끌어모아서 근본주의적 충동에 호소합니다. 그리고 그것이 잠시나마 세계의 많은 사람들을 겁먹게 했습니다. 예를 들어, 1992년 공화당 전당대회를 살펴보면 그 대회는 '하느님과 조국'이라는 슬로건을 내걸고 집회를 시작했습니다. 그 광경은 텔레비전으로 중계되었고 전 세계 사람들이 시청했습니다. 특히 유럽 시청자들은 그 장면에 정말로 등골이 오싹했는데, 나이 많은 사람들은 그걸 보고 히틀러의 뉘른베르크 집회를 연상했기 때문입니다. 공화당원들은 그 슬로건을 전당대회와 가까스로 분리시켰고 그런 얘기나 나온 것은 첫날 밤뿐이라고 둘러댔습니다. 하지만 장래에는 그런 슬로건과 전당대회를 분리하는 일이 어려울지도 모릅니다. 미래에는 그런 슬로건을 좋아하는 사람들이 전당대회를 장악할지도 모르고, 그럴 경우 미국판 파시즘이 탄생하게 될 것입니다. 그것은 히틀러의 독일처럼 되지는 않겠지만 아주 흉악한 일이 될 것입니다.

사실 히틀러의 독일과 현재의 미국은 아주 비슷합니다. 1930년대의 독일은 문제가 많았지만, 그래도 세계에서 가장 문명화된 선진국이었습니다. 또 독일은 사람들을 동원하기 위해 증오와 두려움을 끌어모으고, 그들의 관점에서 사회적 발전을 수행할 수 있었습니다. 그 결과가 어떻게 되었는지는 여러분도 익숙하게 알고 있을 것입니다. 그래요, 우리라고 뭐가 다르겠습니까? 우리는 같은 유전인자를 가지고 있고, 이런 상황의 배경이 되는 문화적 조건 또한 이미 확실히 존재합니다.

실제로 내 생각에, 미국은 몇 년 동안 '파시스트 전 단계'의 분위기에 젖어 있었습니다. 미국의 지도자들이 모두 사기꾼이었다는 사실은 행운입니다. 알다시피, 사람들은 늘 부패를 대단히 좋아했습니다. 이건 농담이 아닙니다. 부패는 아주 좋은 것인데, 그것이 권력을 무너뜨리기 때문입니다.

내 말은, 만약 짐 베이커 같은 자가 나타난다면 ─아무 여자와도 잠자리를 하고 신자들의 돈을 횡령하다 들통난 목사 ─ 그런 자들은 괜찮습니다. 그들은 돈과 섹스를 원하고 사람들의 재산을 빼앗으려고 할 뿐입니다. 따라서 그들은 큰 문제를 일으키지 않았습니다. 혹은 닉슨을 예로 든다면, 그

히틀러의 독일과 현재의 미국은 아주 비슷합니다.
미국은 수년 동안 '파시스트 전 단계'의 분위기에 젖어 있었습니다.
미국의 지도자들이 모두 사기꾼이었다는 사실은 행운입니다.
하지만 만약 히틀러 같은 위정자가 등장한다면,
미국은 대단히 큰 위험에 빠져들 것입니다.

는 확실한 사기꾼이고, 그래서 별 문제를 야기하지 않았던 겁니다.

하지만 만약 히틀러 같은 위정자가 등장한다면, 가령 부패가 아니라 권력을 원하고, 모든 것을 매력적으로 보이게 할 수 있고, '우리는 권력을 원한다'고 말하는 자가 미국 대통령이 되면 어떻게 될까요? 그렇다면 우리 모두는 심각한 문제에 빠질 것입니다. 지금, 미국에는 그럴 만한 인물이 없지만 만약 조만간 누군가가 그런 조건들을 충족시키면서 등장한다면, 미국은 대단히 큰 위험에 빠져들 것입니다.

반면, 전혀 다른 상황을 상상해볼 수도 있습니다. 이 시점에서 미국의 상황은 아주 유동적입니다. 그러니까 1995년에 오클라호마시티의 청사 건물을 폭파시킨 인물들이 60년 전에는 CIO를 결성하는 일 따위를 했을 수도 있다는 것입니다. 그것은 사람들이 어떤 일을 시작하느냐에 따라 달라집니다. 미국에는 건강한 다른 일들도 있고, 그 위로 쌓아올릴 수도 있습니다.

예를 들어, 미국 사람들은 권위에 대항하는 독립심과 반항심을 갖고 있는데, 이것은 아마도 전 세계적으로 미국에만 있는 경향일 것입니다. 분명히 자동소총을 들고 설치는 따위의 반사회적 방식이 나타날 수 있습니다. 하지만 건강한 방식도 함께 나올 수 있는데, 불법적인 권위에 반대하는 등 민중의 힘을 건강한 쪽으로 유도하는 것이 그 비결입니다.

따라서 상황은 복잡합니다. 내전이 과연 벌어질까요? 만약 그런 싸움이 벌어진다면 아주 불유쾌할 것입니다. 많은 지저분한 일들이 벌어질 수 있습니다. 그런 일들은 얼마든지 벌어질 수 있습니다. 동시에 그런 일들이 반드시 벌어질 것이라고 볼 수도 없습니다.

청호2 나는 당신이 근본적으로 이렇게 끝맺음하는 경우를 종종 들어왔습니다. "우리는 희망을 포기할 수 없습니다." 당신은 정말로 희망을 내다봅니까? 민주주의의 미래나 미국의 앞날이나 제3세계 사람들과 관련해서 말입니다.

— 내 친구 마이클 앨버트(《Z 매거진》의 공동 편집자)의 말을 인용하겠습니다. 그는 내 암울한 논문 하나를 보고서 이렇게 말했습니다. "하지만 당신이 설명한 그런 상황이야말로 운동조직가의 꿈입니다."

나는 그의 말이 사실이라고 생각합니다. 미국 사람들은 환멸을 느끼고, 겁에 질리고, 의심하고, 분노하고 있으며, 어떤 것도 믿지 않고, 뭔가 개선을 원하고, 만사가 부패했다는 걸 잘 알고 있습니다. 그건 운동조직가가 앞에 나서서 이렇게 발언할 수 있는 최적의 조건입니다. "그래요, 상황은 아주 나쁩니다. 그렇지만 뭔가 해봅시다. 엘살바도르의 언덕에서 행동에 나설 수 있었다면, 우리도 확실히 이곳에서 행동에 나설 수 있습니다."

나는 그의 얘기가 옳다고 생각합니다. 이제 행동에 나설 때인가 아닌가는 당신이 결정해야 합니다.

역사의 미래

청중2 하지만 노엄, 당신은 개인적으로 어떻게 생각합니까? 미국의 일반 대중은 남은 역사에서 소외될까요? 아니면 이를 막아줄 운동이 일어날까요?

— 보세요. 나는 정말 미래를 알지 못하지만 한 가지는 상당히 공정하게 예

측할 수 있다고 생각합니다. 만약 미국의 민중이 주변으로 밀려나 소외된다면, 걱정해야 할 역사 또한 남지 않을 것입니다. 우리는 더 이상 18세기에 살고 있지 않습니다. 그때나 지금이나 문제들은 약간 비슷할지 모르지만 규모 면에서 사뭇 다르고, 현재의 문제는 인류의 생존과 관련이 있습니다. 만약 세계 초강대국의 일반 대중이 소외된다면 우리는 역사를 별로 걱정할 필요가 없습니다. 아예 역사 자체가 남지 않을 테니까요. 그런데 이 시점에서는 그것이 별로 먼 미래의 일이 아닌 듯합니다.

중앙아메리카를 한번 살펴봅시다. 이곳은 미국이 통제해온 지역입니다. 우리는 100년 동안 그곳을 통제해왔기 때문에 그 지역은 실제로 우리의 현주소를 보여줍니다. 20년이 지나면 중앙아메리카의 많은 곳은 사람이 살수 없는 곳이 될 것입니다. 예를 들어 니카라과는 물 부족 문제를 겪고 있습니다. 왜 그럴까요? 1980년대 미국 공격의 여파로 현지인들이 굶주린 나머지 그들이 할 수 있는 유일한 행동을 했기 때문입니다. 그들은 산으로 올라가 나무를 베고, 경작할 땅을 찾고, 생존하기 위해 그들이 할 수 있는 일은 뭐든 다 했습니다. 그 결과 숲은 벌거숭이가 되었고, 개울은 마르기 시작했고, 땅은 물을 흡수하지 못했고, 호수는 말라버렸고, 가뭄이 닥쳤습니다. 따라서 니카라과의 물 공급은 감소하기 시작했습니다. 이러한 압력이 지속되면 그곳은 사막이 될지도 모릅니다. 아이티도 마찬가지입니다.[103]

아이티는 사실, 서구 국가의 야만성을 폭로하는 우화寓話와 같습니다. 그

---

103 "아이티는 심각한 생태계 파괴로 고통받고 있다. 첫째, 가용 농경지에 인구가 너무 밀집되어 있다. 경작지 1제곱킬로미터당 565명의 인구가 살고 있는 것이다. …… 둘째, 일반 가정의 주된 에너지원이 목탄인데 …… 이로 인해 날마다 11헥타르에 상당하는 삼림이 훼손되고 있다. 그 결과 에스파냐 식민지 때인 1950년대 중반만 해도 삼림이 울창했던 온 나라가 이제 삼림이 전 국토의 7퍼센트밖에 되지 않는다. …… 1980년대 중반 해마다 6천 헥타르의 비옥한 땅이 손실되었다. …… 일부 과학적 추정에 따르면 앞으로 25년 이내에 온 나라가 사막이 될지 모른다." Patrick Bellegarde-Smith, *Haiti: The Beached Citadel*, Boulder, CO: Westview, 1990.

곳은 콜럼버스가 처음 상륙한 곳인데, 그는 이곳을 낙원이라고 생각했습니다. 아이티는 세계에서 가장 풍요로운 지역이었고 세계적으로 인구 밀도가 가장 높은 곳이기도 했습니다. 사실, 그곳은 그렇게 존속해왔습니다. 프랑스는 아이티의 자원을 훔쳤기 때문에 풍요롭게 살 수 있었습니다. 그리고 20세기 초, 1915년 우드로 윌슨이 미국 해병대를 보내 이 나라를 침략하여 엉망으로 파괴하기 전까지만 해도 아이티에 대한 미국의 학계와 정부의 연구는 여전히 그곳이 주요 자원의 중심지라고 설명했습니다. 아이티는 가장 풍요로운 지역이었습니다.[104] 만약 여러분이 언제 아이티에 가게 된다면 비행기에서 한번 내려다보세요. 섬은 아이티와 도미니카공화국으로 나뉘어 있는데 ─미국은 도미니카공화국도 약탈했지만 아이티보다 훨씬 강도가 약했습니다─ 한쪽은 갈색이고 다른 한 쪽은 녹색입니다. 갈색 쪽이 세계에서 가장 풍요로웠던 곳, 아이티입니다. 이 나라는 앞으로 20년도 버티지 못할지 모릅니다. 말 그대로 아무도 살 수 없는 땅이 될 수 있습니다.

이런 상황은 어느 곳에서나 일어날 수 있고, 우리 또한 마찬가지입니다. 부자와 힘센 사람들은 더 오래 버티겠지만 그래도 환경 파괴의 영향은 아주 생생하게 나타날 것입니다. 인간의 유일한 가치라고 생각되는 이윤 창출에 아무 역할도 못한다는 이유로 점점 더 많은 사람들이 사회에서 소외되면서 상황은 더 악화되고 있습니다. 환경 문제는 규모 면에서 과거의 어떤 것보다 훨씬 더 의미심장합니다. 그럴듯한 가능성은 ─너무나 가능성이 높아서 합리적인 사람이라면 외면하지 못할 문제인데─ 200년 안에, 세계의 수위水位가 대부분의 인간 주거지를 파괴될 만큼 높아지리라는 것입니다. 그래요, 만약 우리가 그 문제에 대해 지금 당장 뭔가 행동을 취하지 않는다면, 그런 대재앙이 발생할 수도 있습니다. 아니, 충분히 그럴 수 있습니다.

내가 무슨 생각을 하든 그건 무관합니다. 당신의 질문에 대한 대답은 이렇습니다. 만약 당신이 주변으로 밀려나 소외된다면, 당신이 걱정할 역사도 그리 많이 남지 않을 것입니다. 사람들이 이런 사태에 반발할지 안 할지 그걸 누가 알겠습니까? 혹시 당신은 그걸 알고 있습니까? 누구나 이러한 상황에 대하여 스스로 결정을 내려야만 합니다.

촘스키 연보

1928년(출생) 언어학자이자 철학자이며 정치적 행동주의자인 에이브럼 노엄 촘스키^{Avram Noam Chomsky}는 12월 7일 필라델피아 부근 이스트 오크 레인^{East Oak Lane}에서 태어남. 아버지 윌리엄 촘스키^{William Chomsky}는 우크라이나에서 태어나 1913년에 미국에 온 이민자이고, 어머니 엘시 시모노프스키^{Elsie Simonofsky}는 벨라루스 출신. 부모 다 보수적인 정통 유대교 가문에서 자라남. 어머니는 교사이자 행동주의자로, 당시 미국 문화의 편협한 억압 속에서도 전통적 방식으로 가정을 꾸려 나감. 아버지도 교사였는데, 히브리어 문법을 전공한 히브리어 학자로,《뉴욕타임스^{The New York Times}》부고난에 "세계 최고의 히브리어 문법가 중 한 사람"으로 소개되었을 정도로 명성을 얻음. 언어학자인 아버지는 노엄에게 평생 큰 선물이 됨. 외가 쪽으로는 사회주의자인 친척이 꽤 있었지만 부모는 루스벨트^{Franklin Roosevelt}를 지지한 민주당원으로 중도좌파였으며 존 듀이^{John Dewey}의 교육론을 지지했음.

* 이 연보는 촘스키 공식 웹사이트(www.chomsky.info)와 볼프강 B. 스펄리치^{Wolfgang B. Sperlich}의《한 권으로 읽는 촘스키^{Noam Chomsky: Critical Lives}》를 참고하여 편집부에서 작성했으며 장영준 교수(중앙대학교 영어영문학과)가 감수했다.

1930년(2세) 상당히 일찍부터 정식 교육을 받기 시작해 템플 대학교^{Temple} University에서 운영하는 듀이식 실험학교인 오크 레인 컨트리 데이 스쿨^{Oak Lane} Country Day School에 입학, 열두 살까지 다님.

1933년(5세) 동생 데이비드^{David} 출생. 1930년대에 촘스키는 대공황의 여파로 드리운 전체주의의 어두운 그림자를 실감하며 자라남. 부모와 부모의 동료가 교육 현장에서 실천하는 모습을 보며 상식으로 세상을 바꿔야 함을 배움. 촘스키는 아나키즘적 정치철학에서 "행동이 이론을 세우는 것보다 훨씬 중요하다"는 교훈을 배움. 촘스키의 이상은 아나키즘적 생디칼리슴에 뿌리를 두는 반면, 정치적 행동주의라는 사상은 상식에서 출발함.

1938년(10세) 에스파냐 내전에서 바르셀로나가 파시스트에 점령당하자 학교 신문에 '파시즘의 확산'을 주제로 사설을 게재함. "오스트리아가 점령당했고 체코슬로바키아가 점령당했으며 이제 바르셀로나도 점령당했다"로 시작함.

1940년(12세) 센트럴 고등학교^{Central High School} 입학. 대학 진학을 최우선 목표로 삼는 경쟁적인 학교에서 위계적이고 엄격한 교육 방식에 다소 곤란을 겪음. 선천적으로 지적 활동을 좋아해 부모에게서 "아들 녀석이 벌써부터 부모를 이기려 한다"는 말을 듣고 자람. 또래 아이들이 슈퍼맨 만화책을 읽을 때, 유대인 공동체에 속한 탓에 시오니즘에 관한 책과 논문을 읽음.

1941년(13세) 중세 히브리어 문법과 역사를 학문적으로 연구한 아버지 덕분에 어린 시절부터 문법이란 개념에 익숙했음. 13세기 히브리어에 대해 아버지가 쓴 원고를 교정 봄. 그러나 문법보다는 정치에 더 관심이 많음. 특히 뉴욕의 외가에 자주 오가면서 이모부 밀턴 클라우스^{Milton Klauss}가 운영하는 신문 가판대에 드나드는 지식인들을 통해 지적 자극을 받음. 훗날 촘스키는 당시 경험을 "10대 초반에 내게 가장 큰 영향을 미친 지적인 문화"였다고 회고함. 이모부는 자유주의 이외에 국내외의 프로파간다에 속고 억압받는 계급과, 그들과 연대하는 것에 대해서도 관심을 가져야 한다고 가르침. 가족의 사교 범위는 좁았지만 이모부에게서 자양분을 공급받을 수 있었음. 한때는 에스파냐의 아나키즘 혁명에 심취했고, 반파시스트 난민들이 주로 운영하는 뉴욕의 중고 서점과 아나키스트들이 이디시어로 발행한《노동자의 자유 목소리*Freie Arbeiter Stimme*》사무실을 들락거림. 이 잡지에 실린 글과, 주류 언론과 서점에 쌓인 책에서 접하는 정보가 극명하게 다른 것에 충격을 받음. 후에 촘스키가 언론 산업에 관심을 갖게 된 결정적인 계기가 됨.

1945년(17세) 펜실베이니아 대학교*University of Pennsylvania* 입학. 철학, 논리학, 언어학 등 일반 과정을 이수하면서 흥미로운 주제로 보고서를 써냄. 모국어인 영어와 제2 언어로 히브리어를 쓰며 성장한 그는 대학에서 고전 아랍어와 프랑스어, 독일어 기초를 익힘. 그러나 이것이 그를 언어학자로 이끈 것은 아님. 아버지의 학교에서 히브리어를 가르치며 학비를 번 까닭에 겨우 낙제를 면하기도 함. 대학을 중퇴하고 팔레스타인으로 가 키부츠에서 일할 생각을 품음. 이탈리아 출신의 반파시스트 망명자로 훌륭한 인격자이면서 뛰어난 학자인 조르조 레비 델라 비다*Giorgio Levi Della Vida*와 조우. 그는 촘스키의 이상과 정치적 행동주의에 적잖이 영향을 미침. 또 정치적 행동주의자이면서 뛰어난 작가인 조지 오웰*George Orwell*에 푹 빠짐. 특히《카탈로니아 찬가*Homage to Catalonia*》에 깊은 인상을 받음. 드와이트 맥도널드*Dwight Macdonald*가 1999년까지 발행한 정치 잡지《정치*Politics*》에 가끔 실리는 오웰의 글에 심취함.

1947년(19세) 정치 모임에서 같은 학교의 젤리그 해리스*Zellig Harris* 교수와 만남. 촘스키가 정치적 행동주의자와 언어학자로서의 길을 걷는 데 결정적인 영향을 준 그는 미국에서 처음으로 언어학과를 펜실베이니아 대학교에 만들었으며 구조주의 언어학과 담화 분석의 창시자임. 게다가 프랑크푸르트학파와 심리 분석에 푹 빠진 비판적 사상가로 정치관마저 촘스키와 매우 흡사했음. 자유분방한 해리스는 촘스키에게 수학과 철학을 공부하라고 권하기도 함. 격식을 벗어난 듀이식 교육을 받은 촘스키는 자유로운 분위기에서 학문적 토론에 심취함. 언어학자이자 《촘스키^{Chomsky}》(1970)의 저자인 존 라이언스$^{John Lyons}$는 "학생 촘스키는 해리스의 정치적 관점에 매료됐고 그 때문에 언어학과 대학원을 선택했다. 어떤 의미에서는 정치학이 언어학으로 그를 인도한 셈이다"라고 함.

1948년(20세) 학위 논문 주제를 고민하는 촘스키에게 해리스가 '히브리어 연구'를 권함. 해리스가 쓴 《구조주의 언어학의 방법론$^{Methods in Structural Linguistics}$》(1947)에 완전히 매료되어 언어학에 빠져듦.

1949년(21세) 학사 학위 논문 발표. 이때부터 개인적인 삶과 학자로서의 삶, 정치적 행동주의자로서의 삶을 이어감. 히브리어에 해리스의 방법론을 접목해 〈현대 히브리어의 형태음소론$^{Morphophonemics of Modern Hebrew}$〉 초고 완성. '생성통사론'의 출현을 예고한 논문이지만 촘스키는 이후로 시행착오를 거듭함. 12월 24일 어린 시절 친구인 캐럴 샤츠$^{Carol Schatz}$(19세)와 결혼.

1951년(23세) 캐럴이 프랑스어로 학사 학위 받음. 펜실베이니아 대학교에서 학사 학위 논문을 수정하여 언어학으로 석사 학위 받음. 이즈음 촘스키는 철학에 심취해, 굿맨$^{Nelson Goodman}$, 콰인$^{Willard Van Orman Quine}$ 등과 교류하고, 이 둘을 통해 카르나프$^{Rudolf Carnap}$, 러셀$^{Bertrand Russell}$, 프레게$^{Gottlob Frege}$, 비트겐슈타인$^{Ludwig Wittgenstein}$을 만남. 과학자이자 수학자이며 논리학자인 러셀은 오웰만큼 촘스키에게 깊은 영감을 불러일으켰으며, 그가 가장 닮고 싶어 한 사람으로 지금까지 그의 사진을 연구실에 걸어둠. 이 밖에도 옥스퍼드 대학^{Oxford} University 철학과의 존 오스틴^{John Austin} 교수에게 큰 영향을 받음. 굿맨의 권유로 유망한 대학원생을 지원하는 장학제도인 하버드 대학교^{Harvard University} 특별연구원^{Society of Fellows}에 지원함. 연구원^{Junior Fellow}으로 선발되어 보스턴으로 이주. 찰스 강 남쪽 올스턴^{Alston}의 커먼웰스^{Commonwealth} 가에 위치한 조그만 아파트를 세 얻음. 같은 연구원인 언어학자 모리스 할레^{Morris Halle}는 촘스키의 언어학을 이해해준 극소수의 동료 중 한 사람으로 남음. 프라하학파 창시자의 일원이자 절친한 사이가 된 로만 야콥슨^{Roman Jakobson}도 만남.

1953년(25세) 캐럴이 하버드 대학교의 여자 단과 대학인 래드클리프 대학^{Radcliffe College}으로 전학함. 하버드 연구원이 누릴 수 있는 가장 큰 혜택인 여행 보조금으로 부부가 첫 해외여행을 떠남. 주목적은 키부츠 체험과 유럽 여행. 영국, 프랑스, 이탈리아를 거쳐 이스라엘로 가, 제2차 세계대전이 유럽에 남긴 상흔을 직접 보고 옴. 음성학을 공부하던 캐럴이 돌연 학업을 중단함. 촘스키는 그간의 연구를 접고 취미로 해온 '생성문법^{generative grammar}'에 집중. 첫 학술논문 〈통사분석 체계^{Systems of Syntactic Analysis}〉를 언어학 저널이 아닌 논리적 실증주의 저널《기호논리학 저널^{Journal of Symbolic Logic}》에 발표하여 큰 호응을 얻음.

1955년(27세) 유럽 여행 후부터 계속 영원히 키부츠에 정착하는 문제 고민. 가능성 타진을 위해 캐럴이 이스라엘로 떠남. 하버드 특별연구원 장학금을 1955년까지로 연장함. 4월 징집영장 받음. 6주 뒤로 징집을 연기하고 4년간 미뤄온 박사 논문 마무리. 〈변형 분석^{Transformational Analysis}〉으로 박사 학위 취득, 군 복무 면제받음. 이 논문은 1975년 출판되는데, 언어학의 새 지평을 열었다고 평가받음. '변형 분석'은 문장의 언어 층위를 심층 구조와 표층 구조로 설명하는 혁명적인 개념으로, 거의 1,000쪽에 달하는 이 논문에서 그는 이분지^{binary branching}를 이용한 수형도를 발전시킴. 하버드 대학교 도서관에 마이크로필름으로 보관되자마자 논문은 '지하 고전'이 되었고, 열람이 가능한 소수의 '내부자' 집단이 생겨남. MIT(매사추세츠 공과대학교)에서 강사로 일하기 시작. 처음에는 박사 과정 학생들을 대상으로 필수과목인 프랑스어와 독일어를 가르쳤으나 곧 '언어와 철학' 강좌가 개설되었고 강사를 찾지 못한 이 강좌에 지원함. 철학과 언어학을 결합해 강의하며 엄청난 분량의 원고와 독창적 강의 노트를 축적해갔는데, 이후 엄청난 양의 출판물을 쏟아내는 기반이 됨.

1956년(28세) 모리스 할레, 프레드 루코프^{Fred Lukoff}와 함께 논문 〈영어 액센트와 절점에 관하여^{On Accent and Juncture in English}〉 발표.

1957년(29세) 2월 공학과 수학, 과학을 전공하는 MIT 학부생들을 대상으로 한 강의 노트를 바탕으로 《통사 구조^{Syntactic Structures}》 출간. 상업적으로는 성공하지 못했지만 현대 언어학의 고전으로 언어학자의 필독서이자 스테디셀러가 됨. 4월 20일 딸 아비바^{Aviva} 태어남(중앙아메리카의 역사와 정치를 전공하고 아버지의 뒤를 이어 학자가 됨). 선배 교수이자 초기부터 촘스키 이론에 관심을 둔 조지 밀러^{George Miller}의 초대로 스탠퍼드 대학^{Stanford University}에서 여름 학기를 보냄. 이듬해까지 콜롬비아 대학^{Columbia University} 초빙 교수를 지냄.

1958년(30세) MIT 부교수가 됨.

1959년(31세) 2004년의 한 강연에서 촘스키는 하버드 대학원 시절을 회고하며 "생물언어학적 관점^{biolinguistic perspective}은 제2차 세계대전 직후 미국에 알려지기 시작한 동물행동학^{ethology}을 비롯해, 생물학과 수학의 발전에 크게 영향을 받은 일부 하버드 대학원생들의 토론에서 이미 반세기 전에 요즘의 형태를 갖추기 시작했다"고 밝힘. 이런 접근법에 영향을 받아 스키너의 《언어 행동^{Verbal Behavior}》(1957)을 다룬 평론(《스키너의 《언어 행동》에 대한 고찰^{Reviews: Verbal behavior}》)을 언어학 학회지 《언어^{Language}》에 발표. 언어가 학습되는 행동이라는 이론을 여지없이 무너뜨림. '자극-반응-강화-동기부여'로 이루어지는 행동주의의 이론적 틀이 언어학에서나 일반 과학에서 추론적 의미는 물론 경험적 의미도 갖지 못한다는 점을 증명함으로써 당대 학자인 스키너와 콰인을 정면공격함. 마치 경험주의와 합리주의 논쟁으로도 비친 이런 논쟁을 다른 학자들과 즐겨 했고, 평론가들은 이를 일컬어 '언어학 전쟁^{linguistics wars}'이라고 부름. 그러나 길버트 하먼^{Gilbert Harman}은 "촘스키의 언어 이론만큼 현대 철학에 영향을 미친 이론은 없다"고 평함. 이듬해까지 프린스턴 대학^{Princeton University} 고등연구소^{Institute of Advanced Study} 회원으로 있음.

1960년(32세) 둘째 딸 다이앤^{Diane} 태어남(현재 니카라과 수도 마나과에 있는 한 원조 기구에서 일함). 1960년대 들어 적극적으로 정치적 견해를 피력하기 시작. MIT 전자공학연구소에 있던 시절 촘스키는 테크놀로지를 경멸했는데 1950년대 말부터 컴퓨터와 컴퓨터 언어학에 컴퓨터를 응용하는 분야를 인정하기 시작했고, 이런 그의 비판적 관심이 오토마타 이론^{Automata Theory}(자동번역이론)에 기여했으며, 결국 자연 언어에 수학적 이론을 접목한 '촘스키 계층 구조^{Chomsky hierarchy}'를 완성하기에 이름.

1961년(33세) MIT 종신교수가 됨.

1964년(36세) 1967년까지 하버드 인지 연구 센터^{Harvard Cognitive Studies Center} 연구원을 지냄.

1965년(37세) 지금도 언어학계에서 가장 훌륭한 저직으로 손꼽히는 《통사이론의 제상^{Aspects of the Theory of Syntax}》 출간. '표준이론^{Standard Theory}'에 대한 대학원생과

신임 교수들의 허심탄회한 논의를 정리한 책임. 베트남전쟁이 발발하자 정치적 행동주의자가 되기로 결심하고 항의 집회에 적극적으로 참여함. 삶자체가 불편해지고 가족들에게도 피해가 갈 것이며 더 자주 여행하고 더많은 사람을 만나야 하고 또 정치에 무관심한 학계의 따돌림도 받겠지만모든 것을 감수하기로 결심함. 그러면서도 충직한 학자답게 정치관과 언어학 교실을 엄격히 구분함. 렉싱턴 지역으로 이사해 지금까지 살고 있음. 학자들 사이에서 좌파라고 밝히는 것이 유행처럼 번지고 반문화 운동이 확산된 불안한 1960년대에 들어와 민중의 힘이라는 새로운 현상에 주목한 신생 조직들이 생겨남. 각종 정치 행사와 시위에 강연자로 초청받는 일이 잦아짐. 그의 회고에 따르면 "처음 치른 대규모 대중 집회는 1965년 10월 보스턴 커먼 공원에서 열린 행사"임. 이때 베트남전쟁을 찬성하는 반대파에공격받고 지역 언론으로부터 맹렬하게 비난받음.

1966년(38세) 촘스키는 정치적 행동주의자로서 연설하고 강연한 것, 또 강연하기 위해 조사한 자료에 대해 어마어마한 양의 기록을 자세히 남김. 행동주의 저술가로서 그의 글과 소책자는 어떤 행동주의자의 글보다도 더 많은독자에게 전해짐. 이해에 행동주의자가 아닌 대중을 상대로 하버드에서 최초로 강연했는데, 마침 힐렐^{Hillel}(세계에서 가장 큰 유대인 대학들의 기관) 집회였고, 이 강연은 이듬해 2월 《뉴욕 리뷰 오브 북스^{The New York Review of Books}》에 〈지식인의 책무^{Responsibility of Intellectuals}〉로 실림. MIT 석좌 교수가 됨. 모리스 할레와 함께 하퍼 앤드 로^{Harper and Row} 출판사에서 '언어 연구 시리즈^{the Studies in Language Series}' 편집. UCLA와 캘리포니아 대학^{University of California} 버클리^{Berkeley} 캠퍼스에서 초빙 교수 지냄.

1967년(39세) 아들 해리^{Harry} 태어남(현재 캘리포니아에서 소프트웨어 개발자로 일함). 징역형을 선고받을 위기에 처함. 아이 셋을 키우며 캐럴이 다시 공부를 시작함.《뉴욕 리뷰 오브 북스》에 실린 〈지식인의 책무〉를 통해 "지식인은 정부의 거짓말을 세상에 알려야 하며, 정부의 명분과 동기 이면에 감추어진 의도를 파악하고 비판해야 한다"고 역설. 그가 행동하는 지식인으로 각인되는 계기가 됨. 이 매체는 좌파 학자들에게 거의 유일한 언론이었는데, 촘스키는 이때부터 1973년까지 꾸준히 기고함. 10월 처음 투옥되어, 그곳에서 베트남전쟁을 다룬 소설《밤의 군대들》^{The Armies of the Night}로 퓰리처상을 받은 소설가 노먼 메일러^{Norman Mailer}를 만남. 학생비폭력조정위원회^{Student Nonviolent Coordinating Committee}의 폴 라우터^{Paul Lauter}와 의기투합하여 저항조직 레지스트^{RESIST}를 창설함. 10월 21일 펜타곤 외곽을 행진하던 시위대가 헌병대와 충돌하는 바람에 체포당해 노먼 메일러와 함께 구치소에서 하룻밤을 보냄. 당국이 본보기를 남기기 위해 법무부 건물 앞 계단에서 연설한 그는 제외한 채 '보스턴의 5적'을 발표함. 이 재판을 지켜보며 보수 집단이 무슨 짓을 할지 두려움에 휩싸임. 그래도 캐럴은 아이들을 데리고 나가 반전 집회 행진에 참여하고, 매사추세츠의 콩코드에서 여성과 어린이가 참가한 침묵 시위에도 참여함. 이때 캐럴과 두 딸은 통조림 깡통과 토마토 세례를 받음. 런던 대학교^{University of London}에서 명예박사 학위를 받음. 시카고 대학^{University of Chicago}에서 명예 언어학 박사 학위 받음.

1968년(40세) 《언어와 정신^{Language and Mind}》 출간. 오랜 친구이자 동료인 모리스 할레와 함께한 기념비적인 저작 《영어의 음성체계^{The Sound Pattern of English}》 출간. 500여 쪽에 달하는 이 책으로 '음운론'을 거의 완벽히 정리해냄. 12월 〈콰인의 경험론적 가정^{Quine's Empirical Assumption}〉 발표. 캐럴이 하버드 대학교에서 언어학으로 박사 학위를 받음.

1969년(41세) 1월 캐럴이 박사 논문과 같은 주제인 '언어 습득 과정'에 관해 쓴《언어습득론 *The Acquisition of Syntax in Children from Five to Ten*》을 출간함. 봄에 옥스퍼드 대학의 존 로크 강좌 John Locke Lectures에서 강연함. 9월, 펜타곤에서 연설한 것과 기고문을 모아《미국의 힘과 신관료들 *American Power and the New Mandarins*》출간. 미국의 베트남전 개입을 신랄하게 규탄한 이 책으로 미국 안팎에서 뜨거운 반응을 얻음.

1970년(42세) 4월 그리스도교 연합교회 목사인 딕 페르난데스 Dick Fernandez, 코넬 대학교 Cornell University 경제학과 교수인 더글러스 다우드 Douglas Dowd 와 함께 하노이 방문. 폭격이 잠시 중단된 틈을 타, 폭격의 피해를 입지 않은 하노이 폴리테크닉 대학교 Polytechnic University에서 강연. 이 강연 여행은 지하운동과 민중운동 쪽에서 큰 화제가 됨. 영화배우이자 반전운동가 제인 폰더 Jane Fonda 가 하노이를 방문했을 때 '반역'이라 비난받자 대국민 사과를 한 것과 비교하면 비교적 알려지지 않은 채 넘어감. 이후로도 논란이 될 만한 해외여행은 하지 않음. CIA(미국중앙정보국) 용병부대의 폭격 탓에 항아리 평원 Plain of Jars에서 쫓겨난 라오스 난민들을 인터뷰해《아시아와의 전쟁 *At War With Asia*》출간. 이 책에서 그는 미국은 베트남전쟁에서 주된 목표를 이루었으며 그 대표적인 예가 FBI가 실행한 반첩보 프로그램인 코인텔프로 COINTELPRO라고 지적함. MIT 출판사가 창간한 학술지《언어학 탐구 *Linguistic Inquiry*》의 편집위원회를 맡음. 촘스키 언어학을 알리는 수단에 불과하다는 비판도 있었으나 지금은 가장 권위 있는 언어학 학술지로 자리 잡음. 시카고의 로욜라 대학교 Loyola University 와 스워스모어 칼리지 Swarthmore College에서 명예박사 학위 받음. 이때부터 1980년대까지 학자로서의 역할에 충실함.《런던타임스 *The Times of London*》선정 '20세기를 만든 사람'에 이름을 올림.

1971년(43세) 전해 1월 케임브리지 대학^{Cambridge University}에서 한 버트런드 러셀 기념 특강을 모아 《촘스키, 러셀을 말하다^{Problems of Knowledge and Freedom}》 출간. 영국 폰타나^{Fontana} 출판사에서 《아시아와의 전쟁》 출간. 폰타나는 유럽에서 유일하게 《밀실의 남자들^{The Backroom Boys}》(1973), 《국가 이성을 위하여^{For Reasons of State}》(1973), 《중동에서의 평화^{Peace in the Middle East?}》(1975) 등 촘스키 저작을 연이어 출판하면서 그의 이름을 알리는 데 적잖은 역할을 함. 네덜란드 텔레비전 방송국에서 미셸 푸코^{Michel Foucault}와 대담. 평소 프랑스의 포스트모던 철학이 '정치 비평'적 색채를 띠어 철학이 정치적 행동주의처럼 여겨진다는 이유로 프랑스 철학을 경멸했던 촘스키는 푸코의 '포스트모던' 비판에 폭넓게 동의함. 철학자이자 과학자인 데카르트에게서 깊이 영향받은 촘스키의 언어학이 '데카르트 언어학'이라고도 불린 것에 비하면 이례적인 일임. 뛰어난 학자를 지원하는 구겐하임 펠로십^{Guggenheim fellowship} 수상. 바드 칼리지^{Bard College}에서 명예박사 학위 받음.

1972년(44세) 캐럴이 하버드 교육대학원에서 교편을 잡고 1997년까지 가르침. 델리 대학^{Delhi University}에서 명예 학위를 받음. 4월 1일 뉴델리 대학^{University of New Delhi}에서 네루^{Nehru} 추모 특강을 함. 5월 《언어와 정신》 개정판 출간.

1973년(45세) 《국가 이성을 위하여^{For Reasons of State}》 출간. 베트남전쟁과, 닉슨^{Richard Milhous Nixon}의 부관 헨리 키신저^{Henry Alfred Kissinger}가 비밀리에 캄보디아를 폭격한 사실을 알리기 위해 처음으로 허먼과 함께 《반혁명적 폭력: 대학살의 진상과 프로파간다^{Counter-Revolutionary Violence: Bloodbaths in Fact and Propaganda}》를 저술함. 출간을 코앞에 두고 워너커뮤니케이션스^{Warner Communications}의 간부가 "존경받는 미국인들을 아무 근거 없이 상스럽게 비난한 거짓말로, 명망 있는 출판사에서 낼만한 책이 아니"라는 이유로 출간 보류함. 개정하고 글을 추가해 사우스 엔드 프레스^{South End Press}에서 1979년《인권의 정치경제학 *The Political Economy of Human Rights*》으로 출간함. 매사추세츠 대학교 ^{University of Massachusetts}에서 명예박사 학위 받음. 닉슨의 '국가의 적^{Enemies List}' 명단에 이름이 올라 있는 것이 밝혀짐.

1974년(46세)《반혁명적 폭력》의 프랑스어판 출간. '프랑스 좌파의 이데올로기적 욕구를 만족시키기 위한 오역이 난무한다'고 자평함.

1975년(47세) 3월《중동에서의 평화》출간. 정치적 행동주의가 담긴 책들은 출간이 어려웠으나 언어학 연구서들은 학계에서 주목받으며 널리 읽힘. 6월《'인권'과 미국의 대외 정책 *'Human Rights' and American Foreign Policy*》출간. 박사 논문을 고쳐 실질적인 첫 저작이라 할《언어 이론의 논리적 구조 *The Logical Structure of Linguistic Theory*》출간. 1월에 진행한 캐나다 온타리오의 맥마스터 대학교 ^{McMaster University} 휘든 특강 ^{Whidden Lectures}에 시론을 덧붙인 언어학 고전《언어에 대한 고찰 *Reflections on Language*》출간.

1976년(48세) MIT에서 인스티튜트 프로페서 ^{Institute Professor} (독립적인 학문기관으로 대우하는 교수)로 임명됨. 학자로서 최고의 전성기를 맞음. 이해부터 동티모르에 대해 끊임없이 문제를 제기하고 3년 뒤 책으로 엮음.

1977년(49세) 봄,《리바이어던 *Leviathan*》과의 인터뷰에서 "미국은 제2차 세계대전 이후 일관된 정책을 유지했는데, 그것은 서남아시아의 에너지 자원을 확실하게 통제하려는 것이다"라고 함. 11월 네덜란드 레이던 대학 ^{University of Leiden}에서 하위징아 ^{Huizinga} 추모 특강.

1978년(50세) 이듬해까지 유엔 탈식민지위원회에 출석해 동티모르의 상황을 증언함(후에 출간). 11월 콜롬비아 대학에서 우드브리지 ^{Woodbridge} 특강.

1979년(51세) 1월 스탠퍼드 대학에서 칸트 ^{Immanuel Kant} 강의. 주로 언어학, 언어학과 철학을 결합시킨 것, 그리고 정치적 행동주의를 주제로 한 강연을 함.

이 세 주제를 넘나들며 진행한 인터뷰가 《언어와 책무: 미추 로나와의 대화*Language and Responsibility: Based on Interviews with Mitsou Ronat*》로 출간됨. 5월 리스본까지 달려가 동티모르의 위기를 다룬 첫 국제회의에 참석. 1980년대 초에도 리스본에서 동티모르 난민들을 만나고, 이후 오스트레일리아의 지원단체 및 난민들과 가까운 관계를 유지함. 촘스키는 동티모르와 관련된 대부분의 정보를 오스트레일리아 친구들에게서 얻음. 전해 우드브리지 특강을 바탕으로 한 《규칙과 표상*Rules and Representations*》 출판. 1980년대에 언어학에서 타의 추종을 불허하는 탁월한 철학자로 우뚝 섬. 정치철학과 현대 프랑스 철학에 휩쓸리지 않으면서 자신만의 언어철학을 완성해감. 언어가 인간 행위에 영향을 미치며 언어 능력이 세상을 변화시키고 더 낫게 만들어나가는 궁극적인 도구라고 본 촘스키는 《규칙과 표상》에서 언어는 보편적으로 학습된다는 인지언어학*conitive linguistics*으로부터 생물언어학을 구별 정립함. 1951년에 쓴 석사논문이 《히브리어의 형태소론*Morphophonemics of Modern Hebrew*》으로 출판됨. 〈나치의 쌍둥이: 안보국가와 교회*The Nazi Parallel: The National Security State and the Churches*〉라는 도발적인 제목의 시론 발표. 라틴아메리카의 교회, 특히 브라질 교회가 저항의 중심이 될 것이라 낙관함. 이 글과 함께 《반혁명적 폭력》을 개정, 보완한 《인권의 정치경제학》(전 2권)을 에드워드 허먼과 함께 출간. 1권 《워싱턴 커넥션과 제3세계 파시즘*The Washington Connection and Third World Fascism*》(2권은 《대격변 이후: 전후 인도차이나와 제국주의적 이데올로기의 부활*After the Cataclysm: Postwar Indochina and the Reconstruction of Imperial Ideology*》)은 누설된 기밀 문서를 광범위하게 다루는데, 오스트레일리아에서 엄청난 판매고를 올림. 출판이 금지된 데다 책을 보관했던 창고가 원인 모를 화재로 진소되었기 때문. 프랑스 학자 로베르 포리송*Robert Faurisson*이 나치의 유대인 학살과 학살이 자행된 가스실이 존재하지 않았다는 논문을 쓰고 '역사 왜곡죄'로 재판받을 위기에 처하자 '표현의 자유'를 이유로 500여 명의 지식인들과 함께 탄원서를 제출함. 마치 포리송의 주장을 지지하는 듯이 비쳐 프랑스에서는 '나치주의자'로 몰리고, 이듬해까지 이어진 이 사건에서 촘스키는 '정치적 올바름^{political correctness}'의 문제로 논란의 중심에 섬.

1980년(52세) 《뉴욕타임스》에 동티모르에 관한 논설을 기고할 기회를 얻고, 《보스턴글로브^{The Boston Globe}》를 설득해 미국에서는 처음으로 동티모르에 대한 진실을 보도하도록 유도함. 1980년대 레이건 행정부 때는 분쟁 지역마다 쫓아다니며 정치적 견해를 피력함. 서벵골의 비스바-바라티 대학교^{Visva-Bharati University} 명예박사 학위 받음.

1981년(53세) 1970년대에 작업한 '확대 표준 이론^{Extended Standard Theory, EST}', '수정 확대 표준 이론^{Revised Extended Standard Theory, REST}'에 이어, 1980년대 들어 중견 언어학자로 성장한 제자들이 촘스키의 언어학을 수정, 확대함. 그 중심에 서서 혁신적인 변화를 꿈꾸며 《지배와 결속에 대한 강의: 피사 강의^{Lectures on Government and Binding: The Pisa Lectures}》(일명 'GB') 출간.

1982년(54세) 어떤 압력에도 굴하지 않고 계속 용기 있게 글을 써, 이해에만 대외적으로 150편이 넘는 글을 발표함. 해외에서도 즐겨 찾는 연사로 꼽혀 여행이 잦아짐. 대중적 인지도가 높아지면서 사생활을 지키기가 힘들어짐. 학자로서 성공했음에도 정치적 행동주의자로서 여전히 주류 세계에 편입하지 않고 많은 시민운동을 조직하며 활동함. 주류 학계와 정계에서는 그와 일정한 거리를 두려고 발버둥침. 동티모르에 대한 기본적인 내용을 담은 《새로운 냉전을 향하여^{Towards a New Cold War}》 출간. 시러큐스 대학^{Syracuse University} 초빙 교수 지냄. 《근본적인 우선순위^{Radical Priorities}》 출간.

1983년(55세) 이스라엘과 서남아시아에 대한 그의 견해를 집약한 《숙명의 트라이앵글*The Fateful Triangle*》출간. 이 책에서 주류 언론에서 보도하지 않은 미국의 범죄를 낱낱이 나열함.

1984년(56세) 미국 심리학회로부터 '특별 과학 공로상*distinguished scientific contribution*' 수상. 11월 인도의 두 젊은이(라마이아*L. S. Ramaiah*와 찬드라*T. V. Prafulla Chandra*)가 촘스키의 출판물 목록을 최초로 정리해 출판함(《노엄 촘스키: 전기*Noam Chomsky: a Bibliography*》). 직접 쓴 것이 180종이 넘고, 그를 다룬 출판물의 수는 그 두 배에 달함. 펜실베이니아 대학교에서 명예박사 학위 받음.

1985년(57세) 《흐름 바꾸기: 미국의 중앙아메리카 개입과 평화를 위한 투쟁*Turning the Tide: U. S. Intervention in Central America and the Struggle for Peace*》출간.

1986년(58세) 《언어 지식: 그 본질, 근원 및 사용*Knowledge of Language: Its Nature, Origin, and Use*》출간. 3월 니카라과 마나과를 방문해 1주간 강연함. 강연 도중 미국이 니카라과를 비롯해 중남미에서 저지른 만행을 고발하며 미국 시민이란 것에 수치심을 느껴 눈물을 흘림. 언어학 분야에서는 '원리와 매개변인*principle*'에 대한 탐구 등 GB 이론을 더 정교하게 다듬은 《장벽*Barriers*》(1986)을 '언어학 탐구 모노그라프' 시리즈의 13권으로 발표. 얄팍한데도 지나치게 전문적이어서 대학원생은 물론 언어학자까지 당혹스러워했지만, 언어학의 발전 방향을 제시함. 《해적과 제왕: 국제 테러리즘의 역사와 실체*Pirates and Emperors: International Terrorism in the Real World*》출간.

1987년(59세) 니카라과 마나과 강연을 모아 《권력과 이데올로기: 마나과 강연*On Power and Ideology: The Managua Lectures*》출간. 아침에 한 강연만 따로 모은 《지식의 문제와 언어: 마나과 강연*Language and Problems of Knowledge: The Managua Lectures*》도 출간. 이 책으로 '평이한 언어로 정직하고 명료하게 뛰어난 글을 쓴 공로*Distinguished Contributions to Honesty and Clarity in Public Language*'를 인정받아 미국 영어교사 위원회*National Council of Teachers* of English가 주는 오웰상Orwell Award을 받음. 사우스 엔드 프레스의 공동 설립자인 마이클 앨버트Michael Albert와 리디아 사전트Lydia Sargent가 《Z 매거진Z Magazine》 창간. 촘스키를 필두로 진보적 지식인들의 글 게재, 이후 인터넷에서 정치적 행동주의자들의 언로 역할을 함.

1988년(60세) 에드워드 허먼과 함께 《여론조작: 매스미디어의 정치경제학Manufacturing Consent: The Political Economy of the Mass Media》 출간. '여론조작'은 칼럼니스트 월터 리프먼Walter Lippmann에게서 차용한 개념. 이 책으로 또 한 번 미국 영어교사 위원회로부터 오웰상 받음(1989년). 시론 〈중앙아메리카: 다음 단계Central America: The Next Phase〉에서 니카라과를 비롯한 중앙아메리카에 대한 미국의 공격을 '국가 테러'라고 고발함. 파시스트와 민주 세력 사이에서 교회가 선한 역할을 맡을 것이라 낙관하면서도 늘 기독교 근본주의를 호되게 비판함. '기초과학 교토상Kyoto Prize in Basic Sciences' 수상. 《테러리즘의 문화The Culture of Terrorism》 출간. 7월 이스라엘이 점령한 팔레스타인 지역 방문. 예루살렘 근처 칼란디야 난민촌Kalandia refugee camp에 잠입했다가 이스라엘군에게 쫓겨남.

1989년(61세) 《여론조작》에 이어 미국, 미국과 비슷한 민주 국가들을 신랄하게 비판한 《환상을 만드는 언론Necessary Illusions: Thought Control in Democratic Societies》 출간.

1991년(63세) 《민주주의 단념시키기Deterring Democracy》 출간.

1992년(64세) 《미국이 진정으로 원하는 것What Uncle Sam Really Wants》 출간. 캐나다의 언론인 마크 아크바르Mark Achbar와 피터 윈토닉Peter Wintonick이 《여론조작》을 기초로 만든 다큐멘터리 〈여론 조작: 노엄 촘스키와 미디어Manufacturing Consent: Noam Chomsky and the Media〉가 11월 오스트레일리아에서 처음 상영됨. 아크바르는 이 작품으로 20대 초반 젊은 영화인들에게 주는 '더 듀크 오브 에든버러 인터내셔널 어워드The Duke of Edinburgh's International Award'를 수상했고, 이 작품은 2003년 차

기작이 나오기 전까지 캐나다 역사상 가장 성공한 다큐멘터리로 기록됨.

1993년(65세) 《부유한 소수와 불안한 다수 *The Prosperous Few and the Restless Many*》(데이비드 바사미언 *David Barsamian* 인터뷰) 출간. 허울 좋은 명분 아래 풍부한 자원과 잠재력을 지닌 중남미 대륙과 아프리카, 아시아를 미국이 정치·경제적으로 어떻게 식민지화했는지 밝히고 "도덕은 총구로부터 나온다"는 미국의 오만한 역사의식을 신랄하게 비판한 《507년, 정복은 계속된다 *Year 501: The Conquest Continues*》 출간.

1994년(66세) 《비밀, 거짓말 그리고 민주주의 *Secrets, Lies and Democracy*》 출간. 1991년 11월 말레이시아계 뉴질랜드 학생이자 오스트레일리아 구호단체 소속 카말 바마드하즈 *Kamal Bamadhaj*가 동티모르에서 인도네시아 헌병대 총에 등을 맞는 치명상을 입고 결국 사망함. 그의 어머니 헬렌 토드 *Helen Todd* 기자가 범인을 법정에 세우고자 투쟁을 벌인 4년간 그녀와 계속 연락을 주고받으며 격려함. 연루된 장군 중 한 명이 하버드 대학교에 다닌다는 사실이 밝혀지자 보스턴의 행동주의자들이 하버드 대학 당국에 항의 시위하여 결국 토드가 승소함.

1995년(67세) 동티모르 구호협회^{ETRA}와 저항을 위한 동티모르 국가 평의회 ^{CNRM}의 초청으로 9일간 오스트레일리아 방문. 수도 캔버라에서 난민들을 대상으로 강연하고 멜버른과 시드니에서 대규모 집회를 조직함. 생물언어학을 치밀하게 실행에 옮기고자 규칙을 최소화함으로써 강력한 설명력을 띤 소수의 원리 체계로 언어 메커니즘을 분석한 《최소주의 프로그램 *The Minimalist Program*》 출간. 이 '최소주의 프로그램'에 모든 인간이 생득적으로 갖고 있는 모든 언어에 내재한 '보편문법 *Universal Grammer, UG*'을 적용해 언어학을 발전시킴.

1996년(68세) 캐럴 은퇴, 촘스키의 실질적인 매니저로 활동. 전해 오스트레일리아에서 연 강연들을 모아《권력과 전망*Powers and Prospects*》펴냄.

1997년(69세)《미디어 컨트롤: 프로파간다의 화려한 성취*Media Control: The Spectacular Achievements of Propaganda*》출간(〈화성에서 온 언론인*The Journalist from Mars*〉을 추가해 2002년 개정판 출간).

1998년(70세)《공공선을 위하여*The Common Good*》(데이비드 바사미언 인터뷰) 출간.

1999년(71세)《숙명의 트라이앵글》개정판 출간. 에드워드 사이드*Edward Said*는 서문에서 "인간의 고통과 불의에 끊임없이 맞서는 숭고한 이상을 지닌 사람에게는 무언가 감동적인 것이 있다"며 촘스키의 '숭고한 이상'을 피력함. 《그들에게 국민은 없다: 촘스키의 신자유주의 비판*Profit over People: Neoliberalism and Global Order*》출간. 그의 장기적 연구가 컴퓨터와 인지과학*Computer and Cognitive Science* 분야의 성장에 기여했다는 이유로 벤저민프랭클린 메달*Benjamin Franklin Medal* 수상. 헬름홀츠 메달*Helmholtz Medal* 수상.

2000년(72세)《신세대는 선을 긋는다: 코소보, 동티모르와 서구의 기준*A New Generation Draws the Line: Kosovo, East Timor and the Standards of the West*》출간.《언어와 정신 연구의 새 지평*New Horizons in the Study of Language and Mind*》출간.《불량 국가*Rogue States: The Rule of Force in World Affairs*》출간. 이 책에서 서방 강국, 그중에서도 미국이 어떻게 각종 국제적 규범에서 면제되는 것처럼 행동해왔는지, 또한 이런 경향이 냉전 종식 이후 어떻게 더 강화돼왔는지를 면밀히 밝힘. 또 라틴아메리카, 쿠바, 동아시아 등지에서 미국이 저지른 만행과 치명적인 결과를 구체적인 자료와 실증을 통해 적나라하게 보여줌. 여기서 미국이 테러의 표적이 된 이유를 차근차근 설명하는데, 미국은 이라크, 북한, 쿠바 등을 '불량 국가'로 분류하지만 오히려 국제 질서 위에 군림하면서 국제 규범을 무시하는 미국이야말로 국제사회의 '불량 국가'라고 규정함.《실패한 교육과 거짓말*Chomsky on Mis-education*》

(2004년 개정판), 1996년의 델리 강연을 엮은 《언어의 구조 *The Architecture of Language*》 출간.

2001년(73세) 5월 경제적 이익을 위해 폭력을 무수히 행사하는 부시 정부에 대해 어정쩡한 태도를 보여 비난받기도 함. '미국과 테러'에 대한 견해를 소상히 밝힌 《프로파간다와 여론: 노엄 촘스키와의 대화 *Propaganda and the Public Mind: Conversations with Noam Chomsky*》(데이비드 바사미언 인터뷰) 출간. 배타적 애국주의로 치닫는 미국의 주류 언론과 지식인을 비판하면서 미국 정부와 언론의 프로파간다 공세 뒤에 가려진 진실과 국제 관계를 보는 새로운 시각을 전함. 9·11테러 이후 인터뷰 요청이 쇄도해 9월부터 10월 초까지 많은 인터뷰를 함. 이를 모은 책 《촘스키, 9-11 *9-11*》이 이듬해 페이퍼백 부문 베스트셀러 1위를 차지함. 10월 프랑스에서 《촘스키, 누가 무엇으로 세상을 지배하는가 *deux heures de lucidité*》(드니 로베르 *Denis Robert* 와 베로니카 자라쇼비치 *Weronika Zarachowicz* 인터뷰) 출간. 표현의 자유와 포리송 사건에 대한 공식 입장을 표명함. 12월 인도 델리에서 인도의 경제학자 라크다왈라 *Lakdawala* 추모 강연을 함(2004년 《인도의 미래 *The future of the Indian past*》로 출간됨).

2002년(74세) 1월 세계경제포럼 *World Economic Forum* (다보스포럼)에 대항한 NGO(비정부기구)들의 회의인 세계사회포럼 *World Social Forum* (브라질 포르투알레그리 *Porto Alegre*)에 참석. 2월 촘스키 책을 출간했다는 이유로 반역죄로 기소된 터키 출판인의 재판에 공동 피고인으로 참석하기 위해 터키 방문. 출판인이 공동 피고인이 되어달라고 부탁했고 촘스키가 기꺼이 요청을 받아들인 것으로, 재판부는 국제사회에 이런 사실이 알려질까 두려웠는지 첫날 기소를 기각함. 쿠르드족을 찾아다니며 그들의 인권을 강력하게 옹호하는 말과 글을 계속 발표함. 1월 23일 뉴욕에서 열린 미디어 감시단체 페어 *FAIR* 의 창립 15주년

축하 강연 내용을 기반으로 《미디어 컨트롤》 개정판 출간. 《촘스키, 세상의 물음에 답하다 *Understanding Power: The Indispensable Chomsky*》, 《자연과 언어에 관해 *On Nature and Language*》 출간.

2003년(75세) 《중동의 평화에 중동은 없다 *Middle East Illusions*》(《중동에서의 평화》 포함) 출간. 《촘스키, 사상의 향연 *Chomsky on Democracy and Education*》(C. P. 오테로 *C. P. Otero* 엮음) 출간. 브라질에서 열린 세계사회포럼에 참석. 라틴아메리카 사회과학위원회 *CLASCO* 회장의 초청으로 쿠바 방문. 귀국 후 쿠바에 가한 미국의 금수 조치를 격렬히 비난함. 인도의 시민운동가이자 소설가 아룬다티 로이 *Arundhati Roy*는 〈노엄 촘스키의 외로움 *The Loneliness of Noam Chomsky*〉이란 글에서 "촘스키가 이 세상에 기여한 공로 중 하나를 고른다면 아름답고 밝게 빛나는 '자유'라는 단어 뒤에 감춰진 추악하고 무자비하게 조작되는 세계를 폭로한 것"이라고 말함. 미국 정치·경제 엘리트들의 '제국주의적 대전략 *imperial grand strategy*'을 완벽히 해부한 《패권인가 생존인가 *Hegemony or Survival: America's Quest for Global Dominance*》 출간. 9·11사태로 희생된 사람은 3,000명 남짓이지만, 미군의 직접적인 테러로 희생된 사람은 서류로만 봐도 수십만 명에 이른다고 주장하는 바람에 미국 우익과 자유주의자 모두의 분노를 폭발시켜 지식인 사회가 크게 동요함. 마크 아르바르 등이 촘스키 등을 인터뷰해 만든 다큐멘터리 〈기업 *The Corporation*〉 출시.

2004년(76세) 이듬해까지 이탈리아의 피렌체와 볼로냐, 그리스의 테살로니키, 아테네, 헝가리, 영국의 런던, 옥스퍼드, 맨체스터, 리버풀, 에든버러, 독일의 올덴부르크와 베를린, 라이프치히, 슬로베니아의 류블랴나, 크로아티아의 노비그라드, 북아메리카 등 전 세계 각지에서 강연함. 학자 9명이 촘스키의 논리적 허구와 사실 왜곡을 신랄하게 짚은 《촘스키 비판서 *The anti*

^{chomsky reader}》출간. 이때까지 촘스키가 등장하는 영화만 28편에 이름.

2005년(77세)《촘스키, 미래의 정부를 말하다^{Government in the Future}》출간. 2003년 캐나다를 방문한 촘스키의 1주간의 행적을 담은 DVD〈노엄 촘스키: 쉬지 않는 반항자^{Noam Chomsky: Rebel without a Pause}〉출시.《촘스키의 아나키즘^{Chomsky on Anarchism}》(배리 페이트먼^{Barry Pateman} 엮음) 출간. 인터뷰집《촘스키, 우리의 미래를 말하다^{Imperial Ambitions: Conversations on the Post-9/11 World}》(데이비드 바사미언 엮음) 출간. 10월《가디언^{The Guardian}》이 선정한 '세계 최고의 지식인' 1위로 뽑힘. 이때까지 받은 명예 학위와 상이 30여 개에 이름. MIT에서 열린 컴퓨터 언어학 세미나에 참석. 더블린의 유니버시티칼리지^{University College}의 문학과 사학회^{Literary and Historical Society}의 명예회원이 됨. 11월《포린 폴리시^{Foreign Policy}》선정 '2005 세계 지식인 조사'에서 1위를 차지함. 2위인 움베르토 에코^{Umberto Eco}의 두 배인 4만 표를 받음.

2006년(78세) 5월《뉴스테이츠먼^{New Statesman}》이 선정한 '우리 시대의 영웅' 7위로 뽑힘. 5월 8일부터 8일간 촘스키 부부와 파와즈 트라불시^{Fawwaz Trabulsi} 등이 레바논을 여행함. 9일 베이루트의 아메리칸 대학교^{American University}에서 '권력의 위대한 영혼^{The Great Soul of Power}'이란 제목으로 에드워드 사이드 추모 강연함. 10일에는 같은 대학에서 '생물언어학 탐구: 구상, 발전, 진화^{Biolinguistic Explorations: Design, Development, Evolution}'라는 주제로 두 번째 강연함. 12일에는 베이루트 함라 거리^{Hamra Street}의 마스라알마디나^{Masrah al Madina} 극장에서 '임박한 위기: 위협과 기회^{Imminent Crises: Threats and Opportunities}'라는 제목으로 강연함. 촘스키의 강연과 인터뷰에, 동행한 사람들과 서남아시아 전문가들의 글을 덧붙이고 캐럴이 찍은 사진을 담아 이듬해《촘스키, 고뇌의 땅 레바논에 서다^{Inside Lebanon: Journey to a Shattered Land with Noam and Carol Chomsky}》출간. 미셸 푸코^{Michel Foucault}와의 대담집《촘

스키와 푸코, 인간의 본성을 말하다*The Chomsky-Foucault Debate: On Human Nature*》출간.《촘스키, 실패한 국가, 미국을 말하다*Failed States: The Abuse of Power and the Assault on Democracy*》출간. 배우 비고 모텐슨Viggo Mortensen과 기타리스트 버킷헤드Buckethead가 2003년에 발표한 앨범 판데모니움프롬아메리카Pandemoniumfromamerica를 촘스키에게 헌정함.

2007년(79세) 대담집《촘스키와 아슈카르, 중동을 이야기하다*Perilous Power: The Middle East and US Foreign Policy: Dialogues on Terror, Democracy, War, and Justice*》출간. 뉴욕타임스 신디케이트에 기고한 칼럼을 모아《촘스키, 우리가 모르는 미국 그리고 세계*Interventions*》출간. 바사미언과의 인터뷰집《촘스키, 변화의 길목에서 미국을 말하다*What We Say Goes: Conversations on U.S. Power in a Changing World*》출간. 스웨덴 웁살라 대학Uppsala University 카를 폰 린네Carl von Linné 기념회로부터 명예박사 학위 받음.

2008년(80세) 2월 골웨이 아일랜드 국립대학교National University of Ireland, Galway의 문학과 토론 클럽Literary and Debating Society으로부터 프레지던트 메달President's Medal 받음.《촘스키 지知의 향연*The Essential Chomsky*》(앤서니 아노브Anthony Arnove 엮음) 출간. 12월 대한민국 국방부가 발표한 '2008 국방부 선정 불온서적'에《미국이 진정으로 원하는 것》과《507년, 정복은 계속된다》가 포함됨. 이에 대해 "한국민의 위대한 성취를 거꾸로 되돌리려는 시도"라며 한국 정부 당국을 "독재자 스탈린을 뒤따르는 세력"이라고 강력히 비난함. 12월 19일 평생을 함께한 캐럴 촘스키, 암으로 사망.

2009년(81세) 국제 전문 통번역사 협회IAPTI 명예회원이 됨.

2010년(82세) 1월 MIT 크레지 강당Kresge Auditorium에서 러시아 출신 작곡가 에드워드 마누키안Edward Manykyan과 하버드 대학교 언어학과장 제나로 치에치아Gennaro Chierchia 등이 촘스키 가족을 초대해 특별 콘서트를 개최함.《촘스키, 희망을 묻다 전망에 답하다*Hopes and Prospects*》출간. 11월 일란 파페Illan Pappé와 대담하여 《위기의 가자 지구: 팔레스타인과 벌인 이스라엘 전쟁에 관한 고찰*Gaza in Crisis: Reflections on Israel's War Against the Palestinians*》 출간. 진보한 인문학자에게 수여하는 에리히 프롬상*Erich Fromm Prize* 수상.

2011년(83세) 케이프타운에서 학문의 자유에 관한 다비*Davie* 기념 강연함. 3월 9·11 이후 미국과 서구 국가, 서남아시아 국가의 권력 관계와 국제적 협상에 관해 10년간 발전시킨 분석틀을 제시한 《권력과 테러: 갈등, 헤게모니 그리고 힘의 규칙*Power and Terror: Conflict, Hegemony, and the Rule of Force*》 출간. 9월 소프트 스컬 프레스*Soft Skull Press*의 리얼 스토리*Real Story* 시리즈 중 베스트셀러 네 권을 모은 《세상은 어떻게 움직이는가*How the World Works*》 출간(한국에서는 〈촘스키, 세상의 권력을 말하다〉 시리즈로 출간). 《미국이 진정으로 원하는 것》, 《부유한 소수와 불안한 다수》, 《비밀, 거짓말 그리고 민주주의》, 《공공선을 위하여》가 묶임. 수가 클수록 학자로서의 저명함을 입증하는 '에르되시 수*Erdös number*'가 4가 됨. 시드니평화상*Sydney Peace Prize* 수상. 국제전기전자기술자협회*IEEE* 인텔리전스 시스템*Intelligent Systems*의 '인공지능 명예의 전당'에 오름.

2012년(84세) 4월 맥길 대학교*McGill University* 철학 교수 제임스 맥길브레이*James McGilvray*와의 대담집 《언어의 과학*The Science of Language*》 출간. 2007년에 낸 《촘스키, 우리가 모르는 미국 그리고 세계》에 이어 뉴욕타임스 신디케이트에 기고한 칼럼을 두 번째로 모아 《촘스키, 만들어진 세계 우리가 만들어갈 미래*Making the Future: Occupations, Interventions, Empire and Resistance*》 출간(한국어판은 시대의창에서 2013년 12월에 출간). 2007년 이후의 칼럼에는 북한 이야기도 포함됨. 전해 11월 월스트리트에서 시작된 '점령하라' 운동에 대한 강연과 대담을 엮어 《점령하라*Occupy*》 출간.

2013년(85세) 이모부의 신문 가판대에서 일한 경험 때문인지 오랜 습관이

된, 아침 식사 자리에서 신문 네다섯 개를 읽는 것으로 하루를 시작함. 신문 기사는 그날 강연의 화두가 되고, 자신의 주장을 뒷받침하는 배경이 됨. 1월 《권력 시스템: 글로벌 민주주의 부흥과 미국 제국주의의 새로운 도전 Power Systems: Conversations on Global Democratic Uprisings and the New Challenges to U.S. Empire》(데이비드 바사미언 인터뷰) 출간. 8월 미국 외교전문매체 《포린 폴리시》가 정보자유법 FOIA 에 따라 최근 공개한 CIA의 기밀 자료에 따르면, CIA가 1970년대에 촘스키의 행적을 감시했음이 밝혀짐. 9월 영화 제작자이자 탐사 전문 기자인 안드레 블첵 Andre Vltchek 과 대담하여 《서구 제국주의에 관하여: 히로시마에서부터 무인 전투 폭격기까지 On Western Terrorism: From Hiroshima to Drone Warfare》 출간.

현재 미국국립과학아카데미 National Academy of Sciences , 미국예술과학아카데미 American Academy of Arts and Sciences , 미국언어학회 Linguistics Society of America , 미국철학회 American Philosophical Association , 미국과학진흥협회 American Association for the Advancement of Science 회원이며, 영국학술원 British Academy 통신회원 corresponding fellow , 영국심리학회 British Psychological Society 명예회원 honorary member , 독일 레오폴디나 과학아카데미 Deutsche Akademie der Naturforscher Leopoldina 와 네덜란드 위트레흐프 예술과학회 Utrecht Society of Arts and Sciences 회원. 전 세계 수십 개 주요 대학에서 명예박사 학위를 받음. 58년간 MIT에서 학생들을 가르쳐왔으며 지금까지 120권이 넘는 저서와 1,000편이 넘는 논문을 발표함.

찾아보기